向更深处漫溯

于志芹　张则会　著

中国海洋大学出版社
·青岛·

图书在版编目(CIP)数据

向更深处漫溯 / 于志芹，张则会著.—青岛：中国海洋大学出版社，2019.8

ISBN 978-7-5670-2297-3

Ⅰ.①向… Ⅱ.①于…②张… Ⅲ.①中学语文课—教学研究 Ⅳ.①G633.302

中国版本图书馆 CIP 数据核字(2019)第 140451 号

出版发行	中国海洋大学出版社		
社　　址	青岛市香港东路 23 号	**邮政编码**	266071
出 版 人	杨立敏		
网　　址	http://pub.ouc.edu.cn		
电子信箱	459331938@qq.com		
订购电话	0532—82032573(传真)		
责任编辑	邹伟真	**电　　话**	0532—85902533
印　　制	青岛泰兴印刷有限公司		
版　　次	2019 年 8 月第 1 版		
印　　次	2019 年 8 月第 1 次印刷		
成品尺寸	170 mm×230 mm		
印　　张	15.25		
字　　数	266 千		
印　　数	1～1000		
定　　价	68.00 元		

序一　找回语文的尊严与高贵

于志芹　张则会

多少年来，你是否已习惯了这样的语文课：导入—作者介绍—常识—背景介绍—内容概括—文本赏析。学生从一年级到九年级，一直这样学语文，升入高中，还是老一套，文常字词、主题思想、谋篇布局，千篇一律。

风起云涌的课改大潮中，你是否习惯了这样的场景：圈圈围坐，讨论再讨论，发言再发言，热热闹闹的教室，浮浮躁躁的课堂……没有耐心地倾听，也没有真心地交流。

于是，有些语文课渐渐变成了网文的标题：《语文，想说爱你不容易》《学生不喜欢语文课的十点理由》《语文课成学生"最不喜欢的课程"》《课文远离生活老师一味说教，八成初中生不爱学语文》《语文课为何成了"鸡肋"?》……

如何在语文课上提高学生的语文核心素养？如何品出语言的美？如何上出人文的韵味？如何让语文课焕发出生命的活力？如何提升学生的思维品质？笔者在思考，在探索，深入探究跟学生一起，深度学语文。

深度学语文是一种以促进学生批判性思维和创新精神发展为目的的学习。它不是语文知识的简单描述、记忆或复制，而是注重知识的应用和问题的解决，是一种基于理解的学习，以高阶思维的发展和实际问题的解决为目标，以整合的知识为内容，积极主动地、批判性地学习新的知识和思想，并将它们融入原有的认知结构中，将已有的知识迁移到新的情境中，重视学习的迁移运用。

数年的教学实践，逐渐形成了以专题式、模块化、读写结合为特色的深度化语文教学方式。专题式、模块化使阅读不再浅尝辄止，而是空前深入；而结合以写，则使阅读成果以实战化应用，是学习的进一步深化。

它是诗意语文。

在传统文化里，诗意无处不在。袁卫星在《诗意的召唤和语文的回归》中这样表述："语文是炫目的先秦繁星，是皎洁的汉宫秋月；是珠落玉盘的琵琶，是高山流水的琴瑟；是'推''敲'不定的月下门，是但求一字的数茎须；是庄子的逍遥云游，是孔子的颠沛流离；是魏王的老骥之志，是诸葛的锦囊妙计；是君子好逑的《诗经》，是魂兮归来的《楚辞》；是执过羊鞭的《兵法》，是受过宫刑的《史记》；

是李太白的杯中酒，是曹雪芹的梦中泪；是千古绝唱的诗词曲赋，是功垂青史的《四库全书》……”语文是诗的语文，“腹有诗书气自华”，语文学习要以一颗诗心去涵泳，去润泽，去感悟，去融合与升华。经由思抵达诗。

它是文化语文。

十八大以来，习近平总书记多次提到文化自信。语文教师要以课堂为阵地，做文化的传经布道者。

中华文化的博大精深表现为《易经》中“天行健，君子以自强不息”的上进精神，岳鹏举“精忠报国”的忠烈气节，顾炎武“天下兴亡，匹夫有责”的担当意识；还表现为亚圣“老吾老以及人之老，幼吾幼以及人之幼”的博爱胸怀，《尧典》“协和万邦”的和平思想，孔子“己所不欲，勿施于人”的忠恕之道，“和而不同”的东方智慧，老子“祸兮，福之所倚；福兮，祸之所伏”的辩证思维，这些一直是千年传承的文化瑰宝。好的语文课，一定能担负起传承文化的重任。

语文课上，可以广泛阅读经典。几年来，我们指导学生完成了《论语》专题、《史记》专题、苏轼专题、史铁生专题、汪曾祺专题等等，采取群文阅读、项目学习、读整本书与活动化学习等教学方式，阅览大家心织的文字，然后沉淀，效果极佳。因为书房是文人精神的巢穴，生命的禅堂，让诗书入魂，清风明月自在怀。

它是开放语文。

文学类文本中存在着意义空白和不确定性，所有这些空白、空缺、否定因素就组成文学类文本的否定性结构，成为激发、诱导读者进行创造性填补和想象性连接的基本驱动力。文学类文本的意义世界不是自足的、封闭的、静止的，而是敞开的、开放的、动态的。文学类文本呼吁着读者的参与。“空白点”“未定点”和“不确定之域”呼吁着读者去填充，去确定。《欧战史》上的一句话，博尔赫斯把它发挥为世界名著《小径分岔的花园》；《三国演义》的一个句子，南京考生将其铺展成一篇满分作文《赤兔之死》，开放语文大有可为。

它是思维语文。

“人文主义启蒙，培养批判和质疑的精神，逻辑思维的建立。这是当前语文教育最基本的三个目标，而现阶段的我们，一个都没有达成。”批评家朱大可对当下的语文教育痛心疾首。语文课不是逻辑课，但它不排斥逻辑，不排斥理性。“深度学语文”，是一个由表及里的渐进思维过程。语文课上，一首《再别康桥》，很好地训练了学生们的形象思维；学习《归去来兮辞》时，终南山当代隐士文化的拓展，培养了学生的批判性思维；而一篇《我的文学前身》的文题设计，又培养了学生们的创造性思维……通过听说读写，发展学生的多种思维能力，有助于学生思维的深刻性、敏捷性、灵活性、批判性和独创性等思维品质的养成与提升。

它还可以是生命语文，是创新语文……

博观而约取，厚积而薄发。几年求索，收获不少：硕士论文、课堂实录、教学论文、随笔与下水文以及对学生的指导等等。但教学之路上，挑战不会停止，我们的探索也永无止境，行者无憾，奋斗无悔。深度学语文，找回母语的尊严与高贵，让我们一起探索，在求索路上走得更远！

笔者在写作与出版的过程中，得到学校领导安伯贞校长、刘晶波老师以及出报社编辑们的悉心指导，在此一一致谢。此外，鉴于本人的水平有限，书中可能会有许多不当之处，恳请读者雅正，不胜感激！

序二　跟于老师这样学语文

鞠　娜

毕业之后，更多时候和于老师是通过微信联系，那天从微信中读到了才情横溢的小学弟送给于老师的这样一段文字："念你无涯，为您写下梨花蒹葭，词中韶华，您可会许我离您刹那？只愿岁月如旧，青葱斟酌，您桃李满天下，无论汝颜如何染尽霜华，在吾心，汝永为倾城天下。"感慨于小学弟的文笔如此优美，也被文字中细腻的情感深深地打动。

脑海中浮现出曾经的高三九班，于老师左手执卷，将书中故事娓娓道来的身影。如今，或许我已经不记得那时的她究竟讲了些什么，但是那由内而外散发出的自信和优雅依旧深深地影响着我，是于老师让我第一次感受到这简简单单的方块字，经过巧妙地搭配后，竟拥有如此磅礴的力量，能够让人感受到温暖、清冽与悲欢离合。

我想用这样的文字来描述她，她就像是指尖的阳光温暖美好，照亮了我奇妙的语文之旅。

高一入学的第一堂课就是她上的，她在黑板上写下自己的名字：于志芹。缘分恰逢其会，自那时起，与她相识。我对她的这份尊敬、喜爱，也随着时间的推移越来越深。

每天最期待的就是她的语文课。在课上，她就像是一本无法读尽的文学经典，《论语》《诗经》《史记》、唐诗、宋词，尼采、泰戈尔、博尔赫斯……从课本语言联系到课外文学，从人物的一句话语联想到古今中外……我常问我同位："你说，于老师怎么知道这么多东西！"后来，偶然间看到于老师的书，早已泛黄的纸页，红笔，黑笔，满满的都是批注……

是于老师让我知道学习语文的形式是多种多样的。世说明德，我言新语，阅读经典，收藏温暖，校园读书节诵读经典演讲比赛的举办让同学们参与其中，清亮的课件、紧凑的节奏、饱满的感情、得体的服装，无不展现着同学们对于语文的热爱。"风萧萧兮易水寒，壮士一去兮不复还"，为了激发同学们学习的兴趣，在于老师的指导下，我们自编自导自演了《荆轲刺秦王》，讲与演，详与略，采用叙述与特写相结合的方式，将历史照进现实，使同学们在激情的表演中感受荆轲的豪情满怀，英雄悲歌。"无怀得失吟秋水，欲断是非诵南华。"在针对"在乱世中生存，入世还是出世”话题展开的辩论中，我们仿佛看到那位“鼓盆而歌”的旷达者、那位“大道无为”的隐者庄周洞彻的智慧，领悟了南怀瑾所言“道家则像药店，不生病可以不去，生了病则非去不可”。记得还有每日必练的课前演讲，名人名言、诗词歌赋皆可入讲，于老师采取各种新颖的方式不断丰富着我们的知识，活动化语文、诗意性阐释让我们真正地爱上语文。

回忆我的高中三年，是于老师相伴我走过的，我的点滴进步，和于老师的鼓励与指导密不可分。高一的我一提到作文就感到无比厌烦，刚刚接触议论文时，不知如何确定中心论点，也不知道该从哪些方面拟定分论点，逻辑混乱不清，名言没有几句，事例陈旧，语言贫乏，但是于老师并没有放弃我，而是在假期时将我叫到家中，单独为我指导。从议论文的行文结构的确定，总分论点的拟定，到事例的选取，名言警句的穿插，再到细节的修改，无一不细致入微。

我逐渐明白了何为“五部七段式”，何为“凤头、猪肚、豹尾”，又该怎样加“美颈与劲腰”，怎样选取新旧结合的事例，怎样联系古今中外，使文章更加有说服力，又该如何表达自己的观点，如何使文章更有厚度。还有何为“十字坐标法”，又该怎样使用名言警句，特殊句式来扮靓自己的文章。如今的我，已经不再惧怕作文了，反而十分享受用文字表达自己的过程。

犹记得那节语文公开课——《小小说式记叙文的写法》，于老师和大家分享了她的下水文章《阳光与父亲》，“那束金色的暖暖的阳光中，父亲瘦瘦的背似乎有点佝偻，我突然感到父亲老了。他眼角和额角的皱纹被阳光放大了好几倍，深深地嵌在脸上。我喉头有点发梗，心里隐隐作痛。”我似乎看到了那片一望无际的田野，阳光下的勤劳、朴实，将对孩子深沉的爱埋在心里的父亲，和那个看着父亲背影默默忧伤，隐隐心痛的老师。这似乎是我第一次被文字的爆发力量所震撼，也深深地为文字的温暖所折服。

我常常在想，我为什么这么喜欢于老师呢？或许，其中一个原因便是她身上源源不断地散发出的知识的气息吧，温柔，静谧，大气，坦然。

那天，我去办公室找于老师，办公室的门虚掩着，我在敲门的前一刻停住了。她的桌子就摆在窗前，她背对着窗，执一卷在手，右手轻轻撑着头，对一杯茶，脸上带着淡淡的笑容。那天阳光正好，不多一缕，不少一分。阳光穿过窗外的树叶，树影婆娑地、静静地铺在她的身上，在书卷上投下一片淡淡的阴影。此刻的她，被柔和的光芒包裹着，散发出一种古典之美，是一种铅华尽褪、由内而外的淡雅芬芳。她常推荐我们读林清玄、读毕淑敏、读琦君、读沈从文、读川端康成、读玛格丽特·米切尔……她就像这些文字，氤氲着清淡的幽香，就像是张嘉佳笔下的“晴时满树开花，雨时一湖涟漪，阳光席卷城市，微风穿越笔尖。”美好无比。她的微笑是因为什么呢？是看到了书里灵动的边城之景，还是雪国里的动人故事，又或者是想到了记忆中那些值得一遍遍回味的往事？这场景就像是一场旖旎温馨的梦。我轻轻推门，走近，叫了声："老师……"

我喜欢于老师，大概还因为她把我们当作自己的孩子来全心全意地对待吧。

每当路过走廊的拐角，我似乎总能看见正在为同学们面批作文的于老师。于老师一边轻声细语地讲解，一边在同学的作文上圈圈点点、写写画画，点出不足、指出方法、循循善诱。金黄的余晖和她的身影融为一体，我站在她身旁出了神，想为她递上一杯热茶，想伸出手抚平她轻皱的眉，恢复她变白的青丝……

世界上的所有人，你的同学，朋友，甚至是父母，都没有一个人为另一个人做任何一件事情是应该的。我明白这个道理，所以我更加地感激于老师为我，为我们做的一切。高二那年，我在一次演讲比赛中获奖，与其说这是我得到的一等奖，不如说是于老师赠予我的一等奖。短短一个星期的准备时间，写稿子、改稿子、背稿子，不断地练习、改进，后来又陪我去比赛，让我看到了于老师的认真和她要尽自己的全力做好一件事情的决心。我的文笔不算好，于老师帮我稿子改了一遍又一遍，我甚至都在怀疑自己：一个星期，时间太短了，我能做好吗？我似乎已经给自己下了定论：我做不好……看到于老师带我请教张群主席和车巾主任演讲和发音技巧时，我就告诉自己：我要做好。可是心里还是有所动摇。直到那天早上醒来，我看了一眼邮箱，发现一份于老师发来的邮件，时间是 2015 年 6 月 3 日凌晨 1:34。"凌晨 1:34"……为了我的比赛，连一个安稳觉都睡不了，我还有什么理由不努力。我告诉自己："我必须要做好。"老师是我生命中的贵人，正是因为有这样的老师，才让我有动力不断地努力着，像一棵树，守静、向光、安然，每一天都在隐秘成长。

于老师曾经这样说："问余快乐何所在，身边学生手中书。"她说，在我们班上课很快乐，她说，我们班的学生很有文科生的样子，她说，我们就像她的孩子一样……她说："你绝对没问题！"就是这样一句话，让我充满了力量，即使是以后，无论遇到什么困难挫折，都会有这样一句话，鼓励支持着我。

"教育，就是一朵云推动另一朵云，一棵树摇动另一棵树，一个灵魂唤醒另一个灵魂。"与我而言，于老师就是那朵推动我的云、那棵摇动我的树。我一直是个幸运的人，幸运的是在我的高中，遇到了这样一位激发我对语文热爱的好老师。现在我已进入大学，于老师的教育、对文学的向往使我义无反顾地选修了"中国文学精要"这门课程。无论走到哪里，我都会永远记得在青岛十七中追随于老师学习语文的那些年。

（鞠娜，2017 届高中毕业生，现在山东财经大学就读）

目　录

第一章

综述：深度学语文提出的背景与内涵

第一节　提出背景：干瘪行走与自由绽放

关于语文教学，一直有“少慢差费”的说法。早在1978年，吕叔湘先生就在《人民日报》上撰文惊呼：10年的时间，2749课时，用来学本国语文，却是大多数不过关，岂非咄咄怪事。1997年洪禹平发表在《中国青年报》的《误尽天下苍生是语文》一文，引发全社会对语文的关注和讨论。人们对语文教育的质疑与诟病，犹如潮水一般席卷而至。该文也成为新中国成立以来关于语文教育的经典评论文章。如今，20多年过去了，有很多前辈后学为语文教育探索，特别是历经2003年新课标的洗礼，语文教学取得长足进步，这是不争的事实。然而，就语文教学的普遍现状而言，语文教学发展不均衡，有很多根本性问题并没有解决。

从教学的层面来说，存在的问题有四个方面：

一是有些课堂过于浮躁，求新求成功心切。

翻阅今日之报刊，读到的多是新名词的创制、新模式的构建、新技术的引进、新方法的采用；走进今日之课室，看到的是多玩些花样，多变些戏法，多来点悬念，多备点道具。想方设法去“曲径通幽”，千方百计要“身临其境”。日本教育家佐藤学《静悄悄的革命》提倡用心倾听的课堂，他说倾听“不是听学生发言的内容，而是听其发言中所包含着的心情、想法，与他们心心相印”。应当追求的不是“发言热闹的教室”，而是“用心地相互倾听的教室”。

二是语文教学内容部分呈碎片化状态。

现阶段，我国多数地区普通高中语文课高度关注课程内容、课时比重和内容的先后安排。这样的做法当然有其合理性，语文课在课时安排上所占比重较大，学生学语文的时间自然就多，关于语文的内容相对就多。对语文课程的重视不言而喻。但现实的反馈却很尴尬，学生们的语文素养似乎并未提高，而是原地踏步甚至有倒退之嫌。这样看来，并不是学的越多，学生的学科素质就越好。换言之，大量的学习并没有获得回报，没有形成学生们在语文课程上质的升华。

细细反思，应该是我们在语文科的教学内容安排上出现了问题。以必修课为例，看看我们手中的教材。虽然同一个单元的课文冠之于某个统一的主题，但往往体裁各异，年代各异，作者国别各异，内容并无系统。

再看看我们的选修课，同样不够系统。表面上看，选修课开得轰轰烈烈，所有的学校都重视校本课程的开设，数十门数百门选修课都是常态，跟语文课相关的更是花样繁多：电影欣赏、小说欣赏、写作、国学……无所不有；但都是各唱各的调，热热闹闹而一地碎屑。

总之，就学习内容看，语文课应有的育人内涵没能很好地体现出来，只是呈现出星星点点的知识，有人评价语文课程是“碎片的课程”。

基于此，在日常语文教学的课堂环节，我们就不难看到，语文老师们总是一课一课地以单篇课文设计教学内容，千篇一律地进行知识传授和应试能力训练。就学生而言，他们在语文课上的收获，就是零散的、浅显的、死板的固定答案，学生的逻辑思维、学科素养并没有得到应有的训练。

三是语文课堂教学模式高度同质化。

按照新的课程标准，针对不同年龄段的各具个性的学生群体，作为老师，应该关注学情，了解他的学生。他的语文课应该是符合学生身心发展规律的，是能够适应孩子个性发展的。落实到现实中，这些几成空谈。我们的语文课“千人一面”“万课同构”现象非常普遍。各个年级的集备组更是把这种教学同质化推向极致，教学进度统一，授课教材统一，教学目标统一，授课过程统一，教学方法统一，训练习题统一，课堂评价统一，等等。一节语文课的任务，往往就是是否达成大家共同预设的教学目标，是否在形式上符合自主、合作、探究的要求。于是，在一节课中教师如果讲课时间超过 15 分钟就是学生“不自主”，学生如果没有转过身前后位大声讨论就是无合作，学生没有在课堂上吵得“面红耳赤”就是没探究。此等看重预设，没有知识和能力的自然生成，为了表面的学习效率，不顾真正的教学质量，而不讲求长久的效果，只追求外在的形式，极大地限制了语文教师教学的自主性，使他们陷身形式主义的泥沼。语文课堂表面花哨，实则了无生机。有些语文老师成了照本宣科的机器人，成了带领学生弄虚作假的三流导演，教师的形象不再高大，学生学语文的兴趣日益消减，语文课不受学生欢迎，这都是语文教学同质化之过。

四是对学生的思维培养浮于表层，失之浅显。

最新版新课标要求，语言文字运用和思维密切相关，语文教育必须同时促进学生思维能力的发展与思维品质的提升。这个要求，直指语文学科核心素养——学生在语文学习中获得的语言知识与语言能力，思维方法与思维品质，情感、态度与价值观。所谓思维，不外乎概括、归纳、推理等等。对新课标的要求,我们可以做如下解读:语文和思维密不可分,语文教学不能置学生思维能力的发展与思维品质的提升于不顾。而要实现这个目标,途径之一是发展学生的思辨能力,鼓励学生广泛质疑,对同一个问题进行多元解读,在阅读鉴赏、表达交流、合作探究中,培养学生思维的深刻性、批判性和独创性,从而认清事物的本质,辨别是非、善恶、美丑,提高理性思维水平。

然而现实中,我们在语文课堂上看到的现象是,课堂还是老师的一言堂,学生们质疑和提问的机会往往被教师的知识传授"垄断",至多,教师亮出集体备课时预设的问题,让大家思考,然后是提问,再回归到老师的讲解。不难看出,这些问题是老师课前准备的,答案也是如此,一切的"自主",所谓的"合作",乃至"探究",最后还要统一到老师事先准备好的标准答案上来。如此一来,学生的质疑在语文课堂上难得一见,对同一个问题进行多元解读更谈不上,学生思维能力的发展与思维品质的提升的目标也遥不可及。日复一日,语文教师在课堂上踩着不变的步伐,重复着简单的操作,孩子们学语文的热情当然是日以见减,学习的动力逐日消磨。总之,现实的高中语文课堂教学,在思维的培养上,无论是广度还是深度,都难以满足学生的发展诉求。

基于这样的现状,许多一线教师做了大量的有益探索,在不同的角度上改进语文教学。笔者对此也进行了长期的探索,经过近三十年的教学实践与反思,我们在教学实践中进行的深度学语文探究,效果较好,庶几与新课标精神相合。

第二节　深度传统:我国传统语文课程多层面深度架构

我国传统语文教育历史悠久,绵亘数千年。口耳相传,史书所载,我们可以知道,我国古代的语文教育,内容丰富而有层次,呈现出由浅及深的知识框架,从教材来看它大致分为以下几层。

启蒙类读物。古时候,我们的先人给孩子发蒙,通用的教材为"三百千",也就是《三字经》《百家姓》和《千字文》。儿童入学,学习的第一本书就是《三字经》。由简而繁,从易到难,符合孩子成长的认识规律。《三字经》句采三言,三字成句,四句为组,读来不啻儿歌,音韵活泼,朗朗上口,极易记诵,最适宜小儿学习。而且,《三字经》字里行间洋溢着积极进取的激情,昂扬向上的朝气,是给孩子们最好的生命底色。儿童入学先教《三字经》,再教《千字文》,还包含着古人一个充满智慧的教育构想,那就是从"经"到"文"的教育理念。古人认为,圣人之书为经。经者,经舆大道,天下车马行人经行之道,是原则,是典范,呈现的是永恒不易的世界真相，放之四海而皆准的真理。孩子识字即读经，是让他们接受教育的第一步，就走在真理的康庄大道上。

《百家姓》撰于宋初，四言，由身边耳濡目染的常见姓氏，进而追索林林总总的众多姓氏，让孩子们在最短的时间里，掌握几百家姓氏，既长知识，又快速识字，颇为有趣。

《千字文》由上千绝不重复的汉字编就，和《百家姓》一样也是四言，250 句，完全是一首长诗，内容前勾后连，有条不紊，上道天文，下述地理，更有农耕、祭祀、园艺、饮食、起居，无论自然还是人文，乃至历史沿革、伦理道德，修身养性，无所不包，而又藻饰华美，逢偶押韵，读来宛转流畅，顿挫抑扬，富有音乐美感，寓教于美，止于至善，使得众多童蒙读物都无法望其项背。骚客画士，学子文人，无不喜爱。

此外，蒙学经典流传甚广的是清代学者李毓秀所作的《弟子规》。列举孩子居家、外出、待人接物与求学等方方面面要恪守的礼仪，是启蒙养正的优秀读本。诵读《弟子规》，体现于日常行为，不仅有助于孩子养成良好生活习惯、培养善良心性，树立正确价值观，也有益于家庭和睦，社会和谐，善莫大焉。

传道授业类读本。四书五经是此类读本的代表。伦理道德教育是我国古代教育的核心内容，自西汉以降，历朝历代，儒家思想都是正统，而四书五经融伦理、道德、历史、哲学于一炉，内容涵盖政治、军事、外交、文化诸方面，正是儒家思想的重要载体，担负着传道的重任，两千年来，一直是莘莘学子的必修学业。它们曾是科举考试的教科书。科举考试试题所由出。学子们日后为人处世，为官从政，都要以此为准则。作为中国传统文化的重要组成，它们在世界文化史、思想史上的地位，罕有其匹。

文学类读物及写作指导类读本。我国古代的文学类读本名目繁多，《昭明文选》《古文观止》和《唐诗三百首》堪称代表。《昭明文选》是文学史上和《红楼梦》齐名，因一本书而成显学的著作。作为现存最早的一部古代文学总集，给我们提供了文体分类的范本和中国文学从春秋战国到南北朝的发展轨迹。文选的标准是"文"，具有"综辑辞采""错比文华"和"事出于沉思，义归乎翰藻"的特点，显示出南北朝时期的儒家色彩，重典雅，文采，不推崇实用，也不称誉靡丽。《昭明文选》对后代文学的发展产生了重大影响。《古文观止》问世以来，流播四远、影响较大，一如书名，叹为观止。其选篇起自周朝而止于明末，题材繁多，史、传、论、说、记，乃至于小品，应有尽有，一卷而可窥我国古代文学之精髓。选文以朝代为经，选文简短而脍炙人口，为古代学习文学作品的经典教材。

民谚，"熟读唐诗三百首，不会作诗也会吟"，足见《唐诗三百首》的深远影响。这本诗集，篇幅不求长，篇目不求全，老幼皆宜，雅俗共赏，很接地气，成书以来，一直是古代不可或缺的诗歌教材。

此类经典之作，文道兼具，为学生学习古文，模仿写作，提供了精美的范本。

在写作理论方面，自春秋至清代，主流阵地一直强调以意为先，以道为主，强调质胜，文以载道。无论是陆机的《文赋》还是刘勰的《文心雕龙》，一以贯之的都是此类精神，而清代刘熙载的《艺概》、唐彪的《读书作文谱》，则探讨了写作的具体方法，因而更有其实用价值。这些著作里强调阅读对写作的作用，“以读促写、以写促读”，很有见地。

从以上对中国传统语文教材的知识架构的分析，我们不难得出以下结论：传统语文教材的知识架构呈现出一种多层面的形态，并累代进步，直至读写结合。我们所探索的“深度学语文”，也是对中国古代语文教育先进成果的学习和继承。

第三节　时代呼唤：课程标准，深度建构

“语文”是什么？叶圣陶先生在《语文教育书简》中对“语文”学科名称的来历及其含义有着权威性的论述。他说：“语文一名，始用于 1949 年华北人民政府教科书编审委员会选用中小学课本之时。前此中学称‘国文’，小学称‘国语’，至是乃统而一之。彼时同人之意，以为口头为‘语’，书面为‘文’，文本于语，不可偏指，故合言之。亦见此学科‘听’‘说’‘读’宜并重，诵习课文，练习作文，因为读写之事，而苟忽于听说，不注意训练，则读写之成效亦将减损。”他认为“语”就是口头语言，“文”就是书面语言。就是说，“语文”包含口头语言和书面语言两方面。同时，也说明语文课必须听说读写并重。由此看来，“语文”的内涵和外延相当深广的。

《普通高中语文课程标准(2017 年版)》(以下简称《课程标准》)有两个关键的表述：一是语文学科核心素养；二是学习任务群。其中语文素养是学生在积极的语言实践活动中积累与构建起来，并在真实的语言运用情境中表现出来的语言运用方式及其品质；是学生在语文学习中获得的语言知识与语言能力，思维方法和思维品质，情感、态度与价值观的综合体现。语文学科核心素养是指语文素养的核心要素和关键内容，主要包括“语言建构与运用”“思维发展与提升”“审美鉴赏与创造”“文化传承与理解”四个方面。

普通高中语文课程由必修、选修Ⅰ、选修Ⅱ三类课程构成。三类课程分别安排 18 项学习任务群。普通高中语文课程结构及学分，安排如下。

<table>
<tr><td>必修(8学分)2个学期</td><td>选择性必修(6学分)2个学期</td><td>选修(任选)2个学期12学分</td></tr>
<tr><td>整本书阅读与研讨(1学分)</td><td colspan="2" rowspan="3">整本书阅读与研讨、当代文化参与、跨媒介阅读与交流在选择性必修和选修阶段不设学分,穿插在其他学习任务群中。</td></tr>
<tr><td>当代文化参与(0.5学分)</td></tr>
<tr><td>跨媒介阅读与交流(0.5学分)</td></tr>
<tr><td>语言积累、梳理与探究(1学分)</td><td>语言积累、梳理与探究(1学分)</td><td>汉字汉语专题研讨(2学分)</td></tr>
<tr><td>文学阅读与写作(2.5学分)</td><td>中华传统文化经典研习(2学分)</td><td>中华传统文化经典研讨(2学分)</td></tr>
<tr><td>思辨性阅读与表达(1.5学分)</td><td>中国革命传统作品研习(0.5学分)</td><td>中国革命传统作品研讨(2学分)</td></tr>
<tr><td rowspan="3">实用性阅读与交流(1学分)</td><td>中国现当代作家作品研习(0.5学分)</td><td>中国现当代作家作品研讨(2学分)</td></tr>
<tr><td>外国作家作品研习(1学分)</td><td>跨文化专题研讨(2学分)</td></tr>
<tr><td>科学与文化论著研习(1学分)</td><td>学术论著专题研讨(2学分)</td></tr>
</table>

“语文学科核心素养”“学习任务群”这两个关键词既有各自的独特内涵,又紧密相连。简而言之,其内在联系就是以立德树人为学科总目标,以语文学科核心素养为学科构成要素,以若干学习任务群为学习载体,希望通过丰富且有深度的语言实践活动,使全体学生在接受义务教育的基础上,进一步提高语文素养,形成良好的思想道德修养和科学人文修养,为终身学习和全面而有个性地发展奠定基础,为传承和发展中华文化、增强民族凝聚力和创造力发挥应有的作用。

在《课程标准》中,语文学科核心素养并不是一个抽象的概念,而有切实的指导作用。要把握这一理念,应恰当理解以下三层关系:语文学科核心素养的内涵与一般语文知识和能力的关系;语文学科核心素养与语文教材以及其他语文学习资源的关系;语文学科核心素养的获得与各学习任务群中言语实践要准确理解上述三层关系,语文教师应具备更加明确的课程意识,能以新的课程观统领不同学习单元、学习资源以及不同语文学习活动,使分散的教学内容和教学活动统一起来,产生一种深度的聚合效应,并最终指向学生语文学科核心素养的形成。

学习任务群更是新概念。一方面,丰富多样的学习任务群,为语文学习内容深度重构提供了架构,给许多以往处于边缘、补充地位或可有可无的语文学习活动(如“整本书阅读与研讨”“当代文化参与”“跨媒介阅读与交流”“用性阅读与交流”“中国现当代作家作品专题研讨”等)与传统语文学习内容平等的学科学习地位。这些新的学习内容、新的学习活动要求语文教师必须具备一些新知识,并能尝试用新的深度学语文的方式去完成。例如,学习任务群“中国现当代作家作品专题研讨”的学习建议,要求教师可以依据学习时的学生兴趣、学习资源等,推荐相关专题,供学生选择学习。学习任务群“整本书阅读与研讨”的教学提示,要求教师以自己的阅读经验,平等地参与交流讨论,解答学生的疑惑。这些阐述都给语文教师的专业能力提出了深度的要求,如果语文教师满足于既往所掌握的知识,仍然用“一桶水”的观念看待教师的专业能力,肯定难以胜任新课程的要求。

另一方面,以学习任务群为组织形式的学习内容,从整体上打破了原来语文学习内容呈线性排列、按年级递进式的传统格局,在课程计划的层面,力图实现学期、学年内容之间的纵向贯串,希望将来通过语文教材编写和教学计划安排,再进一步实现教学内容在单元与单元、课时与课时之间的横向链接,即以学段、年级、单元、课时为主要结构线索的学习内容。

学习任务群的理念提高了语文学习的深度,使得语文学习可以有多种认知维度、多个层面,这无疑增加了教学内容选择上的自主性和课程实施形式的多样性,当然也带来了语文学习活动设计和组织的复杂性。这样,深度学语文就应时而生了。

第四节　深度阐释:深度学语文的内涵与外延

本书中的“深度学语文”的内涵有六层:

第一层内涵是从新课标的课程性质来看,“语言文字是人类最重要的交际工具和信息载体,是人类文化的重要组成部分。语言文字的运用,包括生活、工作和学习中的听说读写活动以及文学活动,存在于人类社会的各个领域。”这是《课程标准》对语文课程标性质的认定。另外,新课标还有一个总要求:“学生通过阅读与鉴赏、表达与交流、梳理与探究等语文学习活动,在语言建构与运用、思维发展与提升、审美鉴赏与创造、文化传承与理解几个方面都获得进一步的发展,坚定文化自信,自觉弘扬社会主义核心价值观,树立积极向上的人生理想,为全面发展和终身发展奠定基础。”语文的课程性质与目标是多层面的,需要我们从深度着手教与学。

第二层内涵是指从“教师教学”的维度看，教师应该成为一个特殊的对话者、平等者中的首席；而不应该是独占话语权，绑架学生的思想情感与思维。教师应该是“一个对话者”，文本的解读应主要引导学生自己来咀嚼、领悟、建构；同时又是“平等者中的首席”，成为校本课程的建设者、审美情感的唤醒者与审美能力发展的促进者。

第三层内涵是从对教材价值的深度定位看，教材是连接师生课堂教学向深度推进的重要媒介，整合优质的教材有利于促进学生建构健全人格、塑造完美个性，引导学生自主学习和培养学生的创新意识等功能。但日常教学中，现行语文教材按照人文主题进行组织的单元教学基本上就是较为松散、自由的群文阅读，缺少统领单篇教学的明确议题和定向的探究。我们推荐的群文阅读，也叫多文本阅读，最近几年逐渐发展成为颇受欢迎的一种语文阅读教学新形式。所谓群文，或曰多文本，是指围绕一个议题的研讨而选择的具有较丰富的互文关系的多个文本或片段。从某种意义上说，这种提升打破了语文课堂教学单篇为主的固有模式，把课程意识带进语文教学设计，激活了教师教学的想象力和创造力，提高了语文教学的效率和质量。

第四层内涵是从文本阐释的方式深度化看，孙绍振教授指出，文本具有其独立的封闭性：意象、意脉、形式规范构成了三个层次的立体结构，因此文本的阐释过程也应该是一个深度化的推进过程。如果能将文本、编者、作者、读者这些概念完整地纳入思考的范畴，建立一种立体化文本阐释的基本观念，统筹兼顾，学生就有可能做到与编者的解读和作者的意图保持高度的一致。从课堂教学的角度来看，这或许是一个方向。

第五层内涵是从学生学习的维度看，语文重在提升学生的听说读写四方面的能力。基于此，学生学习可以从群文阅读、演讲、辩论、课本剧等学习活动、“多维写作”这几个层面具体实施，借此以提高学生的听、说、读、写四方面的能力。这些是基于新课程性质而定位的，《课程标准》明确指出课程性质是：“语文课程是一门学习语言文字运用的综合性、实践性课程。工具性与人文性的统一，是语文课程的基本特点。普通高中阶段的语文课程，应使全体学生在义务教育的基础上进一步提高语文素养，能在生活、学习和工作中正确、熟练、有效地运用祖国语言文字，形成良好的思想道德修养和科学人文修养，为终身学习和有个性地发展奠定基础，为传承和发展中华文化、增强民族凝聚力和创造力发挥应有的作用。”

第六层内涵是从“考试测评”维度看，命题将向深度拓展。新课标教材主编温儒敏先生在《“三新”与语文教学改革——新课标、新教材与新高考》的报告中指出新高考七项考查的要点，为前行中的我们涤清迷雾：“命题将更加注重阅读量及阅读速度，题量会增大。命题所依赖的材料范围将大大拓展。更加注重信息筛选处理能力和逻辑思辨能力的考查。有意识考查读书的情况，包括课外阅读、经典阅读、阅读面与阅读品味。文言文考试变化最大，考阅读水平与古代文化常识。题型和各类题搭配的改革，更注重综合性。高考作文，作文要重视议论文，往理性思辨靠拢。”

所以，今天的语文学习应该不是“懂不懂”的问题，而是“好不好”“美不美”“深不深”的问题；深度学语文的姿态应该是多维度的：情感与诗意的温度、语言与文化的广度、思维与开放的深度、思想与精神的高度……

由此，我们可以初步这样界定“深度学语文”：一种多层次、多维度、全方位地从教学、学习、测评等角度来观察思考语文学科教与学的原则、内容和方法，从而提高学生语言、思维、审美及文化等核心素养的语文课程教与学的方式。

美国研学

第二章

诗意语文策略

第一节　诗意语文策略内涵与意义

深度地学语文策略之一就是诗意语文策略。子曰:“不学诗,无以言。”同样,语文学习要以一颗诗心去涵泳、去润泽、去融合与升华。《诗·大序》曰:“诗者,志之所之也。在心为志,发言为诗,情动于中而形于言。言之不足,故嗟叹之。嗟叹之不足,故咏歌之。咏歌之不足,不知手之舞之足之蹈之也。情发于声;声成文,谓之音。”可见,语文中文学类文本的这一审美特性决定着,她可以让读者充分欣赏和感受生活的美好,让学生有一双发现生活之美的眼睛和一颗感受生活之美的心灵,可以塑造青少年感受生活之美的心理机制。学生在语文文学类文本教学中,能受到美的感染、情的熏陶、理的启迪。诗意地教学语文能使学生成为有情趣的人。站在达·芬奇的《蒙娜丽莎》、罗丹的《思想者》面前,聆听着贝多芬的交响乐、施特劳斯的圆舞曲,能欣赏到艺术之美;遨游在知识的海洋里,探索着奥妙无穷的未知世界时,能体味到科学之美;欣赏“大漠孤烟直,长河落日圆”“三秋桂子,十里荷花”的诗句时,能感受自然之美。此外,从大自然的四季变迁,日出与日落,飘飞的柳絮与秋风瑟瑟中的芦花,发现生活美、感受生活的真正意义及蕴含的哲理。

诗意语文策略可以引导学生去审美。可是,我曾听说这样一件事,一个学生顶撞了一位老师,她说:“为什么只给我们压力,不给我们魅力?”是啊,反思一下我们的语文教学,又有多少诗意熏陶、审美愉悦呢?我们应有效地利用文本那最富有生活情趣与诗意的资源浇灌学生求知的心田。如果我们以美学的眼光审视文本,会发现它所包含的内容是广泛的,它向我们呈现出丰富多彩、五光十色、绚丽多姿的感性的具体画面,召唤起人的生命活力与情感体验。文本中描述的优美自然,使我们像住在风和日丽的地带一样,不知不觉地培养起对于美好事物的爱好;文本中许多社会斗争与历史变迁的内容,则使我们感受到生活的丰富变化与创造奋斗的乐趣。在这里优美与崇高不断激起人的情绪,人们从中不仅领略到前人生活的乐趣,并以此激发起生活的热情。美国著名的心理学家马斯洛认为:“自我实现的人广泛地享受生活的各个方面,而芸芸众生只能享受成功、胜利或经历中的高潮与顶点等偶尔的片刻。他们从不厌倦生活，他们能够经历一次又一次地欣赏日出、日落、婚姻、大自然。”休谟在《论趣味和激情的敏感性》一书中也认为：“作品提供了其他人所不熟悉的某种优雅感情。它们使心灵摆脱了纷忙的事物，蕴怀着沉思冥想、寓予于沉静和平，产生出心灵的一切配置中最适于爱情和友谊的惬意的沉郁心情。”

与学生张仲鲁(今中央电视台主播)

诗意语文策略之二就是借助诗意课堂来实现。因为课堂是师生交流的主要阵地，而文学语言“实现了语言的原初诗性功能”(赵奎英《混沌的秩序》)，它本身就具备很明显的诗性特征。海德格尔很欣赏这句话：“人，诗意地栖居在大地上。”我们不妨借用一下，文学课堂应该是在充满诗意的绿地中徜徉和运行；让学生丰盈的情感在诗意中浸润、荡漾、飞翔……让课堂充满诗意，说的是一种教学观念，一种解读胸怀，一种艺术境界。这种教学观念就是：提高文学课堂的文化品位，摒弃预设性，扫除一切程式和窒闷，开发多元解读、重创新构的潜能。它追求的艺术境界就是：让我们的文学课堂像诗一样激情飞扬，像诗一样蕴涵丰富，像诗一样意境优美，像诗一样充满想象和创造。

那么如何创设这样的课堂？

(1)构建充满诗意的文学课堂，就应有激情的飞扬，就应有情感的磁场，就应有师生之间的情感交融：因为诗歌是情感的精灵。例如上海的黄玉峰老师教鲁迅先生的《药》，就是声情并茂地读了一遍，同学们听得凝神屏气。老师问同学们听后有什么感受，竟然一石激起千重浪。有的说，我有一种“恐怖感”；有同学说，读到看客们的脖子“仿佛许多鸭，被无形的手捏住了向上提”时，我透不气来，我看到了同胞们的麻木；有人说，读到刽子手“撮着一个鲜红的馒头，那红的还在一点一点地往下滴”时，我感到悲痛，革命者为民众牺牲，民众却还要吃他的血；还有一位同学说，读到“坟地”一节，我仿佛看到两位老人互相搀扶的情景，仿佛听到小栓在坟墓中的咳嗽声，仿佛听到夏瑜在地底下的呐喊——“这大清的天下是咱们大家的”……同学们动情的发言使黄老师感动了。他认为，一切提问和分析都多余的，因为同学们已读懂了“人血馒头”，已读懂了夏瑜，已读懂了鲁迅借《药》想说的话。是黄老师动情地诵读，营造了课堂的情感场，使师生的情感得以交融。这份激情，造就了诗性语文课堂。

(2)构建充满诗意的文学课堂，就应有涵泳的兴味，就应有优美的意境，也应有审美的空间，因为诗歌是美神的轿子。如一位特级教师带领学生鉴赏《故都的秋》，借助诗句去营造优美意境。导入语是这样的："春夏秋冬，各具特色。春有春的妩媚，夏有夏的妖娆，冬有冬的庄重，而秋更是千姿百态，风情万种。从古至今，无数的文人用自己的笔、自己的情去诠释心中的秋。比如王勃的'落霞与孤鹜齐飞，秋水与长天一色'，杜牧的'霜叶红于二月花'，杜甫的'无边落木萧萧下'，马致远的'枯藤老树昏鸦'，还有伟人毛泽东的'看万山红遍，层林尽染'。那么北平的秋在郁达夫的笔下是怎样?"诗意的语言一下子就把学生引入可以翩翩飞翔的审美空间。中间导读时，这位教师又这样穿插：作者写那秋槐的落蕊铺得满地，给人种梧桐一叶而天下知秋的遥想，给人以"无可奈何花落去"的悲凉；那秋蝉衰弱的啼唱，又引起人的点点哀思。教师引出陆游的诗句"槐花落尽桐荫薄，时有残蝉一两声"，与课文的描写相得益彰。又引出李煜的词句："无言独上西楼，月如钩，寂寞梧桐深院，锁清秋。剪不断，理还乱，是离愁，别有一般滋味在心头。"优美的词句把同学们引入课文意境，去感悟北国之秋"来得清，来得静，来得悲凉"。诗意荡漾的课堂，便有一泓清流，直流进学生的心田。

(3)构建充满诗意的文学课堂，就应有想象的飞越，就应有创造的火花，因为诗歌是灵感的造化。例如一位老师教学李清照的两首词《一剪梅》和《声声慢》，设计了一个"对对联，赏意境"的教学环节。教师根据《一剪梅》的意境描写拟出上联："月满西楼，落花流水寄绵绵情思"，这是对"雁字回时，月满西楼。花自飘零水自流。一种相思，两处闲愁"的化用。要求学生据《声声慢》的意境描写对出下联。学生思维活跃，纷纷作对。最后大家公认一句为佳对："雁过南窗，梧桐细雨写点点离愁。"它巧妙化用了"梧桐更兼细雨，到黄昏，点点滴滴。这次第，怎一个愁字了得"的诗意。再如教学《与妻书》时，我设计这样一题：请用一副对联涵盖文本主题的两个方面(既是一首爱情诗，又是一曲正气歌)。思考一会儿，学生纷纷献联，佳对有"诉衷情，情意缠绵爱歌一曲，言壮志，慷慨激昂檄文一篇"；"儿女情缠绵悱恻今生伴我长唱爱情诗，报国志豪情满怀来世随君永谱正气歌"。可见，在诗意盎然的课堂，就会有创造的火花闪现。

《课程标准》指出："阅读教学是学生、教师、教科书、文本之间的多重对话，是思想碰撞和心灵交流的动态过程。"在这充满诗意的文学课堂上，有思想交锋、生命涌动，有激情的燃烧，有审美的空间，有想象的飞越，有创造的火花：可谓是“课堂盈诗意，心灵余书香”！

可见，语文教材中文学类文本教学的任务不仅仅限于传授知识技能，更可以培养人的审美感受力，增添对美的追求，让人从文本提供的这个“间接的世界”中去获取对未来生活的信心和热情，然后“诗意地栖居于大地之上”(荷尔德林)，而这一理念就是诗意地学语文意义之所在。

第二节　诗意语文策略的“短暂与永恒”主题读写指津案例

在短暂的生命中寻找永恒

——“短暂与永恒”主题读写

【主题阐释】

天地永恒，生命短暂。面对流水，孔子云，逝者如斯夫，不舍昼夜；放眼高天，李白高唱，君不见黄河之水天上来，奔流到海不复回；俯首大地，摩西怅然，“我们度尽的年岁好像一声叹息”。“我为何而生?”人们上下求索。有人忧伤，“人为天地客，处世若浮休”；有人看开，生途由无数瞬间组成，佛语，一刹便是永恒。而飞蛾向火，瞬间成灰，灵魂永生；昙花绽放，花期短暂，美丽长留；流星坠落，转瞬即逝，光照天宇……一切都在启示人们：生命短暂，精神永恒。要用高昂的斗志，进取的姿态，积极地生活，让短暂的生命，放射永恒的光辉。萧伯纳说，“人生不是一支短短的蜡烛，而是一支由我们暂时拿着的火炬，我们一定要把它燃得十分光明灿烂，然后交给下一代的人们”。

一、“短暂与永恒”主题精彩选文赏析

1. 刹那记

雪小禅

《仁王经》中说：一弹指六十刹那，一刹那九百生灭。我翻到这页时，天色微茫，秋风似起，两岸潮平。我端起一杯红茶，着一袭白衣坐于窗前，看到一片叶子凋零飘落，又一个刹那过去了。

还记得初初喜欢京剧，是因为《锁麟囊》中“一刹时”这个唱段。

是无聊而烦躁的午后，打开电视，听到张火丁唱到这一段：一刹时把前情俱已昧尽，参透了酸辛处泪湿衣襟……他教我，收余恨、免娇嗔、且自新、改性情，休恋逝水，苦海回身，早悟兰因……我听得三魂七魄全去了，呆立在电视前，从此迷上程派，深陷其中，不能自拔。

恍然间已过去十几年，却往往记得那个午后，是怎样触动了我，让我突然邂逅另一个自己，是前世的伶人吗？还是那曾经落难又柳暗花明的女子？

所有的光阴不都是刹那么？

——他一生迷恋她，只记得那个刹那，她猛一回头，他看到她在桥上，那样明艳靓丽，从此一生不忘，一生中的三个刹那，是但丁见到贝德丽采的三个刹那，他日夜全思念她——娇嫩的容颜，雪纺的长裙，在春天的桥上，回头一笑，为这个刹那，他写出《神曲》，其实，还是献给她。

当然记得第一次见到他的样子，才十七八岁，初春的天气，看到教室外面跑进来一个男生，穿藏蓝色球衣，一头撞到她，然后就笑了。笑了之后问：你也在这里啊？怎么会忘记呢，那个刹那，过了二十年，都没有忘记，二十年之后再见，还念念不忘地说：只记得你那时牙齿那么白，扇贝一样的，对了，那件藏蓝色球衣还在不？——多傻呀，多少年了，还记得这样清，人生山长水远，只觉得此一刹那，最美最墨绿，带着电影一样的诗意和朦胧。

也记得高考落了榜，一个人行走在故乡小城的街上，是黄昏，有微雨，看到太阳在雨里红着，分外的亮，却又分外的凄。看到好友骑着自行车过来，大喊一声，"上车，带你去吃冰淇淋！"两个人坐定电影院门口的冰淇淋店，一口气吃掉五个，嘴全麻掉，一回头看到她，她说，"好受点不？"那个刹那，总是记得。她在光影中的少年样子，如此温暖，如此贴心，于是咧嘴一笑。

还有第一次约会。

翻来覆去折腾那几件裙子，比了又比，试了又试，人在慌乱的时间总是穿错衣服，到底系错了扣子出去了，他指着笑，你扣子错了。于是脸红了心跳了，摸着头尴尬地解释着什么，对面的人也笑，那样的刹那，什么时候想起都有一份难言的心动。

禅意的刹那总是难以忘记。

一个去看西湖落雪，安静地呆在湖边，真有"洗钵吃菜再吃茶"的清幽，很多个诗意夜晚都只有刹那记得，对面的人，长衫翩然，对面的你，素面红颜，宣纸铺开，听他讲，原来有一种叫宣纸叫"连史纸"，七十二道人工工序，后来绝了迹，落在那纸上的字，才美得惊心，如果那首诗是"琴棋书画诗酒花，槛外心情槛内家"，如果落款再是"银碗里盛雪"的闲章，那红印在泛黄的宣纸上，要多诗意就有多诗意。

会心景致有多少？——也只有那些个刹那吧，一刹那九百生灭，在生生灭灭之中，人生多么快，昨天还是青涩少年，今日就看到发际上一根银线爬着，灰白的，惊了心。第一天还吓得拔掉，到第三十天，拔不过来了，去染头发吧，一定要去染，一定不能白了发，但到底全白了，一头白发飘着，这么快就老了——自己都不信。

犹记小窗深坐试新茶是昨日，怎么转眼又是清明？朋友打电话来说，西湖龙井的新茶又下来了，来西湖吧，一边饮新茶一边赏西湖吧？

——我当然知道，那又是一个刹那，这样的刹那，带着尘世的喜悦与苍茫，我错过了多少美丽的刹那呢？我不记得，我只记得那些经历过的刹那，那么美，那么幽，那么刹那。

就像我手里这一杯将凉未凉的茶，那么，饮掉它吧，就如同饮掉，那些美丽的刹那，让它们在我心里安营、驻扎，留待日后岁月，老了时，一一酌饮。

节选自《刹那记》，湖北辞书出版社 2009 年版

赏析：文如其人，雪小禅的文字很性灵，20 年前的初相见，落榜日的黄昏微雨，第一次约会的慌乱娇羞，生生映现着生命中短暂而唯美的刹那，一个个刹那诠释着曾经的青春，读来让人心有戚戚；字里行间透着禅意，一个唱段，一次清赏，一番揽镜，另一些刹那又给人生命的顿悟，云淡风轻，幽幽，淡淡，是小禅。

雪小禅的文字很晶莹，玲珑，灵动，像雪。

2. 四时之外（节选）

朱良志

瞬间永恒是禅宗最深刻的秘密之一，也是中国艺术的秘密之一。“万古江山在目前”，大道就在今朝，就在此刻，就在此刻所见的十五圆月。明代心学家陈白沙说：“道眼大小同，乾坤一螺寄。东山月出时，我在观溟处。”关键在于“我在”，此在并不因为过去而失去意义，目前不因为广远而丧失可观之处，此顷我在此处，我就是世界的中心，圆满而无缺憾，“我在”，世界因而有意义。

松尾芭蕉的诗写得清新雅净，意味幽永，他的一首俳句道：“蛙跃古池中，静潴传清响。”芭蕉自言其“‘古池’句系我风之滥觞，以此作为辞世可也”。诗人笔下的池子，是亘古如斯的静静古池，青蛙的一跃，打破了千年的宁静，这一跃，就是一个顿悟，一个此在此顷的顿悟。在短暂的片刻撕破俗世的时间之网，进入绝对的无时间的永恒中。这一跃中的惊悟，是活泼的，在涟漪的荡漾中，将现在的鲜活揉入到过去的幽深中去了。那布满青苔的古池，就是万古之长空，那清新的蛙跃声，就是一朝之风月。

在禅宗中，刹那被用为觉悟的片刻，慧能说：“西方刹那间目前便见。”西方就在刹那，妙悟便在此刻。悟在刹那间，并非形容妙悟时间的短暂。在禅宗以

及深受禅宗影响的中国艺术理论看来，一切时间虚妄不实，妙悟就是摆脱时间的束缚，而进入到无时间的境界中。所谓“透入”(即悟入)之法界，则是无时间的境界。刹那在这里是一个“临界点”，是时间和非时间的界限，是由有时间的感觉进入到无时间直觉的一个“时机”。迷则累世劫，悟则刹那间。

妙悟中刹那和一般的时间有根本的区别，一般时间是过去、现在、未来的一个时间段落，是具体时间。但在妙悟中，刹那却不具有这种特点，它虽然可以联系过去，但绝不联系未来，它是一个“现在”，是将要透入法界的“现在”，是将要进入无时间的“现在”。因为悟入的境界是不二的，绝对的，非时非空的。所以，刹那是由有时间到无时间的分界点。石涛说“在临时间定”，这个“临时间”，就是时间的临界点。所以，禅宗中说妙悟，是在“刹那间截断”，在忽然的妙悟中，放弃对虚幻不真的色相世界的关注，放弃起于一念的可能性。刹那的意思在截断。可见，刹那永恒，并非于短时间中把握绵长的时间，在妙悟中，没有刹那，也没有永恒，因为没有了时间。在刹那间见永恒，就是超越时间。

瞬间就是永恒，当下就是全部。刹那永恒的境界，就是任由世界自在兴现。在纯粹体验中，并非脱离外在世界的空茫索求，而是即世界即妙悟。悟后，我们见到一个自在彰显的世界，它不由人的感官过滤，也不在人的意识中呈现。水自流，花自飘，我也自在。世界并不“空”，只是我的念头“空”，我不以我念去过滤世界，而是以“空”念去映照世界，这就是“目前”，就是“当下”。

节选自《中国美学十五讲》，北京大学出版社 2006 年版

赏析：这是一篇美学随笔。人生天地间，受着时间、空间的局限，如何才能摆脱羁绊，获得精神自由，是本文探讨的话题。作者认为，“大道就在今朝，就在此刻”。让我们进入“刹那”，一个“绝对的，非时非空”的境界，瞬间就是永恒，当下就是全部。此顷我在此处，我就是世界的中心，“我在”，世界因而有意义。永恒不在身外，就在我们自身，我们可以浑然入世，齐同万物，在瞬间永恒的境界中超越时空，领略生命的圆融。

二、“短暂与永恒”主题拓展阅读训练

阅读下面的文章，完成 1～4 题。

黄　昏

刘绪源

①有一年春天，我因胃疾，成天躺在医院的病床上。透过窗口，看见远处屋顶上一大群白色的鸽子时不时地飞起来，在天空中盘旋着，翱翔着。我的心常

会有些空落，常有一种寂寞乃至荒凉的感觉。是因为鸽子的自由自在，反衬出了我的无奈？细想想又不全是如此。更重要的，大概是从鸽子们那种自然的、永恒的、充满韵律感的行动方式上，感受到了大自然的无限与人生的短暂。尤其是，病情好好坏坏老不见转机时，每当黄昏来临，鸽群散尽，当天空由淡蓝变为深蓝，晚霞由暖色调转向冷色调，沉沉的暗夜终于一步一步地无可挽回地降临并覆盖了整个大地时，病人的心，常常会在这种美丽而无望的变化中，悄悄地抽紧，过后又不知不觉地松下来，人便在冷寂中无力地睡去。

②一天，也是在黄昏时看着鸽子盘旋，我忽然记起了一本著名的小说《牛虻》。小说中的男主人公，那位无比坚强的意大利革命者，却极其害怕看到黄昏落日。那是因为，他曾在起义失败后逃出境外，在异国受了致命的伤害，曾一天天孤独地在野外的黄昏落日中等死。后来他奇迹般地活了下来，却怎么也不能承受旧日恐怖情绪的袭扰，偶见窗外的黄昏景色，他的脸就会变得惨白。但他并不从此走向畏怯，相反，他比过去更勇敢了。这似乎十分矛盾，小时候读这本书时我最不能理解的也是这一点。我们从小被反复灌输进头脑里的英雄的概念，是不能有缺点和任何使之害怕的东西的。这位“牛虻”不仅那样地真实，而且那样地迷人，他在经历了死之绝望以后，竟更懂得生命的意义和价值，变成了更加义无反顾的英雄。

③我当然不是英雄，却有一点是与那位异国的“牛虻”略有近似的——我在终于告别了医院和病床、告别了那扇曾无数次让我看到黄昏和鸽群的窗口之后，并没有变成小心翼翼的生命至上主义者，却变得更为超脱和勤奋了。我仿佛已经意识到自己极有限的生命力应该用在哪些地方，我的几本自己比较满意的书，差不多都是在那场大病之后写出来的。另外也有一点是与“牛虻”很不相同的，就是我越来越喜欢看黄昏的景色了。

④人们是习惯于将人生的老年比喻成黄昏的。我离那样的年龄还很远。可是，较早地体验一下生命有可能渐渐离开自己时的心情，我想还是很有意义的。我从医院出来后，完成的第一个作品，是那本薄薄的《人生的滋味》。这是专门写给中学生看的。我当然知道，对于中学生来说，它显得老气横秋了；可我还是愿意为他们写这样的书。我觉得，即使是十几岁的中学生，也不应该只生活在自己的阳光灿烂的日子里，他们也应该有一点短暂的时间，想想未来，想想黄昏，体验一下人生的各种不同的风景。这会使他们紧张而喧闹的生活，变得更有滋味；也会使他们的性情，变得深刻而美丽。

⑤不仅是黄昏，我以为，人甚至还应该体验沉沉的黑夜。前不久，我和一群友人坐船到一个南方沿海城市去开会，深夜，我们围站在甲板上，对着满天的星

光，唱一支又一支我们难以忘怀的老歌。我忽然记起法国作家梅里美的小说《高龙巴》，其中写到一位老水手，孤独地坐在船头，唱了一整夜忧伤的歌……一种悠远苍凉的感觉顿时浸透了我的全身。我想：高龙巴的时代，海上曾飘过老水手的歌；今天则飘过了我们的歌；几百年之后呢？一定又有新一代人的歌在海风中飘浮荡漾了。想到这些，我丝毫不觉得悲切凄凉，我只感到宇宙和自然的伟大；当然也想到了生命的短暂，但同时，也就更感到了人生的珍贵和美丽。

节选自《我之所思》，上海辞书出版社 2014 年版

阅读思考：

1. 请用简练的词语概括作者对黄昏的感情变化历程。
2. 解释文中画线句子的含义。

   另外也有一点是与“牛虻”很不相同的，就是我越来越喜欢看黄昏的景色了。
3. 请分析文章第一段中“鸽群”的作用。
4. 作者认为，即使是十几岁的中学生，也应该有一点短暂的时间，想想黄昏。你对此怎么看？

三、“短暂与永恒”主题拓展写作训练

（一）文题设计

阅读下面的材料，按要求作文。

在这世界上，很多小生命令人感动。蜉蝣朝生暮死，但羽衣艳丽，在暮春河畔，与爱侣翩然飞翔，享受着生命最绚烂的时光。蜉蝣婚飞，一道让人唏嘘的风景！《诗经·曹风》唱道：蜉蝣之羽，衣裳楚楚。心之忧矣，于我归处？（蜉蝣展翅飞翔，穿着美丽衣裳；我心充满忧伤，何处是我故乡？）两千年前，敏感的诗人借这可爱的小虫写出脆弱人生的短暂美丽和终须面对消亡时的内心彷徨。

还有一种小花，叫夕颜，黄昏开放，凌晨凋谢。紫氏部在《源氏物语》这样咏叹：白露濡兮夕颜丽，花因水光添幽香；疑是若人兮含情睇，夕颜华兮芳馥馥。读之刺痛感觉。

根据上面的材料，以“短暂与永恒”为话题写作文，文体不限，标题自拟，不少于 800 字。

（二）写作导引

1. 立意

细读材料，我们不难感知，蜉蝣和夕颜的生命态度都是应被肯定和礼赞的，

它们宣示着这样的主题：虽然生命短暂，也要积极生活，享受生命的快乐，把美丽献给世界。兼顾话题要求，立意可做多种选择：

(1)珍惜每一个幸福的瞬间，才会拥有精彩的人生。

(2)生命的价值不在长度，而在质量。让生命活出高格，步入永恒。

(3)生命短暂，要热爱生命，使之由有限向无限延伸，方为不负此生。

(4)在短暂的美中感悟永恒。

(5)瞬间具有永恒价值，把握瞬间，拥有永恒。

(6)生命短暂，信念(艺术、美、忠贞等)永恒。

(7)人生在世，能刹那芳华便已足够，人生已无遗憾，等等。

2. 文体

写成记叙文，抒情散文，或者议论文，都可以。若写记叙文，一定要紧扣“短暂与永恒”话题，选择新颖的材料，追求叙事的曲折生动，并注意篇末点题；若写抒情散文，在情感充沛时注重理性思考，注意追求思考的深度和广度，切忌空洞的抒情；其实写托物言志的散文也是很好的选择，选择像牵牛花、非洲草原上的依米花一类的生命短暂但美丽永恒的事物，一样可以表达主题。若写议论文，一定要紧扣中心选择典型而新鲜的事例进行分析说理，例子的叙述注意要概括、简练，不要像讲故事那样追求完整，考虑行文逻辑的顺畅。还要留意文采和文化积淀。

(三)误区指津

(1)面对这个常写常新的主题，不少同学引用的材料过于陈旧，还是牛顿、爱因斯坦和陶渊明等传统素材，或者仅仅简单重复引用原材料，或者改写牛郎织女的故事，文章缺乏创新，显得呆板，少灵动。

(2)写法流于简单，比如全文只写一个蹩脚的亲情故事，末尾缀上“亲情永恒”的标签，缺乏哲理的深度。或是在文中堆砌材料，不知分析，论述缺乏层次，也不会升华主题。

(四)素材链接

1. 夏完淳舍生取义

悲歌慷慨千秋血，文采风流一世宗。大厦将倾，风雨飘摇之际，年少的夏完淳风骈霜胝，提襟短衣，备人世之艰辛，极忠臣之冤酷，力图乾坤重照，日月双悬。终独木难支，回天乏术，舍生取义，年仅十七。万岁千秋，不销义魄；九天八表，永厉英魄。

2. 康桥明月徐志摩

像烟花，绽出的急景流年；似流星，驰过浩茫广宇。志摩是天空的那一片云，在自己的生命中轻轻地路过，而复又轻轻地走了。是云天撒下的一片雪，自由飞翔。你的热情，你的爱，连同不谙世事的赤子之心，随了唯美古典的诗句，一并融入永恒。

3. 10分钟年华老去

2002年芬兰、德、荷、西、英、中15位名导围绕“时间”这一永恒主题，各拍了10分钟的短片，串成一部电影《十分钟年华老去》，以生、死、爱、恨等戏剧性短暂时刻，从不同角度审视了时间和命运，有的机智，有的阴郁，入围2002年度戛纳影展“一种注目”单元！

4. 相关格言

时间是一切物体不可抵挡的洪流，事物一映入眼帘仅为了依次被冲走。（古罗马马克·奥里利乌斯）

附和真理，生命便会得到永生。（印度泰戈尔）

人生太短暂了，事情是这样的多，能不兼程而进吗？（美国爱迪生）

谁能以深刻的内容充实每个瞬间，谁就是在无限地延长自己的生命。（美国库尔茨）

每一个不曾起舞的日子，都是对生命的辜负。（德国尼采）

【学生佳作选评】

1. 绝响

庄万里

白日当空。

嵇康素衣一袭，从容华丽，危坐，如即将涅槃的凤凰；面前，三千太学生俯身而跪，呜咽不止。

顾看日影，心知时辰将至，他轻轻转头，道：拿琴来。监斩官颔首应允。

哥哥嵇喜小心将琴摆放在他面前。这是嵇康视同性命的琴，嵌着他珍爱的河轮祝玉。无瑕的玉片，在秋阳下闪着晶莹的辉光。

他俯身向琴，展开双臂，要在生命的最后时光，弹一曲天上仙乐《广陵散》。

呜咽停止，所有人都屏住呼吸，只有树梢间微风飒飒。

琴声响起。短短地开指，舒缓，平淡。乐音穿透听者的躯壳，直达心府，引灵魂在辽远与苍茫中盘旋。乐声中，人们仿佛看见了聂政，走在芸芸众生中，茫昧无求，担水，砍柴，屠狗，卖肉……也仿佛看见了嵇康，山阳竹林下，炉火与肤色辉映，生命苦短，他甘愿做个铁匠，在丁丁锤声里送走光阴；劳作之余，采薇山阿，散发岩岫，伴着习习谷风，流咏兰池，操缦清商，游心大象。

小序大序，琴声干涩，似乎是聂政临于前方的歧路，命中注定的担当，躲无可躲，他是侠客，他的使命是扬善惩恶，他只能出剑；似乎是嵇康生命中欲来的山雨，虽然只求抱琴行吟，弋钓草野，手挥五弦，目送归鸿，上不臣天子，下不事王侯，志愿毕矣，然而不行，世上从来没有第三河岸，虽师祖庄周，总难一龙一蛇，与时俱化。他忘不了旧主，丢不掉忠贞，他只能在非此即彼中做出抉择。此时的乐音，苦闷，彷徨。

正声响处，十八段次第展开，嵇康就是《广陵散》，《广陵散》就是嵇康；嵇康是在用他全部的生命演奏，他把自己的身体、灵魂化作一个个铿锵的音符，回荡在景元四年的秋天，回荡在魏晋的天空！挑按捻揉间，虚实疾徐里，侠骨节节延展，义胆片片呈现。聂政，刺韩、冲冠、发怒、投剑，气贯长虹……嵇康，走拒司马之召，傲对钟会之访，绝断山涛之交，昂首面对死神，酣畅淋漓。乐声入耳，"其怨恨凄恻，即如幽冥鬼神之声。邕邕容容，言语清泠。及其怫郁慷慨，又亦隐隐轰轰，风雨亭亭，纷披灿烂，戈矛纵横"，惊心动魄。神人共泣中，懦夫感达节，壮士激青衿。

尾声是绚烂绽放后的平静。嵇康轻轻揉弦，四远寂寂，琴声悠扬，幽怨之音杳，杀伐之声远，若天籁回旋，只剩下天地醇和的一片清明。

一曲终了，嵇康恢复静正坐姿，他 39 岁的短暂人生，定格在那个秋天惨淡的阳光下；《广陵散》的最后一缕绝响，带着极致的魏晋风流，袅袅悠悠，飘入无尽太空，汇入永恒……

教师点评：本文是一篇故事新编，取《广陵散》旧典，选择嵇康宁死不屈，慷慨就义前最后一次抚琴的短暂而悲壮的瞬间为写作素材，揉入对名曲《广陵散》诠释，展现精神不死，信念永恒的主题，写法独特，结构紧凑，感人至深。

2. 短暂花开，芬芳永恒

聂 铭

康德说："世上只有两件东西能够深深地震撼人们的心灵，一是我们头顶上灿烂的星空，一是我们心中崇高的道德准则。"仰望浩瀚星空，我们难免陷入困惑：人生短暂，如何在短暂的生命里寻找永恒？

自然界给了我们启示。蜉蝣朝生暮死，但羽衣艳丽，在暮春河畔，与爱侣翩然飞翔，享受着生命最绚烂的时光。夕颜，黄昏开放，凌晨凋谢，暮光中短暂美丽的容颜，让我们感受到生命的温暖。还有流星，稍纵即逝，而光亮惊艳人间；还有萤火虫，在夜幕低垂的黑暗中，以半月生命，舞出欣悦的光芒。人生也应如此，生命虽然短暂，但生命的价值可永恒，短暂的人生一样可以创造属于自己的精彩。

回眸大唐，初唐四杰之首的王勃，天才早慧，领悟到“天波易谢，寸晷难留；人生百年，犹如一瞬”，在仕途不顺，前途黯淡之际，高歌“老当益壮，宁移白首之心？穷且益坚，不坠青云之志”，滕王阁上，长风满袖，仙袂飘飘，欣然起笔，俯仰之间，成就千古一赋。虽然年纪轻轻而魂归南海，但滕王阁上的倚马千言，已经让他在文学史上留下不朽的华彩。是他的豁达从容，他的敢于绽放，他创造的永恒价值，让后世景仰。

再看近代，护国军神蔡松坡，面对袁世凯复辟帝制的逆流，威武不能屈，富贵不能淫，对天涯秋色，满城风雨，惟愿提戈杀贼；知国殇不死，奉馨香万古，不劳服药苦求仙，大呼“与其屈膝而生，毋宁断头而死”，毅然逃脱魔界，起兵南天，誓师北伐，逐民贼，定中原，功成身退，高风千古。惜以 34 岁英年，溘然长逝，叹周郎短命，而将军的英名，伴着民主共和的大旗，永远飘扬在中华的天空。

放眼寰宇，为自由事业献身的拜伦、为祖国战死的裴多菲、人权斗士马丁·路德·金、俄罗斯诗歌的太阳普希金、用音乐呼唤和平的约翰·列侬……他们虽然都享年不永，但都以辉煌的成就名垂史册。人生在世，权位名利是一时的，青春年华是不长久的，金银珍宝是带不走的，如何在短暂的生命中，留下让后人永怀的生命光辉，才是我们要关注的。星云法师说得好，“一个人的成就，不在寿命的长短，不在权位的高低，也不在金钱的多寡，而在于你德业的崇伟，以及你对人类的贡献”。

人活一世，草木一秋。珍惜自己所拥有的一切，把握生命的每一分钟，每一时刻，勤奋不已，自强不息。拒绝猥琐，追求高贵；远离自私，追求永恒的精神。

生命如昙花一现，短暂而美好。列夫·托尔斯泰有言：“人生的价值，并不是用时间，而是用深度去衡量的。”莎士比亚也说：“生命苦短，只是美德能将它传到遥远的后世。”让我们牢记先贤的箴言，修德立业，把自己有限的生命，塑造为永恒。

教师点评：本文是一篇议论文，作者围绕“短暂和永恒”话题，神游万仞，心骛八极，从自然界到人类社会，人类社会的论据又有古代、近代、外国，论证层次清晰，材料充分，内容丰腴。作者以激情似火的语言，诠释了自己对生命的思考；事实论据与理论论据相结合，极富说服力。

3. 酿造永恒

王　蓉

蜉蝣命在朝暮，一样羽衣翩翩，绽放生命美丽；夕颜花期一晚，也要露濡花容，展露刹那芳华；人生天地间，岁月如白驹过隙，带着梦匆匆来去，要珍惜生命中的短暂美丽，酿造生命的永恒。

生命短暂，真爱酿成永恒。

昙花一现，只为韦陀。缕缕茶香袅娜在佛前，还记得那朵翘首等待爱人的花，望着韦陀陌生冷漠的眼神，颤抖着绽放最美的身姿，一层层洁白的花瓣捧出幽幽清香，淡雅芬芳，沁人心脾，仿佛在轻轻柔柔地唤着爱人，唤着爱人的记忆。纵是缘起缘灭，花开花落，短暂的美丽犹如夏夜划过天际的流星，年复一年，演绎成爱的永恒。

撷取生之诗意，酿美成为永恒。

浮生若梦，为欢几何？姑苏才子沈三白，蕙心兰质陈芸娘，一对尘世爱侣，心怀人生如寄的哀伤，年岁不永的忧虑，产生了强烈的生之眷恋，就此摈弃了凡俗的生活，营求生命里每一个诗情画意的瞬间，或并坐水窗，摇轻罗小扇，看飞云过天；或月夜置茶荷心，早烹天泉，寻觅夏日雅逸；或于蝉鸣聒耳的七月，垂钓于柳荫深处，日落时观晚霞夕照，随意联吟……无数唯美瞬间，联珠缀玉，结晶为永恒的经典。

追问生命的每一个瞬间，让思想酿成永恒。

“从生命的短暂性来说，人生的确是一场梦。”史铁生如是说。在人生最好的年华，他残废了。他坐在地坛的树荫下，扶轮问路，静静思考着生命。生命是什么？生命究竟有多长？他想啊想，终于明白，“历史的每一瞬间，都有无数的历史蔓展，都有无限的时间延伸”。他开悟，死是不必着急的事，于是“微笑着，去唱生活的歌谣”。他对宇宙的思索，对生命的质询，建筑起“一座文学的高峰，其想象力和思辨力一再刷新当代精神的高度；一种千万人心痛的温暖，让我们在瞬息中触摸永恒”。

生命何其短暂，但昙花一现，爱成永恒；沈复与芸娘在浮世里寻觅诗意，化为永恒；史铁生用深深的思考，酿成生命的永恒。

人生由无数短暂的美丽瞬间组成，这些美丽的瞬间，或许是倾尽心血的刹那芳华，或许是生命之水的涓涓滴滴，或许是宇宙密码的思想顿悟，数不清的短暂，连缀成生命的永恒。

让我们萃取短暂，酝酿永恒。

教师点评：此文是一篇文化散文，立意警拔，取材典型，神话传说、古人典故、今人事例，信手拈来，角度变换多姿，极富文学底蕴；语言唯美深刻也是本文一大亮点，比如关于那些温暖故事的叙述、关于故事的概括与分析；此外结构匀称，诗意与哲理同在，很耐赏读。

附录：阅读训练《黄昏》参考答案

1. 本题考查归纳内容要点的能力，答案有的直接从原文摘取，有的需要根据文意概括。

答案：空落、寂寞、荒凉、无奈、无望、超脱、喜欢、宁静。

2. 本题考查对文学作品中重要句子的理解能力。

答案："牛虻"经历了死之绝望以后，更懂得生命的意义和价值，变成了更加义无反顾的英雄。而我并没有变成小心翼翼的生命至上主义者，却变得更为超脱和勤奋了。

3. 本题考查分析文章结构和表达技巧的能力。

答案：(1)内容上：①对比，鸽子自由，作者有一种失去自由的无奈。②与大自然的永恒、无限相比，作者感到了人生的短暂。③鸽群消失后，黄昏来临，作者的心常会感到紧张、无望、冷寂。(2)结构上：由鸽群引起的失落写起，为后文写心理转变，喜欢黄昏作铺垫，行文有波澜。

4. 本题是道探究题，是对作品主旨的拓展性思考。要求依据本文主题再联系中学生现实生活实际分析。

答案略。

本文原发表于《语文报》(寒假专号)2016 年 1 月，有修改

第三章

文化语文策略

第一节　文化语文策略内涵与意义

深度学语文的策略之二是文化语文策略。新课标规定语文学科核心素养四个之一就是“文化传承与理解”，并指出“文化传承与理解是指学生在语文学习中继承中华优秀传统文化，理解、借鉴不同民族和地区文化的能力，以及在语文学习过程中表现出来的文化视野、文化自觉的意识和文化自信的态度。”表现在“课程目标”上，即“传承中华文化”“理解多样文化”“关注、参与当代文化”。而这些文化要借助语文去传承，文化与语文密不可分。王弼《周易・略例・明象》指出：“夫象者，出意者也；言者，明象者也。尽意莫若象，尽象莫若言。言生于象，故可以寻言以观象；象生于意，故可以寻象以观意。意以象尽，象以言著。”在此，我们不妨把“象”理解成“文化”，“言”理解成“语文”。

那么语文是什么？特级教师袁卫星在《诗意的召唤和语文的回归》中这样表述：“语文是炫目的先秦繁星，是皎洁的汉宫秋月；是珠落玉盘的琵琶，是高山流水的琴瑟；是“推”“敲”不定的月下门，是但求一字的数茎须；是庄子的逍遥云游，是孔子的颠沛流离；是魏王的老骥之志，是诸葛的锦囊妙计；是君子好逑的《诗经》，是魂兮归来的《楚辞》是执过羊鞭的《兵法》，是受过宫刑的《史记》；是李太白的杯中酒，是曹雪芹的梦中泪；是千古绝唱的诗词曲赋，是功垂青史的《四库全书》……”语文博大精深，“腹有诗书气自华”，好的语文教师一定是文化的传经布道者，好的语文课一定具备超越时空的文化视野。学好语文的孩子定是“学富五车，才高八斗”的。比如近三年热播的《中华诗词大会》，其中“飞花令”环节最精彩，选手们紧扣着“风”“花”“雪”“月”，还有“成语”联想诗句，尽显这些诗词的文化之美。记得我给学生讲作文的名言论据，需要展开发散思维时，紧扣“三”联想相关的成语与典故；关于“三”的哲理名句，王国维的，尼采的，毕淑敏的；或美学，或哲学，或文学，异彩纷呈。

文化语文是什么？她可以是经典。阅览古人心织的文字，江枫渔火，不知所起，却一往情深。未曾见李白豪情，但能画出他望月的身姿；未曾领略过琵琶女的琴艺，却仍被乐天的文字折服。三毛言：“书读多了，容颜自然改变。许多时候，自己可能以为看过了的书籍都成了过眼云烟，不复记忆，其实它们都是潜在的。如同那倒入水中的盐，外表上看不出什么，在气质里，在谈吐上，在胸襟的无涯，当然也可能显露在生活和文字里。”书房是文人精神的巢穴，生命的禅堂，让诗书入魂，清风明月自在怀。

文化语文是什么？她可以是传统。历史车轮滚滚向前，多少桂殿兰宫，湮没在历史长河。上下五千年的华夏文明，我们触之未及却又无处不在的是民族血脉。恰如盐溶水，看似无处可觅，却香满八方。孔丘、李耳、屈原……那么多的名字耳熟能详，他们历经数千年岁月的风烟，依然为我们所颂扬。身体腐化为土，思想却存留后世。民族沉香走过千年，将仁、义、礼、智、信播撒在我们的心灵，谦恭礼让的六尺巷，义薄云天的赵氏孤儿，青史丹心的忠烈谱……这些淡淡的香气，飘在四周，我们看不到，但是，在行进的路上，我们却能真切感受到它们的芬芳。

文化语文是什么？她可以是情怀。千古功绩都江堰，万古流芳蜀李冰。两千年前，李冰以一个田间老农的姿态，把旱涝无常的成都平原变成天府之国。他离开了我们，但精神将影响一代代人。穿越历史长河，我仿佛遇见了柳子厚，他被贬蛮夷，并未一味自怨自艾，建学堂，废乡约，放奴隶，给蛮荒之地带来爱的光辉。山穷水险，上下沿洄，外枯中膏，似淡实美，有形之躯消失，赤子情怀流传万古！

文化语文是什么？她可以是修养。记得龙应台出任台北市文化局长时，在议事大厅，一位市议员似乎喝了点酒，满脸红通通的，大声地对她质询到，“局长，你说吧，什么叫作文化？”龙应台缓缓地回答说：“文化？它是随便一个人迎面走来，他的举手投足，他的一颦一笑，他的整体气质。他走过一棵树，树枝低垂，他是随手把枝折断丢弃，还是弯身而过？一只满身是癣的流浪狗走近他，他是怜悯地避开，还是一脚踢过去？电梯门打开，他是谦抑地让人，还是霸道地把别人挤开？一个盲人和他并肩路口，绿灯亮了，他会搀那盲者一把吗？他与别人如何擦身而过？他如何低头系上自己松了的鞋带？他怎么从卖菜的小贩手里接过找来的零钱？”“文化其实体现在一个人如何对待他人、对待自己、如何对待自己所处的自然环境。在一个文化厚实深沉的社会里，人懂得尊重自己——他不苟且，因为不苟且所以有品位；人懂得尊重别人——他不霸道，因为不霸道所以有道德；人懂得尊重自然——他不掠夺，因为不掠夺所以有永续的智能。品位、道德、智能，是文化积累的总和。”

文化语文是什么？她可以是气节。我儿子张安东在《美丽的汉语》一文写道：“汉语给予了我们民族的气节，让我们划着长篙，向历史更深处漫溯。我看到了霍去病横刀疆边，粪土厚禄，'匈奴未灭，何以家为?'我看到了零丁洋里文天祥大啸'人生自古谁无死，留取丹心照汗青'，我看到刽子手的大刀正在颤抖，谭嗣同无畏地喊出'我自横刀向天笑，去留肝胆两昆仑'；我又听到了李易安的朗声明志'生当作人杰，死亦为鬼雄'，也听到了鉴湖女侠的啸音'一腔热血勤珍重，洒去犹能化碧涛'，听到了朦胧诗诗人舒婷的真情倾诉'祖国啊，我亲爱的祖国'……日月轮回，多少豪杰巾帼用雄壮的汉语铸就了我中华坚韧的脊梁，只能是汉语，才能凝聚我中华民族不朽的气节。"

所以文化学者鲍鹏山先生在《不与经典结缘很难成为高雅的人》一文中指出教育的目的："是要让本民族的文化得到传承，这就要把本民族的文化经典作为最重要的、最宝贵的教育资源。一个人或一个民族想成为高雅的人或者文明的民族，不与经典结缘，是不可想象的。"写《夏洛的网》的美国作家E·B·怀特说，"任何专门蹲下来为孩子写作的人都是在浪费时间"，所以，鲍鹏山先生认为，我们亟须用能够为精神打底色的、有高贵血统的经典，来指引孩子们、指引民族的未来。这关乎一个人的格调和品位，也关乎一个民族的格调和品位。

鹫峰翠竹，朗月共坐，白石斜枕，山色润心。"你的骨子里，藏着你读过的书、走过的路、爱过的人。"文化语文让我们每个人都是一只遨游天际的飞鸟，坚信精神永存，你我的精神终将永存天地之间。并将其传给久远的后代。

第二节　文化语文策略的"义与利"主题读写指津案例

见利思义，为澄澈生命奠基

——"义与利"主题读写

【主题阐释】

义与利，人生路上的并蒂花。"利"，往往是物质的，金钱、权利、地位等等；"义"，是公平、正义，"义者，人之正路也"；"君子义以为上"：义乃立身之本，是行为的最高规范。爱国亲民、孝敬父母、见义勇为等都是，它是精神的。儒家之于义利，虽然多重义轻利，舍利取义，甚至舍生取义，但并不排斥以义为利，孔子认为追求富贵是人的本性，"富与贵，人之所欲也"；孟子强调君主治国应以民利为重；清儒说，"义中之利，君子所贵"。无论太平盛世还是民族危难关头，儒家"义以为重"的人格力量、民族精神，一直激励着在危难中踏"义"前行的勇士。走过五千载岁月沧桑，历经一百年兴衰沉浮，当代中国又站到了新的历史起点上。

“国不以利为利，以义为利也。”在首尔大学，习近平总书记谈到了义利观。“我们要注重利，更要注重义。”作为新一代的年轻人，我们要发扬传统文明，见利思义，以义养质，为生命的健康发展奠基。

一、“义与利”主题精彩选文赏析

1. 遥想聂政

陈　敏

就在那年冬天，一个寻常的早晨，你打开房门，一阵寒风裹着雪粒儿扑面而来。柴扉之外，一片冰天雪地。就在栅栏的边上，静静地站立着一个人，那人手持一个大锦箱，浑身上下落满白雪。你看了他一眼，关了柴门，不去理他。

那人专程从韩国都城阳翟赶来，锦箱里是一千两黄金，要为你的老母祝寿，他叫严仲子。

在轵县深井里这个集镇上，你的屠狗手艺很有名气，如同你身份的卑贱一样有名。你晓行暮归，来去无踪，一般人很难窥视到你的行踪。你可以出其不意地出现在任何你想要出现的地方。你的目光里有一种电一样的东西，使看到你的人不寒而栗，只说一句：“现在的野狗都变成狼了！”

严仲子一如既往地前来看望你的老母。你无奈，决计搬迁。一个早春黎明，严仲子来你家，见你举家人去宅空，才知道你心如铁石，不可动摇，于是顿足大哭，泪流满襟而去。

时间一晃就过去了两年。风起之时，铺天盖地的灰尘遮挡着人们的视线。你奔走在这样的狂风里，终于，在韩国阳翟边郊一个破落的院子里，你找到了双目失明的严仲子。

你终于说话了。你说：“往日家母尚在，我不能轻言以身殉国，现在，母已亡故，我心已安。士为知己者死。说吧，需要我为你做什么？”严仲子声泪俱下：“贤弟啊，老夫是有一事相托，可又怕连累了你啊！”你说：“不然。想我一介狗屠，被人视为草芥，承蒙先生刮目相看，千里奔投，屈尊降贵，事我屠狗者家母至孝，且备千金之礼。人非草木，孰能无情？今生今世，类先生者能有几人？”

严仲子说：“既如此，我当有所托。我乃韩国相国之后，当今韩相国侠累，谋杀家父，篡夺相位，灭我三族，大权独揽，威逼韩王，涂炭生灵，朝野震怒。如先生能助我铲除此贼，以报家仇，洗雪国耻，我将死而无憾。奸贼防卫甚严，先生需多带人力，我全力操办，早除韩贼。”

你仰天一声长笑：“我视其如猪狗尔！不必了，我一人足矣！”

那日早朝时狂风大作。你袒着胸脯，仗着长剑，阔步疾行。别人都睁不开眼睛，你却目如铜铃，直视前方。有几个拦你去路的士兵立刻成了你的剑下之鬼。你的肩膀撞翻了那些来不及抽身的门卫。你来到一辆豪华马车前，看见了不可一世的侠累。你没有等他叫喊，就一剑砍了他的首级，掷在殿门之前。

士兵越围越多，你无意突围。大事已毕。你长啸一声："人生为一大事来，成一大事去，复何憾哉！"言毕，你用剑刃刮去五官，饮剑而死。

多年之后，一位双目失明的长须老人手敲竹板，走街串巷，向世人叙说着一个叫作聂政的英雄故事。

节选自《新中国六十年文学大系》，长江文艺出版社 2009 年版

赏析：聂政是战国四大刺客之一，历来评价极高，被誉为刺客里的完人；蒲松龄说"余读刺客传，而独服膺于轵深井里也"。聂政之刺侠累，一波三折，结局惨烈，闪耀着英雄主义的光辉，读之荡气回肠。那是一个高义的时代，在他身上，忠君孝亲、知恩图报的儒家信条与扶危济困、除暴安良的侠客文化完美融合，把轻利重义、舍生取义的内涵发挥得淋漓尽致，千古高风，万世景仰。

2. 在义与利之外

周国平

"君子喻于义，小人喻于利。"中国人的人生哲学总是围绕着义利二字打转。可是，假如我既不是君子，也不是小人呢？

曾经有过一个人皆君子言必称义的时代，当时或许有过大义灭利的真君子，但更常见的是借义逐利的伪君子和假义真情的迂君子。那个时代过去了。曾几何时，世风剧变，义的信誉一落千丈，真君子销声匿迹，伪君子真相毕露，迂君子豁然开窍，都一窝蜂奔利而去。

据说观念更新，义利之辩有了新解，原来利并非小人的专利，倒是做人的天经地义。

"时间就是金钱！"这是当今的一句时髦口号。企业家以之鞭策生产，本无可非议。但世人把它奉为指导人生的座右铭，用商业精神取代人生智慧，结果就使自己的人生成了一种企业，使人际关系成了一个市场。

我曾经嘲笑廉价的人情味，如今，连人情味也变得昂贵而罕见了。试问，不花钱你可能买到一个微笑，一句问候，一丁点儿恻隐之心？

不过，无须怀旧。想靠形形色色的义的说教来匡正时弊，拯救世风人心，事实上无济于事。在义利之外，还有别样的人生态度。在君子小人之外，还有别

样的人格。套孔子的句式，不妨说：“至人喻于情。”

义和利，貌似相反，实则相通。“义”要求人献身抽象的社会实体，“利”驱使人投身世俗的物质利益，两者都无视人的心灵生活，遮蔽了人真正的“自我”。“义”教人奉献，“利”诱人占有，前者把人生变成一次义务的履行，后者把人生变成一场权利的争夺。殊不知，人生的真价值是超乎义务和权利之外的。义和利都脱不开计较，所以，无论义师讨伐叛臣，还是利欲支配众生，人与人之间的关系总是紧张。

如果说“义”代表一种伦理的人生态度，“利”代表一种功利的人生态度，那么，我所说的“情”便代表一种审美的人生态度。它主张率性而行，适情而止，每个人都保持自己的真性情。你不是你所信奉的教义，也不是你所占有的物品，你之为你仅在于你的真实“自我”。生命的意义不在奉献或占有，而在创造，创造就是人的真性情的积极展开，是人在实现其本质力量时所获得的情感上的满足。创造不同于奉献，奉献只是完成外在的责任，创造却是实现真实的“自我”。至于创造和占有，其差别更是一目了然，譬如写作，占有注重的是作品所带来的名利地位，创造注重的只是创作本身的快乐。有真性情的人，与人相处惟求情感的沟通，与物相触独钟情趣的品味。更为可贵的是，在世人匆忙逐利又为利所逐的时代，他待人接物有一种闲适之情。我不是指中国士大夫式的闲情逸致，也不是指小农式的知足保守，而是指一种不为利驱、不为物役的淡泊的生活情怀。仍以写作为例，我想不通，一个人何必要著作等身呢？倘想流芳千古，一首不朽的小诗足矣。倘无此奢求，则只要活得自在即可，写作也不过是这活得自在的一种方式罢了。

萧伯纳说：“人生有两大悲剧，一是没有得到你心爱的东西，另一是得到了你心爱的东西。”我曾经深以为然，并且佩服他把人生的可悲境遇表述得如此轻松俏皮。但仔细玩味，发现这话的立足点仍是占有，所以才会有占有欲未得满足的痛苦和已得满足的无聊这双重悲剧。如果把立足点移到创造上，以审美的眼光看人生，我们岂不可以反其意而说：人生有两大快乐，一是没有得到你心爱的东西，于是你可以去寻求和创造；另一是得到了你心爱的东西，于是你可以去品味和体验？当然，人生总有其不可消除的痛苦，而重情轻利的人所体味到的辛酸悲哀，更为逐利之辈所梦想不到。但是，摆脱了占有欲，至少可以使人免除许多琐屑的烦恼和渺小的痛苦，活得有气度些。我无意以审美之情为救世良策，而只是表达了一个信念：在义与利之外，还有一种更值得一过的人生。

节选自《周国平自选集》，海南出版社 2004 年版

赏析：义利之辨是个古老的话题，周国平却在此文中提出了第三道路：情。儒家哲学是入世的，劝谕人们投入到尘世的活动（取义，求利）中，利而思义，积极进取。而周却认为"义"要求人献身抽象的社会实体，"利"驱使人投身世俗的物质利益，两者都无视人的心灵生活，遮蔽了人的真正的"自我"。因而主张在世人匆忙逐利的当下，游离于义和利之外，保持一种不为利驱、不为物役的淡泊情怀，保持一份真性情。

二、"义与利"主题拓展阅读训练

钓鱼的医生

汪曾祺

这个医生几乎每天钓鱼。

他搬了一把小竹椅，坐着。随身带着一个白泥小灰炉子，一口小锅，提盒里葱姜作料俱全，还有一瓶酒。钓竿很短，鱼线也不长，而且不用漂子，就这样把钓线甩在水里，看到线头动了，提起来就是一条。都是三四寸长的鲫鱼。刮刮鳞洗净了，就手放锅里。不大一会，鱼就熟了。他一边吃鱼，一边喝酒，一边甩钩再钓。这种出水就烹制的鱼味美无比，叫作"起水鲜"。听见女儿在门口喊："爸——！"知道有人来看病了，就把火盖上，把鱼竿插在岸边湿泥里，起身往家走。不一会，就有一只钢蓝色的蜻蜓落在鱼竿上了。

这位老兄姓王，字淡人。

王淡人的家很好认。大门总是开着，通道里挂了好几块大匾。是病家送给王淡人的祖父和父亲的。匾都有年头了，金字已经发暗。到王淡人的时候，就不大兴送匾了。送给王淡人的只有一块，很新，漆得乌亮，匾字发光，去年才送的。这块匾与医术无关，匾上写的是"急公好义"，颜体。

进了过道，是一个小院子。种着鸡冠、秋葵、凤仙。一架扁豆。还有一畦瓢菜。这地方不吃瓢菜，也没有人种。这一畦瓢菜是王淡人从外地找了种子，特为种来和扁豆配对的。

他这个医生是"男妇内外大小方脉"，就是说内科、外科、妇科、儿科，都看。三代如此。城里外科医生不多，王淡人看外科较多，多半是生疮长疖子，七八岁狗都嫌的半大小子。

这些生疮长疖子的小病症，是不好意思多收钱的，——那时还没有挂号收费这一说。本地规矩，熟人看病，很少当下交款，都得要等"三节算账"，——端午、中秋、过年。忘倒不会忘的，多少可就"各凭良心"了。遇有实在困难，就由病人的儿女趴下来磕一个头。有时，王淡人看看病人身上盖着破被，鼻子一酸，不但诊费免收，药也白送了。王家吃饭不致断顿，——吃扁豆、瓢菜、小鱼、糙米和炸鹌鹑！穿衣可就很紧了。淡人夫妇，十多年没添置过衣裳。

有人说：王淡人很傻。

去年闹了一次大水。连天暴雨，一夜西风，运河决了口，浊黄色的洪水倒灌下来，平地水深丈二，大街上成了大河。大河里流着箱子、柜子、死牛、死人。大水十多天未退，有很多人困在房顶、树顶和孤岛一样的高岗子上挨饿；许多人生病，上吐下泻，痢疾伤寒。王淡人就用了一根结结实实的撑船用的长竹篙拄着，在齐胸的大水里来往奔波，为人治病。他会水，在水深的地方，就横执着这根竹篙，泅水过去。他听说泰山庙北边有一个被大水围着的孤村，一村子人都病倒了。但是泰山庙那里正是洪水的出口，水流很急，不能容舟，过不去！他和四个水性极好的专在救生船上救人的水手商量，弄了一只船，在他的腰上系了四根铁链，每一根又分在一个水手的腰里。船开了，看的人的眼睛里都蒙了一层泪。眼看这只船在惊涛骇浪里颠簸出没，终于靠到了那个孤村，大家发出了雷鸣一样的欢呼。这真是玩儿命的事！

水退之后，那个村里的人合送了他一块匾，就是那块“急公好义”。

拿一条命换一块匾，这是一件傻事。

另一件傻事是给汪炳治搭背，今年。

汪炳是和他小时候一块掏蛐蛐、放风筝的朋友。原先很阔，后来吃喝嫖赌抽大烟，把家业败得精光。就这样，他还抽鸦片！一天夜里觉得背上疼痛，浑身发烧，早上歪歪倒倒地来找王淡人。

王淡人一看，这是个有名有姓的外症：搭背。说：“你不用走了！”

王淡人把江炳留在家里住，管吃、管喝，还管他抽鸦片，——他把王淡人留着配药的一块云土抽去了一半。王淡人祖上传下来的麝香、冰片也为他用去了三分之一。一个多月以后，汪炳的搭背收口生肌，好了。

有人问王淡人：“你干吗为他治病？”王淡人倒对这话有点不解，说：“我不给他治，他会死的呀。”老婆问他：“你给汪炳用掉的麝香、冰片，值多少钱？”王淡人笑一笑，说：“没有多少钱。——我还有。”他老婆也只好笑一笑，摇摇头。

王淡人就是这样，给人看病，看“男女内外大小方脉”，做傻事，每天钓鱼。

一庭春雨，满架秋风。

节选自《汪曾祺作品集》，现代出版社 2016 年版

1. 从语言风格和表达作用的角度赏析文中画线的句子。（6 分）

(1)王淡人笑一笑,说:“没有多少钱。——我还有。”

(2)一庭春雨,满架秋风。

2. 主人公王淡人是一个医生,但文章开头却写他钓鱼,有何作用?(4 分)

3. 第四段写到王淡人家的匾,有何用意?(4 分)

4. 有人以“中国最后一个士大夫”来评价汪曾祺,他的作品充满了传统文化的风韵,请结合全文,从主题思想和艺术手法两方面予以分析。(4 分)

三、“义与利”主题写作训练

(一)文题展示

阅读下列文字材料,按要求写作文。

2014 年 7 月 4 日,正在韩国访问的习近平总书记在首尔大学做了题为《共创中韩合作未来　同襄亚洲振兴繁荣》的演讲。演讲中“倡导合作发展理念,在国际关系中践行正确义利观”,他说,“国不以利为利,以义为利也。”在国际合作中,我们要注重利,更要注重义。只有义利兼顾才能义利兼得,只有义利平衡才能义利共赢。义和利的中华传统文化中一个古老的话题,至今仍有着强烈的现实意义。

请你以“义与利”为话题写一篇作文,除诗歌外,体裁不限,字数不少于 800 字。

(一)写作导引

1. 立意的确定

(1)守义是人类社会的根本和底线。人类社会是互利社会,利别人就是义。为了别人的利益而暂时牺牲个人利益,才会维护社会的健康和谐发展。舍利取义乃至舍生取义一直是中华民族崇尚的人格追求。

(2)不能见利忘义。如果人人只顾自己利益,让社会变成自私冷酷的丛林,人类只会陷入灾难,所以提倡见利思义。

(3)义与利不是对立的,它们是辩证统一的,要以义求利。在求利的同时,以义为准绳,不损害他人和社会利益,就会为社会的利益做各种事。这种人生理想鼓励人们超越功利境界,追求完善的道德人格。

2. 文体的选择

无论记叙文还是议论文,都是不错的选择。若写记叙文,可以选取生活中轻利重义的好人好事,以最能表现主旨的生活细节,表现主人公高尚的精神境界,传递正能量;也可以写生活中见利忘义的人物,以讽刺手法,刻画那些利欲熏心的小人的无耻、可笑的嘴脸，让读者在愤慨或一笑间领悟文章的主旨；还可以选取历史上有关义与利的名人轶事，以故事新编手法，传达主题思想。写议论文，务必要旗帜鲜明，抓住中心进行分析说理，材料要典型，新颖，行文要讲究逻辑，可遵循“是什么”“为什么”“怎么样”思维规律。最好能以散文笔法为文，增加文采。

（三）误区指津

（1）义利之辨古来有之，至今不绝，观点甚多。一些同学面对前人观点目迷五色，甚至一一列举，就使文章立意显得分散，所以一个集中而且鲜明的论点至关重要。其他观点可以涉猎，但一定要作为己方观点的陪衬，点到为止即可，不可长篇累牍，喧宾夺主。

（2）要切实注重文章的针对性。习近平总书记今天提义利话题，有着强烈的现实意义。改革开放以来，金钱万能论甚嚣尘上，逐利之风日盛，人民生活富裕的同时，也带来一系列社会问题，见利忘义现象并不少见，所以阐述自己观点时一定要联系生活实际，结合社会上人们的思想认识，针对时弊进行分析，给人以启迪；针对性是文章的亮点，也是文章价值的体现。

（四）素材链接

1. 八旬夫妇舍利取义给路人奉茶 20 年

青岛 86 岁的叶财柱和 84 岁的郑淑英夫妇家门前有几棵大树，邻居路人喜欢来此休息。自 20 世纪 80 年代退休后，老两口每天都为邻居和路人免费供应开水。有好多人来向老夫妇租用店面，价钱都挺高，他们也不为所动。20 年来，到小店休息已经成了大家生活的一部分，人们已经习惯了他们每天的一杯茶水和一句问候。

2. 比尔·盖茨的义举善行

比尔·盖茨富可敌国，但舍利取义，热衷于做慈善事业，他把自己两部畅销书《未来之路》和《未来时速》的稿费都捐献出去，以支持利用科技进行教育和技能培训。捐赠了 240 多亿美元建立了一个基金，支持在全球的医疗健康和教育领域的慈善事业。他用自己的行动证明，一个声誉卓著、业绩不凡的大公司的愿景、理念和文化中蕴含的思想，绝不是只对金钱、财富和利润的追逐，而是义和善、爱与美。

3. Pink Floyd 舍利取义为 Live8 拒绝天价巡演

据英国《太阳报》报道，前不久，有人向著名摇滚乐队“平克-弗洛伊德（Pink Floyd）”提供 1.5 亿英镑天价高酬，请他们进行跨国巡演，但专门为现场八方慈善音乐会而重组的这个乐团断然拒绝了。吉他手 Gilmour 认为，参加现场八方慈善音乐会的艺术家和他们的唱片公司应该将音乐会所产生的唱片销售捐赠出去，这些钱会用来挽救生命。

4. 关于义和利的名言警句

富与贵，是人之所欲也，不以其道得之，不处也。——孔子

义胜利者为治世，利克义者为乱世。——战国《荀子・大略》

义之所在，不倾于权，不顾其利。——《荀子・荣辱》

苟利天下生死以，岂因福祸趋避之——林则徐

【学生佳作选评】

1. 坚守道义

——在义与利之间

范顺顺

康德曾说："有两样事物使我心中充满惊奇和畏惧：在我头上繁星密布的苍穹和在我心中的道德准则。"是啊，时间无情，时间淘洗，时间沉淀，世间反复，然而，即便历史的烟云在世间的苍穹里日渐消散，永恒的道义却凝聚在今人的心中，如晨钟暮鼓，醍醐灌顶。

走过风沙迷眼的荒漠，走过疾风呼号的冷夜，走过光怪陆离的人间，当我们回首怀念，思绪纷飞，眼前浮现的却只有英雄们坚守道义的血光与汗水。

秋水长天，残阳似血。道义，是公孙杵臼"天乎！天乎！赵氏孤儿何罪？请活之，独杀杵臼可也"的决绝；是孟子"道之所在，虽千万人逆之吾往矣"的毅然；是荀臣伯"宁以我身代友人命"的真情，让匈奴人发出"我辈无义之人，而入有义之国"的感喟；是"男子当死于边野，以马革裹尸还葬耳"的悲壮。看那天地日月，恒静无言；青山长河，世代绵延，这份对道义的坚守与执着，后人怎敢辜负，怎敢忘怀？

坚守道义，可刚亦可柔，清水东流，青草慢湖，繁华笙歌落，安静沉敛的笑靥中亦深藏着对道义的坚持，对义的执着。

西施漫道浣春纱，碧玉今时斗丽华，三千越甲踏碎吴国的山河；貂蝉一点樱桃启绛唇，两行碎玉喷《阳春》，董卓专权的黑暗时代便已终结；昭君燕支常寒雪作花，蛾眉憔悴没胡沙，以送嫁的红装逼退匈奴出征的号角。美人绝色，柔中带刚，温柔的眼眸里泛着刚毅无悔的决绝，柔弱的肩膀撑起的是家国的责任，道义的担当。

然而，权利的诱惑之下，道义有时又是如此苍白，不堪一击。

古有李世民玄武门之变。喋血禁门，推刃同气，是权欲战胜了道义，贻讥千古！看当下，曾几何时，张新明与宋林权钱交易，最终双双入狱；刘铁军和丁书苗沆瀣一气，一并身陷囹圄。物欲横流中，这些见利忘义之辈，贼胆包天，恣意妄为，最终祸国殃民，害人害己。

欣慰的是，浩瀚青史，闪耀着中华脊梁之光。为了道义，男儿浴血拼杀，战死沙场。为了道义，巾帼不让须眉，万古流芳。文字可泯，道义不泯。而今，清风浩荡，大义回归，让我们坚守道义，谱写生命的辉煌！

教师点评：作者紧扣坚守道义的中心论点，心游万仞，心骛八极，谈古论今，显示出丰厚的文化积淀，并能在正反对比论证中，凸显自己的观点。激情澎湃，文采斐然，是此文最直观的亮点。

2. 十丈红尘中　舍利取大义

牟金明

孔子曰："君子喻于义，小人喻于利。"在这物欲横流的世界中，越来越多的人追名逐利，为了蝇头小利而视道义如粪土。鱼与熊掌不可得兼，舍弃利益，只意味着放弃了物质上的财富；而取义，则是获得精神上的至宝，是人生的大智慧。因此，在义和利之间，我选择坚守道义。

舍小利，取大义，是一种人生的智慧，它让我们有长远的目光，收获更大的成功。在"非典"期间，板蓝根一下子成了抢手药，供不应求。不少小企业从眼前利益出发，不顾大义，大肆涨价赚钱。面对这种情况，石家庄神威药业却选择坚守道义，毫不犹豫地降低价格，并千方百计扩大生产，平稳市场上的药价。非典过后，神威药业销量锐增，凭借良好的声誉及销量跃升为全国的大药厂之一。"义，利也。"他们固然是商业企业，重视利益，但从长远看，放弃眼前的小利选择大义，却能赢得长久的信誉，这难道不是一种大智慧吗？倘若神威药业唯利是图，不懂得舍利取义，怎么会有今天的辉煌？

舍小利，取大义，是一种豁达的精神，它使我们心中充满正气，实现人生的价值。面对单于加官晋爵的诱惑，苏武选择坚守道义，"施尽风霜节，心悬日月光。"道出了苏武的持节不屈；面对元朝的威逼利诱，文天祥选择坚守道义，一句"人生自古谁无死，留取丹心照汗青。"成为世间的绝唱；面对清朝的利禄与权势，王夫之选择坚守道义，"清风有意难留我，明月无心字照人。"诉说那为了家国、为了理想的矢志不渝。诗人臧克家说过："有的人死了，但他还活着。"这"有的人”正是那些舍利取义的有志之士，他们用行为诠释了大义的内涵，用无畏的坚守实现了人生价值。他们的精神汇成了天地间的浩然正气，并为后世所敬仰。

然而，在现实社会中，舍大义，取小利的却大有人在。商家们为了吸引消费者，追求更高的利润，不惜用地沟油冒充食用油；在棉被里加入黑心棉花；在豆腐里加入防腐剂；甚至驰名中外的肯德基，也用豆浆粉冲调的豆浆冒充纯豆浆。地沟油、三鹿奶粉、达芬奇家具等屡见不鲜，他们见利忘义，忘记身上的责任，也就把自己推上了不归路。

古希腊哲学家普鲁塔克曾这样慨叹：“道德是永存的，而财富每天都在更换主人。”也许，要做到舍利取义并不像说的那么容易，但坚守道义却应该是我们每个人心中的追求。

面对十丈红尘，光怪世相，在义和利之间，我独坚守道义。

教师点评：此文立论集中于主张“舍小利，取大义”的观点，选取了现实与历史中的范例佐证，并与现实中“舍大义，取小利”的不良现象做对比，立场鲜明，很有说服力。文章里引用了好多名人的格言警句，增加了作文的辞采。但论及现实现象时，无论正例还是反例，语言都流于软弱，是为不足。

3. 后　来

姜　圳

长安的夜渐渐深了。窗外远处酒楼的大红灯笼还影影绰绰地晃着，整个都城都静悄悄地憩下了，偶尔只听得几声蝉鸣。回到大汉已经有一阵子了，整个人却仍被笼在不真实中，仿佛这一切都还只是我十九年夜夜重复的一个梦。借着微弱的烛光，在酒杯中的倒影里看见了自己，这个须发全白的老人究竟是谁呢……

十九年前，我从大汉出发，前往匈奴。和煦的春风轻轻拂着我手中的旌节，一行百余人浩浩荡荡地向远方前进。未曾想到，单于竟把我们扣留了下来，还试图劝降。我堂堂大汉使者，怎容屈服于此等蛮夷！

卫律天天来劝我投降。贪生怕死的张胜被卫律银刀的寒光吓倒，我只是低着头紧紧握着那旌节，不屑于看他们一眼。卫律突然转向我，用刀尖点着我的鼻尖。我一丝畏惧也没有，只是直直地看着他被利益蒙蔽而浑浊不堪的双眼。“苏君。”他缓缓收起刀，“我卫律归顺匈奴，幸运地受到单于的大恩，赐我爵号，让我称王。如此富贵！苏君你今日投降，明日也是这样。倘若你今天不听我的安排，以后再想见我，还能得到机会吗?”我顿时觉得荒唐，怒斥道：“你不顾恩情道义，背叛君主抛弃亲人，我见你做什么！”

不久，我便被发配到北海边，羝乳乃得归。

北海边上的雪原来都是灰色的。不知从哪里飘来一阵阵胡笳声，如泣如诉。没有吃的，只好掘了野鼠的洞找野果就着孤独咽下去。怒吼着的大风吹乱了我的旌节，我站在北海边上，呆呆地望向远方。北海边可真冷啊！长安如今又是什么样子呢？我的妻儿还好吗？皇上还苦于政理吗？天下还太平吗？

李陵也来劝我投降了。我一杯一杯地喝着苦涩的酒，眼神却越发清醒。李陵来的这几天，我心里出现了另外一种声音。投降又怎样呢？荣华富贵，权力地位。难道真如卫律所说要空以身膏草野而无人知吗？只坚守道义而委屈自己又有什么用呢？犹豫之间，我看到了一直拿着的旌节，突然醒悟。我怎么会有投降这种念头呢？这旌节是我大汉的象征和荣光啊！

我又开始一个人在北海边上的生活。我知道自己已无再回汉朝的可能，却仍时时持着那旌节，日子一天一天过，我已经忘记了时间，旌节上的装饰物逐渐脱落。一个人的生活我并不觉得苦闷。因为，我心中时时刻刻都记挂着大汉！这，恐怕就是道义的力量吧！

“咚，咚，咚……”门外打更的声音将我从记忆中拉了回来，我合上眼睛，庆幸自己在利益与道义之间，做了正确的选择。

教师点评：作者选取苏武牧羊的著名典故，以故事新编手法，延展成文，立意切中义利话题，文字流畅，叙事生动，清新可喜；结构上采取倒叙手法，写苏武归汉后酒后回忆，情境设置真切，现场感强，想象力丰富，时间集中，结构紧凑。

附录：阅读训练《钓鱼的医生》【参考答案】

1.(1)①语言平淡质朴。②纯真的笑容，简单的话语。③写出了王淡人内心的善良，凸显了他对金钱的看淡，对生命的尊重。④表现了作者对王淡人的钦佩与赞扬。（每点 1 分）

(2)①语言含蓄典雅。②既描绘王淡人清苦淳朴、恬淡自然的乡村生活，也赞扬了王淡人作为医者如春雨润物对待生命、救济患者，宁愿满架秋风，一生清贫，也不愿放弃内心坚守的高贵品质。③放在小说结尾，使小说余味悠长。（每点 1 分）

2. ①照应标题，开门见山地写出这个医生的特殊爱好。②激发读者兴趣，主人公虽然是医生，却喜爱钓鱼且“钓”地与众不同。③突出人物形象，写出了他恬静的内心、清雅的生活，随和淡泊不追名逐利。（答出一点得 1 分，两点 3

分，三点得4分）

3. ①交代相关背景，说明王淡人家世代行医，暗示他医术高超。②特别点明送给王淡人的那块匾的内容，突出他“急公好义”的性格特点。③为下文叙述这块匾的由来埋下伏笔。（答出一点得1分，两点3分，答出三点得4分）

4. 在主题思想方面：①小说蕴含中国传统文化的内核，弘扬中华民族的传统美德。王淡人深受传统文化的影响：治病救人，急公好义，轻财重义，淡泊闲适，率性洒脱，情趣高雅。集中体现中国传统士大夫的节操。②作者通过刻画王淡人的形象，表达了对中华传统美德的赞美与呼唤。

在表现手法上：①继承了中国古典小说的优秀传统，以笔记体写作，并善于运用白描手法，寥寥数语即能使人物栩栩如生。②如第二段对王淡人钓鱼、吃鱼的描写，自然朴实、不事雕琢却又准确生动、简练传神，一个自得其乐、闲适洒脱的民间医生跃然纸上。（4分，每点2分）

本文原发表于《语文报》（寒假专号）2015年1月，有修改

第四章

开放语文策略

第一节　开放语文策略内涵与意义

深度学语文策略之三就是开放语文策略。德国美学理论家沃尔夫冈·伊瑟尔在其著名的论文《本文的召唤结构》中提出，语文课本中的文学类文本中存在着意义“空白”和“不确定性”；其各级语义单位之间存在着连接的“空缺”；而当文本对读者习惯视界进行“否定”时，就会引起读者心理上的“空白”。所有这些空白、空缺、否定因素就组成文学类文本的否定性结构，成为激发、诱导读者进行创造性填补和想象性连接的基本驱动力。不确定性和空白形成文本的基本结构，这就是文学类文本所谓的“召唤结构”。

我们可这样打个比方，课本中的文学类文本如同一座富丽堂皇的宫殿，她永远敞开大门，热情地邀请着读者进来；走进去，你会发现它视野辽阔、风光无限；而当你回来时，你会发觉自己的收获是沉甸甸的。关于这样的感受，作家余华说：“它们将我带走，然而又让我独自一个人回去，当我回来之后，才知道它们已经永远和我在一起了。”这里的“它们”指文学类文本的精神意蕴和言语智慧。可以说，文学类文本的根本特性是召唤结构，具体呈现为以下三个特征：

1. 敞开性

文学类文本的意义世界不是自足的、封闭的、静止的，而是敞开的、开放的、动态的。接受美学大师姚斯说得好：“一部文学作品，并不是一个自身独立、向每一时代的读者均提供同样的观点的客体。它不是一尊纪念碑，形而上学地展示其超时代的本质。它更像一部管弦乐谱，在其演奏中不断获得读者新的反响，使文本从词的物质形态中解放出来，成为一种当代的存在。”在姚斯的观念中，文本期待着读者去“演奏”，即如加达默尔所说的是一个“将人邀请入直观的请柬”，同时正是读者的阅读赋予文本无穷的意义，而让一个文本一代又一代地承传不已。换言之，文学类文本已打开了封闭的心扉，敞开心理的天窗，读后你可以在当下解读，感受其时代气息、脉搏，因为它具有敞开意义。

(1)文学类文本呼吁着读者的参与。文学类文本总是为了向读者传达作者的体验而被创作出来的。作者“不是为了自己而创作作品的”，文学类文本的存在，是“为他人，仅仅是为他人的艺术。”这就是说，文学类文本的存在，是以读者的阅读为前提的。作者为引导读者而用语言设置了一个个路标，然而，把路标连接起来向前走去的却是读者。在此意义上，可以说“阅读就是被引导的创作”，或者说是创作的另一种形式的延伸。同时，更重要的，创作或文本只有在阅读欣赏中才能成立，换言之，文本意义的现实存在是依附于读者的主观意图、状况、视角、欣赏水平和其他能力水平的，作家唯有借助读者的欣赏才能感受到自己作品的本质和存在。因此，作家为使自己创作的成品真正作为文学作品而存在，必须呼吁接受者的积极参与。贾岛的“两句三年得，一吟双泪流。知音如不赏，归卧故山丘”便是明证。据此，萨特说：“全部文艺作品都是呼吁，写作，就是我运用语言手段把有计划的揭示移向客观存在和向读者的呼吁”。可以说，法国存在主义大师让-保罗·萨特把文学创作和文本的本质规定为“向读者的呼吁”，这正体现了文本的敞开性。

诺斯洛普·弗拉亥曾经写道：“有人说波依米的书不过像一顿野餐，作者带词，读者带意义。这种说法对依波米不无嘲弄之意，但却对所有文学作品做出了的准确描述。”即文本呼唤着每一个读者的合作。左拉说：“摆在读者面前的不是一束印着黑字的白纸，而是一个人、一个读者可以听到他的头脑和心灵在字里行间跳跃的人。”这就是说文本已不是一个被动地等待着读者去认识的客体对象，而像是一个正期待与读者积极对话的另一个人。里面有古今中外的不同类型的人，他们向代表现在的学习者发出对话的邀请，说着一些读者能懂的语言，与读者进行着富有创造性的对话和交流。

(2)文学类文本中存在着“暗隐的读者”。接受美学把读者分成现实的读者和观念的读者。所谓“现实的读者”指具体的读者，也就是现实中实实在在的读者；“观念的读者”指抽象的读者，也叫“潜在读者”“暗隐的读者”，是观念意识中潜在的读者，又被接受美学理论划分为两种：一是作为意象对象的对象，二是隐含的读者。前者是指作家在创作过程中，观念存在的为使创作意象现实化所必需的读者，简言之，是作家在创作时在观念意象中所设定的读者，因为任何一个作家创作时都有一个创作意象的读者，例如，创作儿童作品时，“儿童”则是其创作意象的读者，即为作家创作时所设定的读者，伊瑟尔称之为“可能存在的读者”。伊塞尔认为“隐含的读者”不是指“可能存在的读者”类型，即不是指作为意象的读者，是指作品本体结构中所暗含的读者。也被他称为“暗隐的读者”。“暗隐的读者作为一种概念，深深地植根于文本的结构中；暗隐的读者是一种结构，而绝不与任何真实的读者相同”。这个结构是指文本中充满空白与未定点的空筐召唤结构，它以许多“空白点”“未定点”和“不确定之域”，吁请着读者去填充、去确定。所以“空白点”“未定点”，就是作品本体结构中所隐含的读者，是读者的位置。他继续解释，文本结构中存在的“空白点”“未定点”实际上是文本预先规定的读者的解释行为性，也就是说“空白点”“未定点”，是文本规定必须由读者来完成的解读行为。所以说，“空白点”“未定点”隐含着读者进行种种解释的行为性。简言之，“空白点”隐含着读者，隐含着解读行为，它把文本读者化的同时也就等于在文本结构中为读者找到了位置，邀请读者去“对话”，去“填充”，去“体验”，即“暗隐的读者的概念设置了一个召唤反应的结构网，促使读者去把握文本”。因此可以说，“暗隐的读者”也是文本敞开性的具体显现。

2. 张力结构

伊瑟尔认为：文学类文本由于不确定性和空白的存在而产生一种“活力性”，这种“活力性”（或叫张力）吸引读者介入到文本所叙述的事件中去，为他们提供阐释和想象的自由。这样，对于阅读者而言，文字对时空的超越及言语组合所带来的艺术张力，使文本成为一个“空框”和“召唤结构”，它期待着读者以“自身的语言知识、生活体验和生命活动、精神活动去加以充实”于是就有了被复活的作者的声音。而在读者那里，由于每一个读者的前理解即原有的语感图式是不同的，每一个读者也就拥有了自己所听到的“作者的声音”。

这种艺术张力决定了文本“必然要成为一个发掘不尽的多层次的立体世界。它在作品中表现在文字上往往是极简单的，而其内涵却是极丰富的；无论是一个漩涡，一朵浪花，一簇泡沫，都无不暗示出整条汹涌不息的长河。”这一特点渗透在文学类文本内在基本结构的各个层次上：“体现在语音语调层、意义建构层、修辞格层、意象意境层和思想感情层这五大层次上。”在文学类文本教学中对这种张力结构要做如下把握。

(1)语音语调层。作家的艺术创造靠语言符号才获得“定格”，才能成为文本；读者的欣赏也是借助于语言符号才能重建文本的意义、意象、意境，才能建立起现实的审美对象。因此，文学类文本的张力首先体现在文本语言学结构的最外层——语音语调层上。因为“书写是有关远方的重大象征，……说话和听话只发生在近处和现在，但通过文字则一个人可以向他从来没见过的人，甚至于还没有生出来的人说话，一个人的声音在他死后数世纪还可以被人听见。”这样由于读者与作者时空距离的存在，阅读或倾听着的文本的声音只能是拟定的，这就会造成语词、句等基本语义单位的意义有某种不确定性。特别是相同的词句用不同的语调、语气说出来，有时意义会发生很大变化。如“你好”二字，在不同语气语调中，可以表示问候、打招呼，也可以表示赞扬、感谢，也可以表示反讽、嘲弄、责备乃至仇视。而在《红楼梦》中，黛玉临死前以凄楚语调喊出“宝玉,你好……”时,这两字的内涵的自由度很大,是好狠心、好糊涂、好可恨、还是好可悲?没人能说得清。又如笔者在讲授莫怀戚的《散步》时,就“我蹲下来,背起了母亲,妻子也蹲下来,背起了儿子……但我和妻子都是慢慢地,稳稳地,走得很仔细,好像我背上的同她背上的加起来,就是整个世界。”后句中“背”的读音让学生展开争论:有的学生说读“bèi”,当名词讲,突出“我和妻子”的责任之大;有的学生说读“bēi”,当动词讲,和前文的“蹲下来”“背起了”中的“蹲”“背”相照应,强调了他们的责任感。两种理解都能自圆其说,我无须示对错。再比如俞平伯先生在一篇文章中曾提到南唐李后主的一首词,牌调是《浪淘沙》:

帘外雨潺潺,春意阑珊,罗衾不耐五更寒。梦里不知身是客,一晌贪欢。独自莫凭栏,无限江山,别时容易见时难。流水落花春去也,天上人间。

结尾“流水落花春去也,天上人间”很耐人咀嚼。这“天上人间”四个字很奇怪:两个名词拼凑在一起,没有动词,没有述语,是什么意思?俞先生说,这四个字可以有好几种不同的意思:第一种解释你可以把它读成疑问的口气:“春去了!天上?人间?哪里去了?”意思是问:春天到底向哪里去了?第二种解释为:“春归了!天上啊!人间呀!”这里边包含有一种沉重的悲哀和感叹。第三种则是说:“春归去也。昔日天上,而今人间矣!”这是今昔的感慨。俞先生还提出第四种解释的可能,他说这两句其实就是承接了前一句“别时容易见时难”的意思。“流水落花春去也”是离别之容易如此;“天上人间”是相见之难如彼。“诗无达诂”(董仲舒),俞平伯先生作为一名读者,借助语调就从李后主的一句词中读出这么多不同的意思。

可见,在文学类文本中,即使在最表层的结构语音语调层上,已具有意义的不确定性,一种“动力性”,它在召唤读者辨析、体味,而不是让读者单纯地、消极地去“照单接收”。

(2)修辞格层。修辞格是最能体现文学类文本与其他语言文本区别的。作者在创作时往往会自觉运用修辞手段,制造意义的不确定性,故意留出空白让读者去想象、补充。如比喻、象征、夸张、通感等修辞格,即总会产生“言在于此而意寄于彼”的审美效应。这些修辞格的共同特征是放弃语符的直接指示而设立中介,离开常规、字面意义而转指其他非常意义,自觉地在言与意之间制造空白点、不确定域与张力场,从而增加文本的召唤性。比如狄金森的《篱笆那边》是一首很短小的诗,而一位教师却能就“草莓”“篱笆”的象征义引导学生展开这么丰富且具创造性的联想和想象:

学生1:“草莓”是一种表面上看来很美好,但本质却很坏的、诱人跌入万丈深渊的东西。“我”是涉世未深的、胸无城府的纯洁无瑕的孩子。“篱笆”是一种法制、法规，“上帝”指老者(指导我们明辨是非的人)或执法人员。当孩子被“草莓”诱惑时，“篱笆”能起到阻拦的作用，而“上帝”则会劝说孩子远离诱惑。

学生2:“草莓”是早恋，“我”是青少年。“我”认为早恋是美好的，想要去尝试一下，“篱笆”是某些规章制度，它禁止学生早恋。“上帝”指家长及老师，他们认为同学之间存在的应该是纯洁的友情，禁止青少年早恋。但“上帝”是一个矛盾的角色。当他们还是孩子时，说不定也想过去尝试那枚酸果子。

学生3:“草莓”是一种舒适、愉悦的休闲时光。“我”是都市中的上班族。“我”十分向往享受轻松、自在的休闲时光，但那样会被“上帝”(上司、公司负责人)批评，扣奖金、工资等。“篱笆”就是忙忙碌碌工作与享受生活的界限。上司是一个矛盾的角色，他也需要休闲时光，但为了公司的利益，为了赚更多的利润，他要求雇员不停地工作。

学生4:“草莓”是童年，“篱笆”是成熟与童年的界线，“我”是一个小孩，爬过篱笆，就能忘掉一切烦恼，拥有一颗纯洁无忧的童心。“上帝”指父辈，他是个矛盾的形象。

学生5:“篱笆”象征一种法律，“草莓”是金钱的诱惑、他人的行贿，“我”代表官场中有权势的人。如果“我”接受他人的贿赂，那就能尝到草莓的甜味。但是，这样一来，就会使自己的清白蒙上一层灰，也就是“脏了围裙”。受了贿就要受到法律的制裁，“上帝”就是法律的执行者，他们会制裁那些受贿者。但有时“上帝”也会立场不坚定，犯些错误。“三分诗七分读耳”(苏轼)，正是文本的张力结构赋予学生从新的文化视角与不同的阅读层面做出独到解读和新开掘的自由。

(3)意象意境层。关于这一点，可以从王国维的“三种境界说”谈起，他在《人间词话》中写道：

古今之成大事业、大学问者，必经过三种之境界：“昨夜西风凋碧树。独上高楼，望尽天涯路”，此第一境也。“衣带渐宽终不悔，为伊消得人憔悴”，此第二境也。“众里寻他千百度，蓦然回首，那人却在灯火阑珊处”，此第三境也。此等语皆非大词人不能道。然遽以此意解释诸词，恐为晏、欧诸公所不许也。

这段词话所引用的均为词。第一句词的作者是晏殊，第二句词的作者是柳永，第三首词的作者是辛弃疾。就这三首词的原意而论，都不是讲做学问的境界。晏殊的词，精心描绘了秋天的景物，以此烘衬主人公对心上人的思念；柳永的词，主题也是借物怀人，孤独、期待、愁情溢于词外；辛弃疾的词，写的是正月十五元宵夜的情景。在欢乐、热闹的元宵夜，主人公在灯火阑珊处，终于找到他欣赏的、与众不同的女子。但王国维却创造性地用以说明做学问的三种不同的、前后相继的境界，因为他认为“此等语皆非大词人不能道”，就是说，如果不是伟大的词人，绝写不出能够使我产生如此丰富感发联想的句子来！关于这一点，“召唤结构”又进行具体的阐释，它认为艺术家不是用理性的思考来创作，而是任凭自己的感情的直觉来创造艺术形象、营造意境，于是就留下许多“空白点”，它们的多义性（活力性）向读者发出邀请，召唤他们运用自己的经验和想象对此做出解释，填补空洞，从而使文本成为一个可供欣赏的丰满的审美对象。因此，在阅读教学中，教师完全可以引导学生凭审美经验去参与并加以创造。

（4）思想情感层。伊瑟儿认为：“看一部作品不应当只看它说出了什么，而要看它没说什么，正是在一部作品意味深长的沉默中，在它的意义空白中，隐藏着作品效果的潜能。”所以，作家写作常常是“用意十分，下笔三分”。其实我们教材中许多文学类文本的思想感情都是含蓄的、隐蔽的，“活力性”很强，如陶渊明《饮酒》之五。诗句于“此中有真意，欲辨已忘言”处戛然而止。面对这样的“空白”，我们曾进行这样一个训练：“你能试着替作者说出这个‘真意’吗？”“思维的火种”一经点燃，学生“诗情”大发，有的说诗人安贫守拙，寄情山色而自娱；有的说其是一种古朴平和，乐天知命的闲情逸致，有的说诗人保守退避，不思进步；也有的说诗人隐居僻野，而心怀天下事……

文本中的空白还可以成为读者建造审美对象的重要引导契机，集中读者对新注意点的思考，将片段、隐含的信念连接在一个“语境场”中，从“语境场”出来组成各种新的审美视野。请看一位教师讲授《项链》一文时组织的一场辩论：

一方所持的观点是“玛蒂尔德爱慕虚荣，自食其果，可怜可悲。”论据为：

A. 年轻时沉迷于荣华富贵的梦乡；

B. 陶醉在所谓的成功中忘乎所以；

C. 经常性地回忆舞会，虚荣本性难改。

另一方论点针锋相对，提出了“玛蒂尔德坚强善良，直面人生，可敬可佩”的观点，论据是：

A. 生活不如意产生梦想，值得同情；

B. 为舞会精心打扮，见其自尊；还项链时的忐忑，见其良知；毅然过起艰难的生活，见其责任心；

C. 回忆舞会，既是对美好往事的回忆，也是对人生悲剧的反思。

正是文本的内在张力激发着学生去辩论，正是通过辩中读，学生加深了对人物性格、悲剧命运的深层理解。

3. 建构性

以文本召唤结构联结枢纽的沟通作用，组合读者定向审美的艺术补充，并以此为契机，转化生成文本的“主题——视野结构”，即在建构文本意义的同时，建构读者的自身意义，也就是说，文学类文本的阅读具有双重建构特征。

伊瑟尔在《阅读活动》中是这样论述的：“虚构本文中的空白引起并导致读者的建构活动。作为各透视部分之间的悬而未决的可联结性，它标志着对某种等价物的需求。这样便将这些部分变成为相互关联的设计。这一设计将读者的游移视点组织为一个参照域。而产生于不同视点所在各部分之间的张力，则通过主题——视野结构得到消解。它标志着主题所在部分的视点是通过读者占据主题空缺、取得立足点而被掌握的。”因此，文本的召唤结构作为涵纳“某种等价物”的联结枢纽，它的建构性特点主要表现为：“审美参照域”内在机制的定向组合性（即文本意义的建构）和由此转化为“主题——视野结构”的生成性（即读者自我意义的建构）。

文本中充满着许许多多的“空白点”和“未定点”。其审美参照域的内在机制，在关联中牵引读者审美游移视点做出定向艺术填补，即文本“结构部件之间的张力作用”，使文本结构能创造出空白，从而能召唤其意义。所谓“审美参照域”，是指作品空白表征上的形象寓托性、情节延续性、“突前与背景”的暗示性、文眼的启示性等有机地连成一起，以环环相扣的透视点，构成了文本的空白审美的关联性与召唤性。它在双向选择阅读活动中具有审美建构功能，因而能召唤读者在其基础上做出定向审美填充。正如伊瑟尔所说，文本的召唤结构“组织了读者的参与，同时展现了这一结构与阅读主体间的内在联系”，“读者的参与就并非简单地将本文中既定安排‘内在化’，而是在空白引导下，使之活动起来并互相转化。审美对象便作为这一活动的结果呈现出来”，文本的意义也才有了得以“具体化”的可能。在文学类文本教学中，教师的主要任务之一就是引导学生建构文本的意义。值得强调的是这里说的是“去建构文本意义”而不是“去寻找”，“建构”意味着从零开始，没有固定的答案，读者需“白手起家”，需创造；而“寻找”意味着恢复原貌，有一个固定的答案在等待，读者是“失而复得”。“正是在这一生生不息的解读创造过程中，不同的读者总是以自己富于个性、时代性的创造性理解，赋予文本以全新的意义和阐释，从而使文本的意义得到不断地开拓和建构，具有永恒的艺术生命力。”

又因为作家是从自己的感受和体验出发去认识和表达他所思考的东西，那么读者解读文本的意义，也可以以读者已有的理解视域为立足点和出发点做出理解。比如在谈到人们对《红楼梦》的解读时，鲁迅写道：“《红楼梦》是中国许多人所知道，至少，是知道这名目的书。谁是作者与读者姑且勿论，单是命意就因读者的眼光而有种种：经学家看见《易》，道学家看见淫，才子看见缠绵，革命家看见排满，流言家看见宫闱秘事……”这里暂不论这种种理解是否恰当，但有一点是真实的，所有从不同的读者眼光里看出的不同意义都与读者所具有的前理解有关，当然主要还是与文学类文本的模糊性和多义性有关。

第二节　开放语文策略的“心灵”主题读写指津案例

放慢脚步，放飞心灵
——“心灵”主题读写

【主题阐释】

红尘中的我们，行色匆匆，每天在人群中穿行，面对陌生的面孔，在霓虹闪烁的街头，游走于钢筋水泥间。在现实与忙碌中，在尘世的打拼里，人累了，心也累了，累得装不下一轮月亮，累得容不下一朵流云，我们的心灵生锈了，有人甚至失了心。

流浪的心渴望温暖的港湾，焦灼灵魂渴望诗意的栖居。让我们在匆忙的旅途中，偶尔停下脚步，让灵魂跟上来，聆听一下心的声音，让心在自然的青山秀水中感受一下万物的轮回与四季的交替；让心在俗世中做一次清新地飞舞，洗去铅华与尘封，还原一份明净。独坐每将书做伴；闭门常与竹为邻。打开书卷，读读梭罗，汪曾祺，林清玄，养心；轻敲键盘，记录下我们的生命感悟。给心灵以自由，让心灵解脱，让灵魂走到生命的高处。

一、“心灵”主题精彩选文赏析

造　心

毕淑敏

蜜蜂会造蜂巢。蚂蚁会造蚁穴。人会造房屋，机器，造美丽的艺术品和动听的歌。但是，对于我们最重要最宝贵的东西——自己的心，谁是它的建造者？

孔雀绚丽的羽毛，是大自然物竞天择造出。白杨笔直刺向碧宇，是密集的群体和高远的阳光造出。清香的花草和缤纷的落英，是植物吸引异性繁衍后代的本能造出。卓尔不群坚韧顽强的性格，是禀赋的优异和生活的历练造出。

我们的心，是长久地不知不觉地以自己的双手，塑造而成。

造心先得有材料。有的心是用钢铁造的，沉黑无比。有的心是用冰雪造的，高洁酷寒。有的心是用丝绸造的，柔滑飘逸。有的心是用玻璃造的，晶莹脆薄。有的心是用竹子造的，锋利多刺。有的心是用木头造的，安稳麻木。有的心是用红土造的，粗糙朴素。有的心是用黄连造的，苦楚不堪。有的心是用垃圾造的，面目可憎。有的心是用谎言造的，百孔千疮。有的心是用尸骸造的，腐恶熏天。有的心是用眼镜蛇唾液造的，剧毒凶残。

造心要有手艺。一只灵巧的心，缝制得如同金丝荷包。一罐古朴的心，淳厚得好似百年老酒。一枚机敏的心，感应快捷电光石火。一颗潦草的心，门可罗雀疏可走马。一滩胡乱堆就的心，乏善可陈杂乱无章。一片编织荆棘的心，暗设机关处处陷阱。一道半是细腻半是马虎的心，好似白蚁蛀咬的断堤。一朵绣花枕头内里虚空的心，是假冒伪劣心界的水货。

造心需要时间。少则一分一秒，多则一世一生。片刻而成的大智大勇之心，未必就不玲珑。久拖不决的谨小慎微之心，未必就很精致。有的人，小小年纪，就竣工一颗完整坚实之心。有的人，须发皆白，还在心的地基挖土打桩。有的人，半途而废不了了之，把半成品的心扔在荒野。有的人，成百里半九十，丢下不曾结尾的工程。有的人，精雕细刻一辈子，临终还在打磨心的剔透。有的人，粗制滥造一辈子，人未远行，心已灶冷坑灰。

心的边疆，可以造的很大很大。像延展性最好的金箔，铺设整个宇宙，把日月包涵。没有一片乌云，可以覆盖心灵辽阔的疆域。没有哪次地震火山，可以彻底颠覆心灵的宏伟建筑。没有任何风暴，可以冻结心灵深处喷涌的温泉。没有某种天灾人祸，可以在秋天，让心的田野颗粒无收。

心的规模，也可能缩得很小很小，只能容纳一个家，一个人，一粒芝麻，一滴病毒。一丝雨，就把它淹没了。一缕风，就把它粉碎了。一句流言，就让它痛不欲生。一个阴谋，就置它万劫不复。

心可以很硬，超过人世间已知的任何一款金属。心可以很软，如泣如诉如绢如帛。心可以很韧，千百次的折损委屈，依旧平整如初。心可以很脆，一个不小心，顿时香消玉碎。

造心的时候，可以有很多讲究和设计。

比如预埋下一处心灵的生长点，像一株植物，具有自动修复，自我养护的神奇功能。心受了创伤，它会挺身而出，引导心的休养生息，在最短的时间内，使心整旧如新。

比如高高竖起心灵的避雷针，以便在危急时刻，将毁灭性的灾难导入地下，耐心等待雨过天晴。

比如添加防震防爆的性能，在心灵遭受短时间高强度的残酷打击下，举重若轻，镇定地维持蓬勃稳定。

比如……

优等的心，不必华丽，但必须坚固。因为人生有太多的压榨和当头一击，会与独行的心灵，在暗夜狭路相逢。如果没有精心的特别设计，简陋的心，很易横遭伤害一蹶不振，也许从此破罐破摔，再无生机。没有自我康复本领的心灵，是不设防的大门。一汪小伤，便漏尽全身膏血。一星火药，烧毁绵延的城堡。

心为血之海，那里汇聚着每个人的品格智慧精力情操，心的质量就是人的质量。有一颗仁慈之心，会爱世界爱人爱生活，爱自身也爱大家。有一颗自强之心，会勤学苦练百折不挠，宠辱不惊大智若愚。有一颗尊严之心，会珍惜自然善待万物。有一颗流量充沛羽翼丰满的心，会乘上幻想的航天飞机，抚摸月亮的肩膀。

造心是一项艰难漫长的工程，工期也许耗时一生。通常是母亲的手，在最初心灵的模型上，留下永不消退的指纹。所以普天下为人父母者，要珍视这一份特别庄重的义务与责任。

当以我手塑我心的时候，一定要找好样板，郑重设计，万不可草率行事。造心当然免不了失败，也很可能会推倒重来。不必气馁，但也不可过于大意。因为心灵的本质，是一种缓慢而精细的物体，太多的揉搓，会破坏它的灵性与感动。

造好的心，如同造好的船。当它下水远航时，蓝天在头上飘荡，海鸥在前面飞翔，那是一个神圣的时刻。会有台风，会有巨涛。但一颗美好的心，即使巨轮沉没，它的颗粒也会在海浪中，无畏而快乐地燃烧。

节选自《毕淑敏散文精选》，长江文艺出版社 2006 年版

赏析：康拉德·洛伦茨指出："我们这些生活在人口高度密集的文明国度或者大都市中的人类已经丧失了普遍的、发自内心的而且温暖无比的人类之爱了。"国民心态中的物欲化、粗俗化、冷漠化倾向日渐泛滥，失心人越来越多。造心正有必要。

毕淑敏是作家，也是心理学家，她以专业的手法，解锁心灵密码，挖掘心灵沉疴，致力于"造心""疗心"。这篇散文，用语纯朴冷静，充满奇思妙想，一缕智慧之光，抵达我们人生、生命和人性的最深处，给人以躲闪不及的撞击感。造心的材料、手艺、用时以及心的边界、规模、硬度乃至于造心的种种设计，娓娓道来，想象丰富，将抽象的心"造"得有形有色，耐人寻味中启人心智。

二、"心灵"主题拓展阅读训练

阅读下面的文字,完成1～4题。

此心安处是吾乡

徐怀谦

①海德格尔说:"诗人的天职是还乡。"还到哪一个乡呢?是自己的出生地还是工作所在的城市?是父母的身边还是妻儿的身边?是旅途中一见钟情的他乡还是魂牵梦绕的故乡?

②其实,精神的故乡并不单指一处,它可能是一种混合了的给人以安宁的精神皈依。当然也有一些人是无所谓他乡故乡的。

③我的故乡在山东农村老家,在每一片有着乡野气息的田园村庄,在离大自然最近的泥土中。

④老家,承载了我童年的梦。犹记夏夜乘凉时,躺在庭院里的草席上,看繁星满天,听知了鸣唱,长辈们叼着烟袋,火星明灭间,讲牛郎织女的故事讲懒婆娘的故事讲孤魂野鬼的故事,也许太有趣了,风也赶来偷听,蹑手蹑脚地,听了几耳朵便窃窃私语着离开了。老家,因了父母的存在,挽系住了一颗游子的心。

⑤然而,老家并不是我唯一的故乡,因为它有很多陌生的地方让我难以走近。比如,鱼肉乡里的村官,污水横流的街道,越来越势利的人际关系,这一切都让我对故乡望而生畏。

⑥于是,我的心灵开始了新一轮的寻根,寻找的结果仍然是乡土,只要那里有和煦的阳光和清新的空气,只要那里能让我忘却都市的喧嚣,它们都可以给我故乡般的慰藉。

⑦在都市里我们所见的除了水泥丛林,就是人,我们早已习惯了单调,习惯了远离大自然,习惯了悬浮在空中的无根生活。于是无端地替都市人难过起来——他们的精神故乡在哪里?

⑧人类不能没有故乡。没有精神故乡的人必将陷于虚无。苏东坡获得的关于故乡的最初启悟不是来自儒、释、道的学说,竟是来自一名歌伎。东坡有一位好友叫王巩,受"乌台诗案"牵连,被贬谪到地处岭南荒僻之地的宾州。王巩南下时,其歌伎柔奴毅然随行到岭南。1083年王巩北归,与苏东坡劫后重逢,席间请出柔奴为东坡劝酒。苏东坡问及岭南生活的酸甜苦辣,柔奴答道:"此心安处,便是吾乡。"东坡听后,大受感动,作《定风波·常羡人间琢玉郎》一首献给王巩:"常羡人间琢玉郎,天教分付点酥娘。自作清歌传皓齿,风起,雪飞炎海变清

凉。万里归来年愈少，微笑，笑时犹带岭梅香。试问岭南应不好？却道，此心安处是吾乡。”想想看，东坡自中进士后，就开始了颠沛流离的宦游生涯。当年近六十的东坡听到自己被贬岭南的消息时，我猜想他一定想起了十几年前柔奴说的那句话“此心安处，便是吾乡”，否则，他很难做到“泊然无所蒂芥，人无贤愚，皆得其欢心”。

⑨与东坡相比，我们的背井离乡算得了什么？泥土中固然有我的故乡梦，而城市中唯我独尊的那间书房、让自己安身立命的写作生活、三两知己的倾心交流，又何尝不是吾心安处？人生无常，我们不过是世间的匆匆过客，如果让自己的心终生流浪，不得安处，岂不是太对不起带我们来世上的父母？那么怎样才能求得心安呢？在我看来，“节欲”是最根本的方法。如果一个人欲望太强，那么即使他身居乡下，也不会领略那些优美的田园趣的，相反，他会认定是噪音，会觉得烦人，会继续因为股票的涨跌而失眠。如果他节欲有方，那么都市的霓虹灯不会迷失他回家的路，别人的豪宅洋车不会打乱他行走的步伐，交际场的纸醉金迷不会让他眼花缭乱，因为他知道这一切浮华都是外在的，进入不了自己的心灵。

⑩去年应邀访问澳门，在这个有着“东方蒙特卡罗”之称的地方，一边是各地富豪灯红酒绿，挥金如土，一边是澳门百姓安分守己，安居乐业。当地老百姓有感于自己的前辈大多因赌博而倾家荡产，由此悟到“不赌就是赢”，因而主动远离赌场，只过属于自己的小日子。这样的心安，是比归隐田园更要难能可贵的。

⑪“此心安处是吾乡”，就冲这句话，真想回到1083年的那个夜晚，慨然敬柔奴一杯酒。

节选自《徐怀谦散文集》，吉林出版集团有限责任公司2012年版

阅读思考：

1. 本文开头引用了海德格尔的话“诗人的天职是还乡”，有什么作用？（4分）
2. 分析第④段的语言特点。（4分）
3. 本文第⑧段用了较长的篇幅写苏轼，作者为什么要这样写？（4分）
4. 结合本文内容，联系现实，说说怎样才能做到心安。（6分）

三、“心灵”主题拓展写作训练

（一）文题设计

阅读下面的文字材料，按要求写作文。

文化学者于丹在《发现你的心灵》中讲到：“一个人的视力本有两种功能：一

个是向外去无限宽广地拓展世界，另一个是向内来无限深刻地发现内心。我们的眼睛总是看外界太多看心灵太少。”其实，我们的心灵终日在忙碌中颠沛流离，在生活的重负下变得心烦意乱，忧心忡忡。所以，当烦恼和忧愁袭击我们心灵的时候，我们不妨给自己一点空间，一点时间，让我们心灵去独步旅行；或者让内心盈满淡定与坦然，正所谓“仁者不忧，智者不惑，勇者不惧”，用强大的内心去化解生命中许许多多的遗憾。

关于让心灵放松或心灵飞翔，你有过哪些经历和感悟？请以“心灵”为话题写一篇不少于800字的文章。

要求：①选准角度，自定立意；②自拟题目；③除诗歌外，文体不限，文体特征鲜明；④不要脱离材料内容及含意的范围。

（二）写作导引

1. 立意

可以采取化大为小的方法，将“心灵”的内涵具体化，比如优雅淡泊的心灵、孤傲澄澈的心灵、蓬勃而丰富的心灵、勇敢而坚强的内心等等。比如可以拟题为：《美丽的心灵之花》《心灵的故乡》《守护心灵的圣殿》《善待心灵》《借心灵之舟，摆渡自我》。

2. 文体

写成记叙、抒情、议论文都可。若写记叙文，取材要紧扣灵魂、心灵话题选取典型生动的素材，剪裁时留意详略得当，结构的新奇。切忌将心灵内涵泛泛展示，泛泛而谈，大而无当。若写抒情散文，在情感充沛时注重理性思考，防止空洞的抒情。若能巧加构思，以小见大，必能给读者带来惊喜。若写议论文，宜紧扣中心论点进行分析说理，尤要考虑行文逻辑，论据要准确、典型、新颖、简洁。防止说理枯燥，用语要追求文采尤其需要考量的一点是，虽然是高中生，主题尽可能追求深度，发人未发、激人情怀、撼人心灵、涤人魂魄，更是上选。

（三）误区指津

1. 选材过于陈旧

多数学生写作“心灵”话题，使用的还是陶渊明、苏轼、罗丹、凡·高这些耳熟能详的例子，虽然典型，还是显得陈旧。应避开这个误区，关注当下，或者放宽眼界，选取新颖的事例。

2. 结构不够精致

写记叙文，易于使用扇面结构，平面展开，缺乏足够的层次感；并且语言仅仅停留在泛泛的记叙和空洞的议论上，表述不够细腻、不够深刻。写议论文，不少学生只顾陈述论据，不会分析和议论，造成结构比例不匀称且议论不够深入，缺乏深度。所以建议除了整体上的结构要追求多层次之外，局部最好也要精雕细刻，比如议论文可强调紧扣论点简练叙述例子后，重点关注分析和议论。

3. 行文过程中，材料与观点不配套，出现语句与中心游离的现象。

（四）素材链接

1. 史铁生

史铁生曾说："我感谢上帝赐予我的所有，快乐、幸福与痛苦。""上帝剥夺了我的双腿，使我得以有充足的时间安静地思考。"双腿使他失去了同正常人一样可以自由奔跑，感受风声过耳的权利，却同时赐予了他充足的自由思考的时间。他的灵魂居高临下，洞穿着人性深处的善与恶，黑与白。"死亡是真相，突破虚假与繁荣"。它终究会让你明白，别人如何看你，或者你如何探测生活，都不重要，重要的是你如何珍惜在指间无法停止下落的时间，你要明白如何更好地活着。他没有翅膀，可他拥有自由的灵魂，让他诗意地栖居在这世界上。

2. 博尔赫斯

博尔赫斯说，"我闭上眼睛坐等天明。"这位超级大文豪蹲坐在图书馆的一角，阅读着一本泛黄老旧的书。用情之处，那文字似从纸页间漂起来，在老人的脑海里周旋，书里的景象在他的脑海里成了立体的图画。他在时间里走过罗马的废墟，舞动西班牙的舞曲，穿越时空，回到古代中国，古巴比伦，古罗马甚至离开地球表面，透过云层，望向宇宙的另一端，探索着时间的奥秘，感受宇宙深处带给他的启发。博尔赫斯曾说，书是我的翅膀，它让我的灵魂变得丰腴。图书馆的狭小空间并不能囚禁他的灵魂，相反，带着他的灵魂飞向那广袤的星空。

3. 卡梅隆

1997 年，卡梅隆拍摄了《泰坦尼克号》，在第 70 届奥斯卡奖中，《泰坦尼克号》获得了包括最佳导演在内的 11 个奖项。而当《泰坦尼克号》这部经典伟作已过去十多个年头，慢慢消失在人们的记忆中时，我们会问：卡梅隆呢？难道一部成功的影片就满足了吗？卡梅隆去哪了？他去做准备了。伴随着《阿凡达》的出世和风靡，卡梅隆的名字再一次成为焦点。在电影泛滥的当今一部电影只需花一两年时间拍摄，其震撼力和影响力当然不及准备了 14 年的《阿凡达》。

4. "杂交水稻之父"袁隆平

"我梦见我们种的水稻，长得跟高粱一样高，穗子像扫把那么长，颗粒像花生米那么大，我和助手们就坐在稻穗下面乘凉……""中国杂交水稻之父"袁隆平对于自己从事的工作以及愿望，真诚朴素得令人动容。在他梦里，杂交水稻获得了巨大成功，水稻和高粱一般高，颗粒如花生米般大……这是多么简单明快而又朴素的愿望呵，美好却有点儿遥远。而就是这朴素的愿望，这宁静致远的心境，使他勤恳工作，最终解决了中国人的温饱问题。

【学生佳作选评】

1. 静思湖的遥想

周轩毅

静思湖卑居母校一隅，远离教学楼，在一片茂盛的小树林中，湖畔是一串长长弯曲的木栈道。那是我读书之余最爱的去处。

这是一池清澈的湖水，水里的草木鱼石，天光云影；这是一方宁静的宝地，林中鸟鸣嘤嘤，松涛阵阵。远离尘嚣的宁静，涤荡着我的内心，澄澈我的灵魂。

每每迎着落日的余晖来到湖旁，西下的太阳散发出柔和的光，微风吹拂下的湖水反射着橙光，阳光的橙与湖水的绿——那是种发腻的不清澈的绿——完美交织揉错，长久地凝视，让人心如止水。

说到风，静思湖边的风永远都是微凉的，轻柔的，带着些泥土气息的，带着四季的味道的。而我一人漫步在湖边，让整个身体浸润在微风中，任她拂走疲倦，吹走烦恼，带走心灵的聒噪与浮华——而这，正是我想要的感觉，我想要的心灵的净化。

湖中，几株荷花娇艳欲滴，不由自主地想到有“三秋桂子，十里荷花”的钱塘，想到“淡妆浓抹总相宜”的西子湖，还有那“杨柳依依”的十里长堤……

于是我会想起西湖边的林和靖。人间天堂有太多的绮丽繁华，太多的声色犬马，而林逋想要的，只是在孤山有一间简陋的小屋，植梅放鹤，一份淡然清高。真宗的赏识没有让他动心，市井的喧嚣不曾让他移志，淡泊名利，甘守清贫，心无旁骛，无论外面的世界如何繁华，林和靖只一心一意做自己钟爱的事。我分明穿越时间看到了他的内心，那是一颗透明纯真的心，自由而孤傲。“疏影横斜水清浅，暗香浮动月黄昏”的千古名句和梅一样高洁、鹤一般飘逸的人生姿态，永远芳香着后人。

想到这里，看向面前的湖水，水面上的浮萍被风拂走了大半，微风吹拂下泛着橙色的光，湖水越发清澈。

我也会想起苏东坡。清夜无尘，月色如银。本以为日子会这样淡然闲适，怎料世事无常。厚重的宫墙让他窒息，同僚的陷害让他绝望，仕途坎坷，宦海沉浮。他，泛舟赤壁，让清风吹平他褶皱的心湖。以明月为友，以诗词为伴，静观白露横江，水光接天，细碎的树影斑驳了流年。但他心如止水，豁达自若。“苟非吾之所有，虽一毫而莫取”，唯江上清风与山间明月，供我尽享。去留无意，宠辱不惊，内心的宁静付与了他饱受风霜却依旧笃定的神情。“一蓑烟雨任平生”，淡淡一笑，没有伤怀，没有苦闷，只因苏子有一颗立于世外的旷达之心，似一捧清泉，澄澈、透明。

一股荷花淡雅清香的气息袭来，沁人心脾，湖水清澈见底，软泥上水草快乐的招摇。

站在湖边，我还会想到昔时濮水边那个自由无羁的灵魂。面对楚使的恳切请求，面对相位的无限诱惑，他竟头也不回地转身而去，宁做“曳尾于涂”的乌龟，带着那一份与鲲鹏并肩的逍遥，那一份与蝴蝶齐舞的自在，那一份“子非我，安知我不知鱼之乐”的自得，他走向那个“天地与我并生，万物与我为一”的自由世界，一个转身，将所有世俗名利弃于身后。透过面前这片湖水，我分明看到了他的内心，洞明世事，澄澈通透。

低头看向湖中，不远处两三尾鱼儿在水中嬉戏，这片湖水颇有“素湍绿潭，回清倒影”之美。我喜欢这份自由与恬静，在林中，在湖边，任清风拂面，倾听自己的心跳，聆听先贤的教诲，参悟生命的真谛！

教师点评：这是一篇心灵的独白。在作者笔下，午山脚下小小的静思湖，一如梭罗的瓦尔登湖，在悦目的景色、悦耳的微风里，心安心静。一片静寂中，作者与先贤进行超越时空的心灵对话，完成了一次又一次心灵的洗礼。写法上，由校园小湖联想到杭州西湖，由苏轼的赤壁到远古的濮水，自然流畅，联想丰富。

2. 一片冰心在玉壶

袁子杰

秋风乍起，黄花堆积，青岛的秋意，伴随着乍凉的海风，来得如此浓烈，恰似一坛陈年的老酒，让人不饮而醉。在迷离着雾气的老街上走着，眼前偶有嬉笑着的孩子跑过，心底忽然被那笑声触动，在这匆忙的当代社会，能保持一颗孩童般的心，该多好啊。一颗冰清玉洁的赤子之心是可贵的。

不远处一座简朴而不失素雅的建筑，是沈从文先生的故居，院内探出的花枝，勾起了我的思绪。他在《边城》中描写了翠翠不沾俗尘的爱情，他那么写了，也那么爱了。“我一辈子走过许多地方的路，行过许多地方的桥，看过许多次数的云，喝过许多种类的酒，却只爱过一个正当年龄的人。”烽火连天，荒烟蔓草，他对张兆和的爱仍像那流淌的湘水，汹涌而澄澈。即便在“文革”中，在艰苦的咸宁，一不小心，一颗纯真的心就邂逅了那一池香莲，与月色撞了个满怀。正如那句“不折不从，星斗其文；亦慈亦让，赤子其人。”沈从文的心，像一片雪花，善良到易化，简单到透明。

何谓赤子之心？它是一颗盛满山水，开满芳华的心。

又想到也曾寓居青岛的老舍。曾几何时，白浪吻过的沙滩烙下过他的足迹，灯火阑珊的街边响起过他爽朗的笑，徐徐海风点燃了他的童心，一篇篇溢满情趣的文章诞生在碧海蓝天之间。后来，作为小说家、戏剧家的老舍，面对斯文扫地，面对“人民艺术家”转眼沦为牛鬼蛇神，他义无再辱，自沉积水潭。他选择了死亡而让生命趋于完美，让生命更具尊严。他以绿水清流，做了自己的殓衣，漾荡了自己赤子般干净的心。奔涌的碧水会托起他皓洁的灵魂。

我的脑海中响起 Katie Melua 的歌，空灵纯净的温婉女声，如丝般划过心间，她的歌有着孩子般天真懵懂的情怀，但这种感觉，唯有历经沧桑仍能保持一颗赤子之心的人方能抱拥于怀。

何谓赤子之心？它是一颗清净高洁，玲珑剔透的心；

路旁的一多楼像一个寂寞的诗人，在夕阳下有些寂寥，有些悲壮。闻一多在西南联大讲唐诗，上课之前先掏出烟斗来问学生哪位吸，学生自是不敢受用，于是他长吸一口，朗声道“痛饮酒，熟读《离骚》，方得为真名士。”其潇洒气度让人慨然。“诗人最主要的天赋是爱，爱他的祖国，爱他的人民。”闻一多如是说。昆明的云是明丽的，空气却是压抑的。门前匆匆掠过的黑影带着不怀好意的冷笑，但他还是毅然踏上了那条通往会场的路，演说完毕，他走在游行队伍的最前面，长须飘飘，安之若素。先生倒下了，但他铁肩担道义的赤子情怀，久久定格。

何谓赤子之心？它是一颗熊熊燃烧，充满力量的心。

我走在黄昏的街上，手指抚过那一面面岁月侵蚀的墙壁，阅读着那个年代灵魂。裹挟着海韵的风吻过我的脸，街边的灯立在风中，有些顾影自怜。玩耍的孩子们各自回家去了，天色渐暗，老街有些昏昏欲睡，我心里的孩子却醒了过来。

一盏香茗，一卷诗稿，一片冰心在玉壶。

教师点评：青岛的福州路上有“文化名人故居一条街”，小作者说那是他最爱去的地方。只有懂得，才能化境入文，成就笔下的风流。秋风中漫步老街，且行且悟，文章以冰清玉洁的心灵为经线，以从文先生、老舍先生、一多先生的赤子之情怀为纬线，交织成瑰丽的画卷，一如湘西凤凰古城灵秀静谧的美景。开头点题，然后层层深入“赤子之心”的不同意蕴，想起孟子的话“大人者，不失其赤子之心者也”。全篇视角细腻而情感充沛，意境优美。

3. 给心灵一个家

窦海燕

瘦弱的梧桐树经历两次砍刀的磨炼，蜕变成良材，粗壮苍虬；含苞欲吐的昙花经过漫长的等待，迎来最美的短暂绽放，姣好明媚。而人生恰似一段漫漫征途，长途跋涉中寻找我们的归属，所以我们需要为心灵找一个家，去承载我们的精神家园。

给心灵一个家，以自信为壁，屏退世间聒噪之音。

最爱不过“仰天大笑出门去，我辈岂是蓬蒿人”的意气；最爱不过“天生我材必有用，千金散尽还复来”的豪气；最爱不过“长风破浪会有时，直挂云帆济沧海”的勇气。不肯摧眉折腰事权贵，一转身走向山水，留下“兴酣落笔摇五岳，诗成笑傲凌沧海”的美谈。再看柳巷深处那一声“忍把浮名，换了浅斟低唱。何要虚名”，奉旨填词，那美丽的词句和优美的音律已经征服了所有的歌迷，“凡有井水处都唱柳词”。活出精彩自我。以自信为壁，筑起坚实的墙垣，任尔东西南北风，我自岿然不动。

给心灵一个家，以自强为梁，撑起一颗强大的内心。

“即使翅膀折了，心也要飞翔。”看格兰·坎宁安博士拖着本已瘫痪的双腿创造赛跑世界纪录；听刘伟用坚强的双脚弹奏世间绝唱；品史铁生在困顿中用心书写人生篇章。“世上只有两条路，要么赶紧死，要么精彩地活着。”以自强为梁，搭起牢固的棚顶，遮风避雨，让我们学会在最深的绝望里发现最美的惊喜。

给心灵一个家，以自立为柱，顶起一片浩然正气。

那是谁？奔走在动荡的国度间，高声吟唱：兼爱，非攻。那是谁？驾驭着木车周游列国，坚声呐喊：和为贵，仁爱天下。那是谁？漫步在自由的世界里，轻声歌咏着：悠然，逍遥。他们，是那个时代里思想超前的巨星，却只能让光辉湮没在动荡不安的格局里，然而，他们没有就此放弃，在隐忍与等待中，《墨子》《论语》《南华经》璀璨绽放。在浮华躁动的今天，以自立为柱，为心灵支起稳固的房屋，立于天地间，浑然一片正气。

我们的人生，要有以天为庐、地为盖的洒脱，而我们的心灵则需要用自信、自强、自立垒起坚实的家。从此，心灵不再风雨飘摇，纵令命运书写人生跌宕，有了“家”，风雨过后，会是晴天。

教师点评：本文旨在谈“给心灵一个家”，立意明确且大气。另外层次鲜明的篇章结构是本文又一个亮点。作者在第一段末尾鲜明地提出总论点“我们需要为心灵找一个家，去承载我们的精神家园”后，接着中间分别以三个分论点，并列展开，点出了用自信、自立、自强的三种方法，严谨且富有思辨性。此外比喻、排比、对比、引用等多种修辞手法的加盟，有效地避免了议论文语言的刻板，同时注意了叙例与析说理契合熨帖，说理深入浅出，周到深邃。提升本文建议：适当加入过渡句让结构更加灵活。

附录：阅读训练《此心安处是吾乡》参考答案

1. 内容上，引起读者对精神故乡问题的思考，增加文章的哲学意蕴；结构上，引出下文。

2. 运用比拟的修辞手法，以故乡拟物，表现了故乡是自己童年之梦的载体，像丝线般挽系着游子的心灵，情深意长；把风人格化，既表现出风儿轻柔的特点，又侧面表现出长辈们所讲的故事引人入胜（2 分）；运用一系列动词“躺”“看”“听”“叼”“讲”等，将夏夜在老家乘凉时其乐融融的场景描写得生动具体（1 分）；句式整散结合，长短相间，错落有致，富于变化，读来朗朗上口，给人美感（1 分）。（4 分。意思对即可）

3. 照应题目，点明“此心安处是吾乡”的来历；揭示“心安”就是“泊然无所蒂芥”，强调拥有精神故乡和“心安”的重要性（2 分）；与结尾形成呼应之势，结构严谨（2 分）。（4 分。意思对即可）

4. 节欲，远离浮华诱惑，安分守己，保持心灵宁静。就高中生而言，应有目标，有追求，多亲近自然，处逆境而泊然，坦然看人生，淡然看社会。（6 分）

本文原发表于《语文报》（寒假专号）2014 年 1 月，有修改

第五章

思维语文策略

第一节　思维语文策略内涵与意义

深度学语文的策略之四思维语文策略。思维语文策略就是在语文学习过程中，通过听说读写等语言运用，发展学生的直觉思维、形象思维、逻辑思维和创造思维能力，从而提升学生思维的深刻性、敏捷性、灵活性、批判性和独创性等思维品质。

泰戈尔在《飞鸟集》中写道："根是地下的枝，枝是空中的根。"我们不妨借用一下：在语文课程中，语言是思维空中的枝，思维是语文地下的根。语言是人类智力活动的工具，既是思维的载体，又是思维的外化形式。《课程标准》把语文活动总结为"阅读与鉴赏""表达与交流""梳理与探究"三个方面。阅读与鉴赏是对他人的言语作品进行吸收、评价和记忆的过程，表达与交流是语言的叙述功能、情感性功能、交际对话功能的体现，这两项活动的背后都是思维。至于梳理与探究，本身就是以语言为工具的思维活动。因此，在语文课程里，语言运用与思维活动是一体的，是不可分割的。

那么发展学生的思维、提升其思维品质的意义是什么呢？语文课程是否能够使学生形成内在的品质和能力，关键在于是否能引发学生自己去"想"。没有"想"，"听说读写"就会变成纯粹的技巧，无法达到以素养为纲的目的，学生脑子里堆砌着别人的想法以及与己无关的话语，最后只能是暂时的记忆和长期的遗忘。如何引导学生去"想"？有两个重要的问题必须解决。一是前面已经谈到的真实情境的设置。也就是说，在主题、资源和语文活动的设置上，必须是学生的所思所想、能思能想和应思应想。要始终关注学生思考问题的过程，优化学生的思考，让他们在最好的状态下把自己的思维能力发挥到最大限度。同时每一次课都要提出值得思考的问题，而且这些问题必须是切实和深刻的，只有这样才能调动学生，让他们愿意想有的想并且想得充分。二是要特别重视语文课程中梳理与探究的活动。语言的积累是在一个较长的过程中逐步进行的，对材料的整合与加工、对经验的取舍与梳理，都是思维的过程。学生的知识积累并非机械地写一写、练一练、读一读、看一看就可以完成的，必须过脑过心，只有这样的积累才能在运用语言的同时提高学生的思维品质。写作是语文课不可缺少的学习活动，现实生活丰富多彩，能够引发学生表达与交流热情的材料就存在于每个人的头脑中，利用真实的情境，将学生头脑中已有的内容激活，使其从凌乱的思绪中整合出清晰的思路，通过思维加工产生言语成品，就是对学生内在思维能力和素养提升的过程。

在深度语文教学中，培养学生的思维品质，路径很多，但重要的方法有两条：

一是通过体验式审美与联想、想象教学，培养学生形象思维能力。

“科学是我们，艺术是我。”作为艺术之一的语文中的文学类文本，其突出特点是个性化、感情化，这一特性呼唤着体验教学。“体验”一词在《课程标准》中先后出现 17 次，主要是就文学类文本教学而言的。西方体验美学认为：人类是靠体验来生存和发展的。人类的情感、精神、智慧只有在体验中才能生成，因为情感就是体验的冲动，“精神”是一种体验的觉醒，而“智慧”则是体验的发现。所以，教师要调动起学生全部的情感，使其积极主动参与到阅读活动中，以身体之，以心验之，即进入文本，洞开情感的大门，开启领悟的窗户，点燃灵感的火苗，用全身心去拥抱文学艺术。

审美体验是文学教学的专利。因为真正的文学类文本总是有一种震撼人心的艺术力量，它能调动起人投注全部的丰盈的生命力进入“高峰体验”，从而达到主体与客体、感情与理性、形象与思维、有限与无限的“瞬间同一”的境界。在审美体验中，学生可去掉种种功利的羁绊，暂时超越周围的纷扰，拓展自己的心灵空间，让心灵坦荡荡地与文本拥抱，从而升腾到一种心醉神迷的境界。

正是在这个意义上，胡经之在《文艺美学》一书中指出：“我们说审美是自由在瞬间的实现，审美是苦难人生的节日。在审美的节日里，人的感知、回忆、联想、想象、情感、理智等一切心理功能都处于最自由的状态，人的整个心灵都暂时告别现实而进入无比自由的境界。”比如在阅读文本时，可试着引导学生这样体验：尽管你是一文不名的学生，却可以当百万富翁，拥有让人看了要惊愕得喘不过气来的珍珠宝贝。尽管你是一个毫无权势的小老百姓，却可以去当至高无上的国王，让成千上万的臣民跪在你的面前。尽管你是一名男性，却可以尝一尝女人分娩时的痛苦。你是一个女生，却可以在瞬间变成一个伟丈夫。只要你愿意，你可以成为所有海洋里任意一条鱼，和世界各大街上任意一只狗。只要你愿意，你可以成为深秋老树上最后一片叶，和严冬北方的最大一场雪。你生活得很幸福，却可以转进罗密欧与朱丽叶的家庭纠纷，并为他们的爱情悲剧而哭泣。你身体很健康，却可躺在手术刀下，做一个患了癌症的病人，去体验如陆幼青《死亡日记》所写的疾病和伤痛。你穿着牛仔裤，却可以跟屈原、李白、苏东坡对话。你躺在床上却可以升上太空，遨游宇宙……概而言之，在审美体验的瞬间，人以情感为中心的全部的心灵世界都打开了门窗，实现了完全的舒展、自由与和谐。在现实中的一切不可能，在审美体验的瞬间变成了人性的完全。

从以上分析可见，“当审美主体用自己那颗在体验中跳动不安的心灵去激活那些文字、那些画面、那些音符，使他们成为主体情感、意志、生命感和灵肉的载体，诞生出新的审美意象，这时主体的能动性已经超越单纯欣赏客体和对客体进行再创的境界，而投入对主体自身审美心理结构（情感、意志、趣味、生命感）重新建构、重新吐纳的境界。”在个性化的阅读体验中，学生不仅经历了激情的洗礼，充实了精神内涵，提高了审美趣味，从而在特定的语境中，很好地培养了学生的形象思维。

此外，加强体验式联想、想象教学也可以培养形象思维。

首先要注意发展学生的想象力。爱因斯坦说：“想象比知识更重要。”一般说来，任何文学类文本都是虚构的，都需要想象。《红楼梦》中无论是飘缈的太虚幻境，还是现实世界的大观园，都是曹雪芹想象的产物。文学类文本教学最宜于培养学生的想象力。一个作家不会在一个文本里把话都说完的，作者往往只说出几个要点，其余的要靠读者自己去想象。法国著名作家法朗士说：“读文学作品是一种灵魂的探险。”

再者要注意联想。刘勰在《文心雕龙·神思》中说：“文之思也，其神远矣。故寂然凝虑，思接千载；悄焉动容，视通万里。吟咏之间，吞纳珠玉之声；眉睫之前，卷舒风云之色：其思理之致乎？”这段论述说明，作家在创作时思维异常活跃，可以上下几千年，纵横数万里，任意驰骋。作为“再创造”的文学鉴赏活动，同样需要鉴赏者拥有作家创作时的联想能力，来主动地感受、认识、填充、丰富文本的审美形象。

关于探索体验式联想、想象教学，有许多精彩的课例，比如王蓉同学学完《春江花月夜》，写了一篇优美的写意散文《江月情生》：

江月情生

春江梦回桑梓处，芳香留眷心上愁。明月无情却有情，夜遣相思月中楼。

月·生

日暮将尽，月色方起。抛去繁忙的白日，突然安歇的天地牵着潮水涌动的声音在耳畔缠绵，久久不离，吾这才猛然发觉此时已是深夜，拥挤的思绪终于能够留白，泼墨相思。推开一扇檀木小窗，满足夜月对吾这游子的好奇，不曾想它却游移了目光，将情意倾泻给江边的芳草，共言皎皎，留我这游子对影成三人，饱尝孤独。

罢，罢，哪里的春江不曾月明？哪里的游子又不曾有浮云落日的孤独呢？

月·旧

光阴偷走少年天真，划过一道沧海桑田的印痕。吾想：这轮孤月应是时间最通透的，望尽“逝者如斯”、星移物换，依旧处世淡然、波澜不惊，也不知是月淡忘了世人，还是世人遗落了月；亦或是红尘不许月真情，月以真情换长世守护，只为一次回首。

叹，叹，人生代代无穷已，江月年年只相似；不知江月待何人，但见长江送流水。

月·思

明月楼高休独倚，何处话相思？

佳人纤细的手轻轻托着茶盏，沁脾的茶香竟在深深的思念中渐息其声，没有摇曳的烛火在月夜里探出含羞带怯的小脸，帘卷西风，朱颜辞镜，满室清月都透着几许薄凉，佳人不禁怅然。

夫君乘舟远家，将一段久久的岁月悠悠地荡散了，妆台镜奁、砧上衣裳寂静沉沉，我只能将无处安放的心思窃窃地向明月倾诉，愿日夜香烛泪尽的虔诚，能换得千里共婵娟的缘果，使得夫君那儿的月明不再凄凉。

月无言，妾多情，收回纷飞的思绪，佳人不禁莞尔，微微展开白皙的手心接着月华，凉凉的，绕指成柔。

月·念

幽幽闲潭瘦了飞舞的落花，吾心一悸，也不知远方的娘子可是安好，饭蔬可是按时，衣裳可是加了？此情无计可消除，才下了眉头，又上了心头，无奈鸿雁远飞度时长，锦鲤不可诉衷肠，只得见一圈一圈的水纹藏着春意流逝的婀娜，唱着潺潺的欢歌；三千尺的深潭古镜般寄寓着月落的美梦，不顾情人的怅惘。

千金裘，夜光杯，却始终不抵娘子的一颦一蹙，吾已打点好行装。明日行舟乘月归，共剪西窗烛。

在文中，作者巧妙地选取《春江花月夜》中四个极具有代表性的画面，借助合理的想象恰当地把握其景其意其情，文风古雅，然后借助四个小标题“月·生”“月·旧”“月·思”“月·念”加以表达。文章形象生动、画面感强且想象丰富，文情并茂，引人入胜。结尾一段升华主题，前后照应，行文自然流畅。

刘勰说："披文以入情，沿波以讨源。"帕斯卡尔也说："人类所有的才能之中，与神最相近的就是想象力。"王蓉同学的确读透了若虚和他的诗文，且把自己的情融入了自己改写的散文中，所以能写出如此曼妙的习作来。

这些智慧的火花没有拘泥于文本的表层含义，而是乘着想象、联想的翅膀去体验文本深邃的意旨，借助写作很好地锻炼学生的形象思维品质。

二是借助多种学习方式，比如演讲、辩论与写作议论文去发展学生的逻辑思维，可以就能够辨识、分析、比较、归纳和概括基本的语言现象和文学形象，并能有依据、有条理地表达自己的观点和发现；运用基本的语言规律和逻辑规则，分析、判别语言，准确、生动、有逻辑地表达自己的认识；运用批判性思维审视言语作品，探究和发现语言现象和文学现象，形成自己对语言和文学的认识。

如此，深度学语文，提升思维品质。自觉分析和反思自己的言语活动经验，提高语言运用的能力，提高思维的深刻性、灵活性、敏捷性、批判性和独创性。

第二节　思维语文策略的"立德"主题读写指津案例

立德修心，铸造大我

——"立德"主题读写

【主题阐释】

爱因斯坦说，人类最重要的努力，是在我们的行为中追求道德。国无德不兴，人无德不立。德成而教尊，教尊而官正，官正而国治。中华民族自古重视道德文明。孔子主张"为政以德"；老子认为，"修之于身，其德乃真；修之于家，其德乃馀；修之于乡，其德乃长；修之于邦，其德乃丰；修之于天下，其德乃普"。诚意、正心、修身、齐家、治国、平天下，为天地立心，为生民立命，为往圣继绝学，为万世开太平。当下，强调立德即全面提高公民道德，弘扬中华传统美德，践行社会主义核心价值观。习近平总书记说，只要中华民族一代接着一代追求美好崇高的道德境界，我们的民族就永远充满希望。

种树者必培其根，种德者必养其心。我们要在坚定理想信念上下功夫，在厚植爱国主义情怀上下功夫，在加强品德修养上下功夫，立德树人，打造生命的美和尊严。

一、“立德”主题读精彩选文赏析

1. 父亲和我

杨振宁

1922年我在安徽合肥出生的时候，父亲是安庆一所中学的教员。安庆当时也叫怀宁。父亲给我取名“振宁”，“振”字是杨家的辈名，“宁”字就是怀宁的意思。我不满周岁的时候父亲考取了安徽留美公费生。出国前我们一家三口在老宅院子的一角照了一张相片。父亲穿着长袍马褂，站得笔挺。

1928年夏父亲得了芝加哥大学的博士学位后回国，就任厦门大学数学系教授。

厦门那一年的生活我记得是很幸福的，他教我读了不少首唐诗，有三四十首；教我中国历史朝代的顺序：“唐虞夏商周……”，干支顺序：“甲乙丙丁……”“子鼠丑牛寅虎……”

父亲喜欢唱京戏。在厦门他还有时唱“我好比笼中鸟，有翅难展……”他没有教我唱京戏，只教我唱一些民国初年的歌曲如“上下数千年，一脉延……”“中国男儿，中国男儿……”

父亲的围棋下得很好。那一年他教我下围棋。记得开始时他让我16子，多年以后渐渐退为9子，可是我始终没有从父亲那里得到“真传”。一直到1962年在日内瓦我们重聚时下围棋，他还是要让我7子。

一年以后，父亲改任北平清华大学教授。我们在清华园里一共住了八年。清华园的八年在我回忆中是非常美丽、非常幸福的。

我九、十岁的时候，父亲已经知道我学数学的能力很强，他当时如果教我解析几何和微积分，我一定学得很快。可是他没有这样做：我初中一二年级之间的暑假，父亲请雷海宗教授介绍一位历史系的学生教我《孟子》。雷先生介绍他的得意学生丁则良来，丁先生学识丰富，不只教我《孟子》，还给我讲了许多上古历史知识，是我在学校的教科书上从来没有学到的，所以在中学的年代我可以背诵《孟子》全文。

1938年秋，我考入西南联合大学。这一年，父亲介绍我接触了近代数学的精神，却不赞成我念数学，我就进了物理系。抗战八年是艰苦困难的日子，也是我一生学习新知识最快的一段日子。

我还记得1945年8月28日那天我离家飞往印度转去美国的细节：清早父亲只身陪我自昆明西北角乘黄包车到东南郊拓东路等候去巫家坝飞机场的公

共汽车。离家时，四个弟妹都依依不舍，母亲很镇定，没有流泪。到了拓东路，父亲讲了些勉励的话。话别后我坐进很拥挤的公共汽车，起先还能从车窗往外看见父亲向我招手，几分钟后他即被拥挤的人群挤到远处去了。车中同去美国的同学很多，谈起话来，我的注意力即转移到飞行路线与气候变化等问题上去了。等了一个多钟头，车始终没有发动。突然我旁边的一位美国人向我做手势，要我向窗外看：骤然间发现父亲原来还在那里等！他身材瘦削，穿着长袍，额前头发已显斑白。我忍了一早晨的热泪，一时迸发，不能自已。

1957年我带着孩子光诺（那时六岁）去日内瓦。他得到统战部的允许，以带病之身，经北京、莫斯科、布拉格，一路住医院，于7月初飞抵日内瓦，到达以后又立刻住入医院。过了几星期，父亲身体渐渐恢复健康，能和小孙子去公园散步。他们非常高兴在公园一边的树丛中找到了一个“secret path”（秘密通道）。每次看他们一老一少准备出门：父亲对着镜子梳头发，光诺雀跃地开门，我感到无限的满足。

有一天他给我写了两句话：每饭勿忘亲爱永，有生应感国恩宏。今天的年轻人恐怕会觉得这两句话有一点封建味道，可是我以为封建时代的思想虽然有许多是要不得的，但也有许多是有永久价值的。

1960年夏及1962年夏，父亲又和母亲两度与我在日内瓦团聚。父亲三次来日内瓦，都有种使命感，觉得他应当劝我回国。

1971年夏天，我回到阔别26年的祖国。那天乘法航自缅甸东飞，进入云南上空时，驾驶员说：“我们已进入中国领空！”当时我的激动的心情无法描述。母亲和弟妹们在机场接我，一同去医院看望父亲。父亲住院已有半年，已不能自己站立行走，见到我十分激动。

1972年夏天我二度回国探亲访问，父亲仍然住在医院，身体更衰弱了。次年5月12日清晨，父亲长辞人世，享年七十七岁。

合肥老家每年旧历新年正厅门口都要换上新的春联。上联是“忠厚传家”，下联是“诗书继世”。父亲一生确实贯彻了“忠”与“厚”两个字，另外他喜欢他的名字杨克纯中的“纯”字，也极喜欢朋友间的“信”与“义”。父亲去世后，我的同学熊秉明写信安慰我，说父亲虽已过去，我的身体里还循环着他的血液。是的，我的身体里循环着的是父亲的血液，是中华文化的血液。

我1964年春天入美国籍。直到临终前，对于我的放弃故国，他在心底里始终没有宽恕过我。

（2015年4月1日，杨振宁放弃美国国籍，成为中国公民。）

节选自《曙光集》，杨振宁著，翁帆编译，三联书店2008年版

赏析：杨振宁先生是最早的华人诺贝尔物理学奖得主，也是美籍知名学者访问新中国的第一人。其父杨武之是我国著名的数学家，曾任清华大学教授，尽管当时时局动荡，杨振宁依然能够享受父子相处最亲近的时刻，在清华园度过了美丽、幸福的童年时光。“谁言寸草心，报得三春晖”。著名科学家杨振宁依据珍藏多年的照片，在《父亲和我》中，深情地回忆了血浓于水的父子亲情，忆述了博学、慈祥的父亲对他的教诲和潜移默化的熏陶，从中可以了解杨振宁的“文化情结”。杨父对中国传统美德的坚守，无时不在的家国情怀，深深影响了儿女。父亲去世多年后，杨振宁放弃美国国籍，回归祖国，不啻是对父亲在天之灵的最好告慰。

2. 校园里的田家炳楼，永远的精神丰碑

郭荣村　王　帆

在你的学校，或许有一栋“田家炳楼”，它，就和它的“兄弟”们散落在全国各地93所大学、166所中学和41所小学里。然而，在2018年7月10日，它们的“父亲”——香港著名实业家、慈善家，被称为“百校之父”的田家炳先生永远地离开了。当日，田家炳基金会发布讣告称，田家炳于10日上午辞世，享年99岁。

田家炳于1919年出生于广东大埔，在不到16岁时，他的父亲逝世，田家炳便就此辍学从商，肩负起持家重担。1937年，他远赴越南推销家乡瓷土。1939年，由于日军侵华，家乡港口被占领，瓷土来源中断，田家炳便转往印尼从事树胶工业。后来，为了让儿女接受中国传统文化教育，他毅然决定举家迁到香港，在新界屯门填海建厂生产塑胶薄膜和人造皮革。

做企业的几十年里，他从不信奉“无商不奸”。他曾经对采访他的记者说，《朱柏庐治家格言》深深融入了自己的血脉中，无论是为人处世、管理企业，还是教育子女，他都推崇《朱柏庐治家格言》，这给他带来一生快乐。他说，父亲在世时就教我背诵和理解这篇格言。70多年过去了，他依然能朗朗上口，随便背诵出来。多年中，有20多位大学的教授来拜访他时，得知他们都背不下来的东西，竟然被一个从10多岁就辍学经商的老人一字不漏地背下来，甚感惊奇。

这篇格言对他的影响是一生的。直接影响了他的经营思想。在创业中，他始终以利人必能利己，己立才能立人的宗旨，赢得了各界人士广泛而长久的真心支持拥戴，使得企业一步步走向成功。

田家炳的皮革厂可生产适应各种需要的1000多种人造革。在经历了1965年的银行挤兑、1973年的原油价格暴涨、1975年的世界经济大衰退等一次又一

次狂风巨浪冲击后，仍屹立不倒，成为当时香港最大乃至东南亚最大的人造革制造厂，田家炳也因此被称为“香港皮革大王”。

事业有成之外，田家炳一生爱国爱乡，视慈善工作为第二事业。早在20世纪六七十年代，田家炳就曾在东华三院、博爱医院等多家慈善机构担任要职，推动社会福利工作。1982年，本着“留财予子孙，不如积德予后代”的理念，田家炳捐资创办田家炳基金会，专事捐办教育、医疗、交通、文娱等公益事业。1983年，第一所以“田家炳”命名的幼儿园在香港创立；1984年，广东省大埔县家炳第一中学启用；1987年，基金会捐办了香港仁爱堂田家炳中学。

20世纪90年代，田家炳基金会开始致力支持内地的教育事业，大规模捐建各省市区师范大学田家炳教育书院和田家炳中学，受惠机构包括北京师范大学、北京大学、浙江大学等。目前，基金会所资助的学校已遍布全国34个省级行政区域，对此，田家炳表示，“能在内地经济较差、地处偏远、交通不便的地区看到冠以自己名字的中学，看到那么多的孩子能因此而有书可读，感觉是毕生最大的寄托。”

2001年，受香港金融风暴影响，田家炳基金会的资金收入急剧下降。田家炳为了兑现早已承诺的捐赠项目，把自己居住了37年、位于香港九龙塘高档住宅区的700多平方米豪宅卖出，自己和太太却住进了出租房。对于自己执着的“教育”情结，田家炳说，教育是关系国家强弱、文化盛衰的百年树人大业，中国要振兴，必须科技昌明，而科技还有赖于以教育为基础。他选择了捐资教育来回报社会，更每每以“中国的希望在教育”为念，呼吁大家共同重视教育。他说，资助教育是“把钱用在最有用的地方”，产生的效益远大于把财富留给个人。

他每天的生活十分简单，很少应酬，平淡而有规律。早上六点起床，锻炼一个小时左右，接着就是吃四十多年不变的早餐：四片面包涂果酱。在外人看来，他不懂得享受，生活刻板，三分迂腐，七分过时。但是他说，自己对食物唯一的要求便是营养，两碟青菜豆腐对他来讲已经很满足了，总觉得比满桌子的山珍海味要好。他的寓所离地铁站很近，到田氏企业中心附近也有地铁站，所以他经常会乘坐地铁上班。

2009年，田家炳将名下全部物业转赠基金会，自己仅留少量养老金，并广邀社会贤达参与基金会管治，自己退任为无决策权无投票权的荣誉主席。“我将自己创办的实实在在捐出去，自己变成无壳蜗牛，过低调生活，可见是真心做。”田家炳说。

始终如一的高风亮节，让田家炳赢得社会各界的称颂。1994年，南京紫金山天文台将2886号小行星命名为“田家炳星”。此外，田家炳还曾荣获广东、青海、福建、云南、湖北、海南、黑龙江等省政府颁授的荣誉奖章。田家炳基金会在捐建教学楼之外,还捐建乡村学校图书室1800余间、医院29所、桥梁及道路近130座……斯人已逝,精神永恒。田家炳这一代企业家,是真正的时代精英,他们并没有只满足构建个人商业帝国,财富帝国背后站立的是他们作为一个企业家对教育事业、国家民族矢志不渝的热爱。

节选自《时文选粹》,重庆出版社2018年版

赏析:《南方日报》曾经报道:"把自己总资产的80%都用于慈善事业的,在中国只有一个人,他就是田家炳。"一个少年失怙,辍学从商之人,筚路蓝缕,诚实本分,薄己厚人,终成大业。而他不为富贵所累,生活简朴平淡,宁可实而不华,却大慈念一切,慧光照十方,达则兼济天下。终其一生,累计捐资10多亿元,用于教育、医疗等公益事业,直至晚年,仍有"卖屋助学"之壮举。他说:"我只是一粒小小的尘土。"绚烂之极,归于平淡。与天地合其德,与日月同其辉,何其大哉!

二、"立德"主题拓展阅读训练

梅花十三手

吕啸天

梅城梅花山种植了一片梅林,每到凛冽的寒冬时节梅花缤纷怒放,或如艳丽的烈焰,或如洁白的碧玉,奇特的景致为寒冬的梅城带来了盎然生机和温暖。

梅花山的梅花寺是一座有五百年历史的古刹,长居寺中的梅龙禅师习武三十余载。每到寒冬梅花绽放之时,梅龙禅师就会端坐在梅花树下观花习武,梅花凌霜傲雪不屈不畏使梅龙禅师心中充满了敬佩,梅花超强的生命力使他想到了武学。一年年过去了,梅龙禅师自创武学,练就了梅花十三手的绝技。他还用多年时间撰写了《梅花剑谱》,在梅城武学界颇有盛名。

梅城龙虎堂堂主龙一隆年过四旬,自幼学武,练就了劈虎三十刀的绝学。龙一隆一心想称霸梅城,他走私私盐、开钱庄、开镖局,广招武艺出众之人,招来了金二手、汪三江、杨四海、朱五湖,把他们封为副堂主。龙一隆与这四人合称梅城五虎,扬言打遍梅城无敌手。

梅城西山有一口山塘,经营者风里来雨里去苦心侍候多年,养出的山塘鱼鲜美无比,当地许多富人慕名而来购买,塘主慢慢有了收成。龙一隆得知后,让朱五湖带人把塘主暴打一顿,把鱼塘占为己有。梅城城中心有一排铺面,经营粮油米面山珍,日进斗金。龙一隆一声令下,杨四海带着如狼似虎的手下强占

了铺面。龙一隆再拿出大笔银两暗通官府，令那些遭殃的人告状无门。梅城五虎称霸一方，百姓恨透了他们。

龙一隆为长久称霸，想出了一个更恶毒的办法：对当地习武者大打出手。他每隔一段时日，就轮流派出四虎上门挑战。仗着人多势众，在一个月内把梅城八名习武者打成了重伤。龙一隆则在府中等着，等着这八名伤者前来向他求饶，而后再收归门下……

但万万想不到的是，一个月后，这八名伤者全部痊愈。

是梅龙禅师及时施了援手。

龙一隆每打伤一名习武者，梅龙禅师就派人下山送药给伤者。梅龙禅师秘制的疗伤之药，疗效神奇，一般的刀伤剑伤药到病除，伤筋动骨者只要连服九剂也可化险为夷。

"梅龙秃驴，老子与你势不两立!"龙一隆把梅龙禅师视为眼中钉，派杨四海、朱五湖带着五十名护卫上梅花寺向梅龙禅师挑战。杨四海、朱五湖一个用刀、一个用剑，招招凶狠，想把梅龙禅师刺倒砍倒在地。

梅龙禅师面对砍过来的刀剑不避不闪，伸出手一扭一转，杨四海、朱五湖刀剑脱手，人倒在了地上。

"无进无退，无强无弱。"梅龙禅师对杨四海、朱五湖说，"回去转告龙施主，弃恶扬善，回头是岸，争强称霸终是空。"

"奇耻大辱!"龙一隆暴跳如雷。

十天之后，他亲率四虎带着二百余人再次上山向梅龙禅师挑战。

龙一隆面露狰狞："这一次，梅龙秃驴难逃死劫。"

他心中打着如意算盘，这次杀了梅龙禅师，再把他的《梅花剑谱》抢来，从而彻底称霸梅城。

五虎用刀用剑把梅龙禅师围成一圈，梅龙禅师手不握兵器，面对砍刺过来的刀剑，梅龙禅师口念秘诀：独步早春，自全其天；瘦雪霜姿，疏枝横玉；元梅虹曲，新花绕屋；微云淡月，冰清玉洁；风递幽暝，孤香粘袖……一一用梅花十三手化解。

对决进行了两个时辰，双方打成了平手。龙一隆一心欲置梅龙禅师于死地，把劈虎三十刀悉数使出，刀刀对着梅龙禅师的要害砍去。三十刀使到第二十刀的时候，梅龙禅师使出了梅花十三手的最后两招：一发屠苏，凌寒自开。五虎的刀剑互相刺砍到对方的手上。五虎的手臂都受伤了。

龙一隆狂叫了一声，带着众人向山下飞奔而去。梅龙禅师也坐在地上，面无血色，许久没有起身。

两个月后，龙一隆带着四虎再次来到了梅花寺，求见梅龙禅师。五人均失去了一条手臂。原来当日他们上门带着的刀剑都涂上了剧毒。只要刺伤了身体，必死无疑。他们一门心思要杀死梅龙禅师，故解药也不带。没想到害人终害己，五人在混战中自伤手臂，为保性命只好自断伤臂。自五虎各自失去了一条手臂后，武功大失，昔日的仇家纷纷来追杀。五虎思前想后，只有梅龙禅师能保全他们了，于是愿皈依禅师门下。

"天下之大，人心为大。天下最强，善心为强。"

梅龙禅师于是为五虎剃度。

没有人知道，当日梅龙禅师在与五虎决斗时不忍取他们的性命，手下留情反而伤及内脏，修炼了三十年的武功全部失去。

节选自《2015 中国年度小小说》，现代出版社 2016 年版

三、"立德"主题拓展写作训练

（一）文题设计

阅读下面的材料，根据要求写作。

（1）"太上有立德，其次有立功，其次有立言，虽久不废，此之谓不朽。"（《左传·襄公二十四年》）

（2）古人读书，取科第犹为第二事，全为明道理，做好人。（（清）孙奇逢《孝友堂家训》）

（3）自强不息，厚德载物。（清华大学校训）

（4）修其心治其身，而后可以为政于天下。（《习近平用典》）

（5）"立德树人"是教育的根本任务，并大力推动教育综合改革。（党的十八大报告）

读了上面材料，对立德，我们应该如何看待？我们又应该如何立德？根据以上材料，结合你的感触与思考，任意选择一个角度构思作文。要求选好角度，确定立意；明确文体，自拟标题；不要套作，不得抄袭；不少于 800 字。

（二）写作导引

1. 立意

立德是我国传统育人理念中的核心思想，位于立功、立言、立行之首，德是做人、做事、做学问的基础，是根本。古有孔子主张先立德，再读书学习，子曰："弟子，入则孝，出则悌，谨而信，泛爱众，而亲仁。行有余力，则以学文。"今有习近平总书记十分重视立德问题，他说"国无德不兴，人无德不立。"这个材料作文

的审题无障碍，可写的角度很多：可以全面展开谈，即立德做人要努力做到四点——坚守诚信，品行端正，宽容善良，仁爱孝道，亲民爱国；也可以就其中一个方面展开，比如“立诚信之德”“立宽容之德”“立仁爱之德”。人世间，古今中外，大凡有突出成就的智者、学者、伟人，都以立德为先；事例名言，时事热点皆可以入文。

2. 文体

写成记叙、抒情、传统议论文或任务驱动型作文都无不可。若写记叙文，小小说，特别是故事新编，都是不错的选择，要选取典型生动的素材，剪裁时留意详略得当，结构的新奇。切忌将“立德”的内涵泛泛叙述，平铺直叙，大而无当。若写成文化散文，在情感充沛时注重理性思考，事件与人物的选择一定要突出“立德”，形象丰满，意境深远，切忌空洞泛泛地抒情。若能巧加构思，以点带面，必能给读者带来惊喜。若写传统议论文或时评，宜紧扣中心论点或作者态度进行分析说理，尤要考虑行文逻辑与说理的思辨性，论据典型、新颖。防止用材陈旧，说理分析欠缺。

（三）主题素材链接

1. 范仲淹——在成才路上，立德是第一要务

在《平“语”近人——习近平总书记用典》节目中，经典释义人——中南大学杨雨教授讲述了宋代名臣范仲淹的故事。范仲淹 23 岁时，辞别母亲，到应天书院去求学。他昼夜苦读，从不浪费一分一秒的时间。他经常对人说：一个人如果不能读书，立大志，即使能吃饱喝足，生活舒适，也没有太大意义。所以他能谢绝同学送来的酒肉饭菜，即使放坏了也不碰，守住清贫坚持吃苦。他能拒绝跟同学凑热闹一睹皇帝的龙颜，关上房门像平时一样埋头苦读。这股强大的内生动力，比任何外在的压力都管用。经过 4 年苦读，范仲淹 27 岁进士及第，进入仕途。后他凭借品德、学识和才能，一步一个脚印，从寒门学子成长为国家栋梁。范仲淹去世后，宋仁宗赐给他的谥号是“文正”。“文”是宋朝对一个人学识的最高评价，“正”是百姓对一个人道德修养的最高评价。

素材解读：立德既是立个人的德，也是社会的德，国家的德。窘迫时，范文正公穷且益坚，不坠青云之志；发达时，先天下之忧而忧，后天下之乐而乐：范仲淹的一生完美地诠释了《礼记・大学》中的格物致知，诚意正心，修身、齐家、治国、平天下。范仲淹的故事，启发现在的年轻人，在成才路上，立德是第一要务，是人生的必修课。

2. 叶嘉莹——立德模范，为国尽散千金

在当今中国，有个白发苍苍的女士被称为“中国最后一位女先生”，她的教

龄超过了半个多世纪，94 岁的高龄，还在教书育人，她曾获得“影响世界华人大奖”终身成就奖，她就是叶嘉莹！毕生积蓄 1857 万，她捐给了南开大学教育基金会，用于设立“迦陵基金”。她向来淡泊名利，低调生活，她省吃俭用了一辈子，才好不容易存下 1857 万。然而这毕生积蓄的 1857 万，她眼睛都不眨一眨，就全部捐给了南开大学，如同在交一张煤水电单般平静。这一举动不愧堪称大师风骨。她深情地说：“我的心头还有一点火，我愿意把这火继续传下去，一灯燃百千灯，冥者皆明，明终不尽。”她教了 74 年书，为传承中华文化，已经付出了全部的青春，可现在她竟又不惜为祖国千金散尽！有人劝她别这么拼了，都这年龄了，该待在家安安稳稳地享受日子了，可她却说：“我们中国的古典诗词，有这么多美好的东西，我有责任把它传承到下一代，如果我不能把这些美好的东西传给下一代，我上对不起古人，下对不起来者！”

素材解读：“先生之风，山高水长。”叶先生以言、以行、以一颗诗心立德，成为后辈的精神楷模。她是中国古典文化的引路人，走在通往诗词王国的道路上，94 年若素如流，74 载教书生涯，诲人不倦，度人无数；她不图虚名，不为利诱，一世多艰，却痴心不改，从里到外都是最干净的灵魂！先生曰：“我愿意生命结束在讲台上，如果有来生，我还要教古典诗词！”

3. 一张给流浪者的外卖订单

在河南郑州街头的一家面馆里，店长张学栋接到了一份特殊的外卖订单。一名顾客点了一份土豆牛肉饭、一份米饭、一份鸡爪，一共 19.5 元，留言里说：“南三环黄岗寺 82 路公交站口路边有个流浪汉，你直接送给他就行了。告诉他放心吃。如果你有蚊香，可以送他。”后来，媒体辗转找到了订餐的包先生。今年 26 岁的包先生，老家是河南周口，现在在郑州做业务员。每月的工资除去房租等开销，剩不下多少钱。包先生说，那天是“六一”，他下班已经是晚上 9 点多，从公司坐 82 路公交车回家。在公交车站微弱的灯光下，他看到一个中年人躺在地上一个毯子上，身边放着行李，嘴里啃着什么东西。看样子像流浪汉，也像是从外地来郑州打工的农民工。这个场景，让包先生想到了自己的父亲。父亲十几年前在建筑工地干过活，也是不舍得住宾馆，夏天在路边躺着对付一宿。于是就有了订餐的故事。面馆老板得知此事后，想请包先生在面馆免费用餐一周。但包先生不愿意，“这就是件普通的小事，我不会去吃免费的午餐”。

素材解读：凡人善举，这个在大城市打拼的年轻人所订的外卖不仅温暖了这个流浪汉，而且洗礼着素不相识的陌生人。鲁迅云：“无穷的远方，无数的人们，都和我有关。”年轻人的这份古道热肠融化浮世冷漠，让温暖流转人间。德者先行，从者必众，如此，世间变成美好的人间。

4. 香港大学“荣誉院士”——厨师助理、清洁工三嫂

三嫂，原名袁苏妹，广东东莞人，曾先后担任香港大学厨师助理、清洁工等职务。2009年6月，这位已过耄耋之年的老人被香港大学授予“荣誉院士”的称号。她并没做什么惊天动地的伟业，甚至连大学也没有念过，只是44年如一日地为学生做饭，扫地，在自己的岗位上，尽职尽责地为学生们服务。在颁奖台上，这位82岁的普通老太太被称作“以自己的生命影响大学堂的生命”，是“香港大学之宝”。提起三嫂，港大的学子们似乎都有说不完的话。当年时常有学生专门跑到饭堂找三嫂聊天。男孩子总会向她倾诉自己的苦闷，诸如不知道如何讨女友欢心之类。女孩子也会找到三嫂，抱怨男孩子“只顾读书，对她不够好”。多数时候，三嫂只是耐心地听完故事，说一些再朴素不过的道理，“珍惜眼前人”，或是请他们喝瓶可乐，“将不开心的事忘掉”等等。香港电视广播有限公司副行政主席梁乃鹏还记得当年考试前“半夜刨书”，三嫂会给他煲一罐莲子鸡汤补脑。已经毕业15年的律师陈向荣则想起，期末考试前夕高烧不退，三嫂用几个小时煎了一碗凉茶给他，让他真正体会到什么叫作“茶到病除”。

素材解读：跟有些高学历的“精致的利己主义者”（钱理群教授）比，普普通通的三嫂就是一块温暖的仁爱丰碑，她用行动践行善心，用生命温暖着港大的莘莘学子，因为纯粹，而近于伟大；因为坚持，而成为爱的天使。她，是当之无愧的“荣誉院士”！只因她十分纯粹，坚守职业，极富爱心，奉献毕生为学生们服务。

5. 施一公——放弃厚待，回国践行父托“一心为公”

刚刚成立不久的西湖大学校长施一公放弃美国的优厚待遇，毅然回国，践行父亲“一心为公”的人生嘱托，浓浓的家国情怀是对个体人生的最好定位。他说：“西湖大学和国家社会、企业家共命运。”施一公表示：“我相信在不久的将来，西湖大学会在不同的领域不同的程度对地方经济，尤其是创新经济、创新尖端科技发展带来贡献，也会让杭州这座城市更有吸引力。我相信10年之后大家来杭州不只是看西湖，也是看西湖大学。”

素材解读：科技兴国，跻身世界一流，舍我其谁。好个施一公！你的精神激励着新时代的才俊，你的行为让中华不屈的自强精神和智慧得以见证，让这个古老的民族自信的豪情，澎湃汹涌，让这个国家年青一代的人生坐标得以校正，得以确立。您就是当今的陶行知，您的教育情怀是陶先生的“教育为公以达天下为公”的传承。

6. 诚品书店——24小时不打烊

诚品书店敦南店，之于任何到访之人，都像是精神上的圣地，是一家富有态度和个性的读书处，也是繁华的台北忠孝商圈里一个闹中取静的栖身之所。

1999年，诚品书店创始人吴清友在诚品书店敦南店，首创了24小时不打烊的创新经营模式。多年走来，它是书店，但又早已不再是书店，更像是台北文化地图上的一个地标。吴清友把诚品赔钱的15年，称作是自己一生中最丰富的时间，“因为这让我第二次看到了自己”，“的确，没有钱，诚品活不下去。但我心里同时也非常明白：如果没有文化，我也不想活了”。悲痛的是，为华人文化世界贡献一生的吴清友，已于2017年8月18日晚，在台北医科大学附设医院病逝，享年67岁。书店，可以只是卖书卖纸卖文具的商店，他却把它做成生活的美学、文化的指标和对心灵境界的坚持。龙应台说，“只有朋友们知道，在幕后，他坚持得多么多么辛苦。我感佩他对台湾的付出，尊敬他对华人世界的贡献，但更心疼他白了头发的辛酸……”，“这么辛苦的事业，为台湾带来那么多的光彩，清友真是典型的‘书生报国’了！”

素材解读：阿根廷作家博尔赫斯曾说“天堂应该是图书馆的模样”，那么24小时不打烊书店就是天堂的模样，而吴清友先生就是天使，他让传统道德中的仁爱在当下闪光，让书香芬芳着后人。无私地、纯粹地以书店立德，以文化馈赠后人。

【学生佳作选评】

1. 孝德感动天地

王兴宇

月儿漫起一层霜，为远山镀上寒凉。烛灯摇曳，沉声悬在梁上，像梦境般，踌躇，昏涩，不现实。我独坐桌前，孑然盯着竹简，墨兀自晕染开来。祖母敲击发出的木鱼声，缓慢爬入耳中，层叠的海浪冲刷，携来冷水里的一丝凉气。当，当，当……一声一声，将我带向比远方更远的往昔。

在我很小的时候，父母就相继离去，是祖母将我供养成人。家中虽困苦，却有着书卷的馨香。祖母好读书，待书如神明般，或欣悦，或蹙眉，或慨叹，读至动情处，甚至流下了激动的泪水。这时她便将书放下，闭合双眼，做祈祷状，喃喃道：“至深之道也！”她每天辛苦劳作，踩着黎明远去，踏着月光归来，手里拿着一卷《孟子》。

“密儿，孔子有云：‘德不孤，必有邻。’若你有德，天下人自会跟随；若你无德，天下人自会唾弃。”祖母挑着灯，将《论语》递给我。她的神情是那般庄重，好像托付给我的是人间至道。

我谨记祖母的教诲，在清晨，读书声与鸡鸣相衬；在深夜，朗诵声与虫鸣应和。我坐在牛背上，风儿携着花草的芬芳满溢在空气中，吹拂起黄牛角上的那捆《汉书》。

我又拿起了《孝经》，读到“天地之性，人为贵。人之行，莫大于孝”时，我看向在烛灯下读书的祖母，她脸上的每一道皱纹都仿佛是用刀子深深刻上去的，手背像树根虬结，佝偻着身躯，目光却是明亮的。夜深了，虫儿也隐匿了声音，烛灯燃尽，她才想起歇息。明早，她还要踏黎明远去，手里可能会拿着《楚辞》。

我知晓祖母的不易，便想极尽所能去帮她分担。祖母起身前，桌上的饭菜便散发了香气。祖母归来后，桌上的香茗正温热着迎接她。我每晚都给她捶背，让她疲惫一天的身躯得以放松——我和她读着一本书。

这天，祖母病倒了。拿不动书，便看向我，以一种求学的目光：“密儿，你读给我听好吗？”我眼里噙着泪，点了点头。祖母的病情很重，我将米熬至软糯，守在她的床边，一勺一勺喂给她。我陪着祖母聊天让她不孤单，声音中总带着欢快与悠扬，却在她看不见的地方哭得哽咽。

“你知道吗？刘家出了一个好孩子。刘氏病倒了，她孙子片刻不停地陪在她身边呢！”我经常听到邻里人这般说道。祖母痊愈后，邻家王嫂送来了鸡蛋，感慨道：“刘姨，汝之孙，孝之感天动地也！”

于是，我被推举为了孝廉。本应入城做官，可祖母的身体孱弱，若我走后，谁来照顾她？

是夜，我辗转不能眠，想到了祖母言传身教的诲言，想到了郡县急于星火的督促，想到了那些侍奉祖母的时日，想到了《易经》中的那句“天地之性，人为贵。人之行，莫大于孝”。我轻轻抬起笔，墨未干，月阑珊，星陨落，烛饮泪。星光穿透了云翳，洒在竹简上，照明了“陈情表”三字。

武帝读后，声泪俱下，呼之欲出“密不空有名也”。他拉住我的手，声音中有着理解与包含：“朕准许你暂不做官，并赏你金钱以回报祖母，你一定要好好孝敬她啊！”我跪下，重重磕头，声音颤抖：“臣一定做反哺的乌鸦，给祖母最深刻的关怀。”

后世，宋代学者赵与时读到《陈情表》，泪水盈眶，掩面而泣，至情而作：“读李密《陈情表》不堕泪者，其人必不孝也。”

风儿卷起一片落叶，轻轻将它托到《陈情表》旁，仿佛其中蕴含着李密的魂灵……

教师点评：德有多个内涵，但无论如何划分，孝都是其中的重要部分。李密与《陈情表》早已成为历史与文苑中对于“孝”的最佳注脚。读过作文材料后，作者敏锐地捕捉到了这个动情点，将之铺写开来，以真实的历史为骨架，以生动的想象为血肉，以孝德的感人为精魂，著成这篇佳作。

2. 立德正己　方得始终

——致今天的青年人

王宗正

亲爱的朋友们：大家好！

我是一名高中生，现代社会高度发达，信息公开，网络开放，在价值观形成的道路上，难免充斥着消极的话语和负面的消息。今天，我站在这里，想和大家分享我的观点：立德正己，不随波逐流，才能方得始终。这是我们年轻人的决心，也是对各位的祝愿！

中华民族传统文化博大精深、源远流长。早在几千年前，《左传》便有言："太上有立德，其次有立功，其次有立言；虽久不废，此之为不朽。"足见古人对个人道德品质的重视。时至今日，清华大学有校训："自强不息，厚德载物。"表明了每个清华人的心声："君子"要胸怀宽广，包容万物。德，无论于社会，还是个人，都是头等重要的大事。要做到立德，一要严于律己，二要以诚待人，三要心中有国家。

"律己则寡过，绳人则寡合。"一棵茁壮成长的大树，不仅需要高耸入云的枝干，也需要茂密厚实的根系；一个拥抱未来的民族，不仅要有仰望星空的精神高度，也要有根深千尺的精神厚度。我们看到：面对千度烈焰，王峰在小巷中带血的脚印，谱写无私无畏的生命赞歌；面朝泥洋大山，支月英用 36 年的美好年华，为两代人的童年送去希望；面对战机故障，张超在 4.4 秒的抉择中，用生命完成一个军人最后的使命，弥留之际依然执着"我还能不能飞？"的信念……一个个鲜活生动的个体，无论是如涓涓细流地漫长坚守，还是惊天动地的瞬间辉煌，他们所迸发出的令人震撼的力量，都在回应着我们这个时代的精神渴求和信念坚守。无论在任何情况下都严格要求自己，这就是立德的根本。

"以诚感人者，人亦诚而应。"以诚心、诚意、真心待人，是一种美德。蔺相如以国家为重，放下身段，避免和廉颇发生冲突，廉颇知错就改，负荆请罪，成就了"将相和"的千古美谈；明朝官吏夏原吉虽为政坛举足轻重的人物，但温和宽厚，同情、关心下层劳动人民，得到了百姓深深的爱戴；一代帝王李世民摒弃旧怨，任人唯贤，倚重曾经想杀他的魏征，实现了初唐的繁荣盛世。明朝年间，山东济阳人董笃行在京城做官。面对一墙之争，他道："千里捎书只为墙，不禁使我笑断肠；你仁我义结近邻，让出两尺又何妨。"才有了后来著名的"仁义胡同"。

"天下兴亡，匹夫有责。"心中有国家，要时刻把国家利益放在首位。梁启超高瞻远瞩地指出："少年强，则国强；少年富，则国富；少年屹立世界，则国屹立于世界!”苏武历尽艰辛,留居匈奴十九年,心怀家国,持节不屈;明朝于谦排除万难,誓死保家卫国;董存瑞以自己年轻的生命当作堡垒,为部队开辟了前进的道路;钱学森放弃优厚的待遇,历尽艰辛才终于回到祖国,把自己毕生所学贡献给国家。

这些震撼人心的故事是对我们心灵的洗礼,是我们前进路上的明灯。可是,在生活中,也不乏视道德为无物,厚颜无耻之人,我们应该从中吸取教训,用积极向上战胜无德之人。

范冰冰事件相信大家都知晓吧?范冰冰“冰”了,要限时缴纳8.83亿的税款和罚款,但是,却鲜有同情她的人。近十年来,范冰冰苦心经营,走了无数红地毯,拍了很多大片,年收入以亿元计,处处得意、高调的她无论如何也没想到竟然一不小心引火烧身,看似偶然,实属必然。范冰冰出事,完全可以用孔子这句话来解释:德薄而位尊,智小而谋大,力小而任重,鲜不及矣。前些日子,高铁霸座的博士生,他违法了吗?没有。那为什么成为千夫所指的对象呢?原因无他,两个字:无德。青天白日,众目睽睽之下,该男子无视他人,公然霸座,挑衅公众道德底线,钻规定的空子。最终,在公众朴素的道德谴责下,该男子终于收到了应有的责罚。陶行知校长说过:把自己的私德健全起来,建筑起“人格长城”来。由私德的健全,而扩大公德的效用,来为集体谋利益。只要我们每个人时刻把立德放在心上,才能由此及彼,由点及面,形成整个社会的良好风气。

立德,才能立身。有良好品德之人,方能赢得社会的尊重。让我们都成为道德的捍卫者、宣传者、实践者,成为一名有道德的中国人。

我的演讲到此结束,感谢大家!

教师点评:采用演讲稿的形式写作,并不算是文体创新,但是,在“立德”这个话题面前,采用“致今天的年轻人”这样呼告的方式来写作,就显得十分恰切了。作者以中国优秀传统文化中“德”的名言警句开篇,以光芒万丈之势在读者心中形成“德”为上的观念。随后逐层论证“严于律己、以诚待人、心中有国家”三个分论点,使得“德”的内涵更明确,也更具体。接着以“范冰冰八亿税款、罚款事件”“高铁霸座事件”,从反面论证“德”的缺失对个人对社会造成的巨大负面影响。素材新鲜,评论犀利,令人称叹。最后呼应文题,呼吁“今天的年轻人”“成为一名有道德的中国人”。文章材料丰富,正反论证结合,令人信服。

3. 德行千年

于卓浩

中国,上下五千年。在那历史的长河中,平淡度过一生的人太多太多,而那一个个浪花翻起的波涛中，存着的是不朽之人。何所谓不朽？首当立德，次应立功，后可立言，虽久不废，可谓之不朽。而立德，乃此三者之首，不朽之最高境界。

何所谓立德？顾名思义，便是建立德行。以德服时人，以德服后世，便是立德而不朽。

孟子云，以德服人者，中心悦而诚服也，如七十子之服孔子也。若论立德而不朽，孔夫子必是首选之例。几千年过去了，那河或许已经不再不舍昼夜地流淌，八佾的舞步也大概停歇了下来，朽木可能只剩下一地灰烬，但孔子的每一句至理仍萦绕在我们耳边。温故而知新、三人行必有我师、知之者不如好之者……几千年的风风雨雨，25 个王朝历经兴衰终消散，一位老夫子和他的至理却从未消亡，滋润着我们的心灵，身殒但德存，传承千年而不朽，此之谓立德。

九百年前的一株梨树下，树荫里的许衡坚守着本心。梨无主，吾心独无主乎？朝廷上，当其他大臣阿谀奉承之时，他却坚持原则从不让步。那舌战群儒的身影，那权贵面前挺直的腰背，那一心为国不苟私情的忠心，在一句句谏言中体现得淋漓尽致。至元十八年，许衡作古，四方学者闻讯相聚哀哭，更有不远千里奔赴墓前致吊者。后人誉为"元朝一人"。一生的清廉中正，一颗严守规则的心，助他成就不朽。此之谓立德。

6 条公路、23 所医院、160 所学校和 126 座桥，同一个名字——田家炳。赚得亿万家产，本可选择更加舒适的晚年，但他却蜗居于百方之家。八成的资产，超过 10 亿港元，汇聚成一股股暖流，怀抱着学子的心。匆匆 56 载，虽皱纹一条条爬上，但田老先生的生命在那琅琅书声中不朽。如今，他的故事已经传遍大江南北，虽身逝，但德存，至不朽。此之谓立德。

至于你我，前世立德而不朽之人，你我应学其品格、仿其举止、研其精髓，以成你我之德。正如唐太宗所言，"以史为鉴可以知兴替"，从古人经历中汲取智慧，使你我立下自己之德行，方为正道。

《赤壁赋》中写道："固一世之雄也，而今安在哉？"其实，孔子、许衡、田家炳……他们真的不在了吗？虽已逝去，但其德将替身永存，他们用高尚的品德征服了时人，用自身的行动教诲着后世，在人们的心中永存。

教师点评：文章的标题"德行千年"表明了作者对于"德"的认识，"德行"可以标记在史册中，流传千年，而那些具有德的人，也将在时光的千百次流转中始终存于人们心中。在这样的认识下，作者选取了孔子、许衡、田家炳这三位身处不同时代却都在践行"德"的人物素材，用他们的德行之光照亮后人前行之路。

4. 立德树人，立于世之本

卢艺文

古人云：人可一生不仕，不可一日无德。然而不知从何时起，国人的自我在膨胀，想官位、名誉、财富……而德行却在逐渐消弭，自我为先，锱铢必较；他人靠后，睚眦必报；铜臭满脑，道德缺失……如是，在当今这德行迷茫之时，唯有立德树人方能拨开迷雾，立足于世。

何谓立德？《礼记》言：欲修其身者，先正其心，欲正其心者，先诚其意。立德乃立功、立言之根本。在我看来，唯有立德方能立行，唯有立德方可踏上成功之途，因为立德乃立于世之本。

立德需品行端正。诚如诸葛亮所言："君子之行，静以修身，俭以养德，非淡泊无以明志，非宁静无以致远。"然而，当今社会竟有那么多的人突破了道德的底线？不论是大量作弊的天之骄子，还是吉林长生的假疫苗事件；不论是霸座之孙姓博士的无赖行径，还是明星范冰冰逃税漏税的天价额度，他们每一个人都是别人眼中的"成功人士"，然而他们的品行却遭到了人们的唾弃，他们的品行是扭曲的，他们的血液里早已没了炎黄子孙应有的"德行"。我们应以此为戒，端正品行，不以蝇头小利而放弃立世之本。

立德还需坚守诚信。从许衡的"梨虽无主，我心有主"到薛瑄所言"惟诚可以破天下之伪，惟实可以破天下之虚"，从程颐"以诚感人者"到孟子"诚者，天之道也，思诚者，人之道也"，他们无一不是坚守诚信，坚守做人之本的灵魂。坚守诚信，无论在古代还是在今时，都是中华子孙血液里应有的道德底线。因而，我们应坚守住诚信，让诚信成为立德之底线，坚守气节、操守，以立人生之本。

立德亦需具有家国情怀。家国情怀便是对职责的忠诚，君可知消防官兵杨科璋为救素昧平生的孩子奉献出自己的生命，君可知"核潜艇之父"黄旭华为祖国强大奉献了几十年热血，君可知高铁工人苏健为创造出中国速度而不断锤炼工艺。正是这样一个又一个高尚而又富有温度的生命，向我们宣传出具有家国情怀的德行。身为一个学生，我们应为中华之崛起而读书；身为一个工程师，应以为中华之富强而工作。唯有如此，方能真正立德，方能顶天立地立于世。

立德不是空谈，立德不是过眼繁星，立德便是凝聚在国人血液里的精神品质与道德修养。当霸座与插队横行，当偷税与违法普遍，唯有立德能够让当今混凝土、钢筋铸成的社会充满一丝血气的方刚，让冷漠的人性拥有一丝鲜血的温度，方能拯救这个时代。

芝兰生于幽林，不以无人而不芳；君子修道立德，不为穷困为改节。身为当今时代之人，我们应以无德之事为鉴，牢记立德之要，夯实立世之根本。

教师点评：作者体察到了立德对于个人成长的重要性，因为“立德”是人生的根本，忽视了这一点，无论学历再高、名气再大都只能是镜花水月，“成功人士”的身份只能让其更受鄙夷。此外，作者将立德细化为“品行端正”“坚守诚信”“具有家国情怀”，让“德”不空洞，可践行。

附录：阅读训练《梅花十三手》参考答案

1. ①这是自然环境描写。为小说人物活动设置了一个诗情画意的环境。②为下文主人公在梅树下练武设下伏笔。③映衬主人公不畏强暴的性格特征。④暗示小说反抗黑暗势力，美德战胜邪恶的主题。（每条2分，满分6分为止）

2. ①梅龙禅师是武功高强的僧人。习武三十余载，自创武学，练就梅花十三手的绝技，撰写了《梅花剑谱》，打败群敌。②梅龙禅师有除暴安良的美德。梅城八名习武者被打成重伤后，他及时施援手，疗伤救人。③梅龙禅师是心存悲悯、武德高尚的善人。和五虎打斗时，他不忍伤害他们，手下留情；小说结尾，众恶人弃暗投明，他不计前嫌，一并收留。（每条2分，概括和分析各占1分）

本文原发表于《语文报》（寒假专号）2019年1月，有修改

第六章

生命语文策略

第一节　生命语文策略内涵与意义

深度学语文策略之五是生命语文策略。“生命语文”策略，即以生命为出发点，遵循生命的本质属性，与生活牵手，让生命发言，让语文进入生命，唤醒生命，并内化为深厚的文化底蕴和丰富的人格内涵，是为帮助我们认识生命的美丽与宝贵，探索生命的方向与意义，提升生命的质量与品位，使生命变得更加美好、更有力量、更有意义而进行的语文教育。生命语文是为生命而为的教育，也是用生命而为的教育。在教育过程中，教师与学生分别以远主体和近主体的角色进入源客体（教材等教育资源），形成诸我共同体，在丰富绚丽的语文世界中，获得人与世界的亲近，获得个体精神的丰富，并最终获得一种优化了的高品质的生命形式。

也可以做一个简单的概括：倾注生命的真情，贴近生命的需要，揭示生命的真相，引领生命的成长，追寻生命的意义，提升生命的质量，成全生命的梦想，激励生命的力量。那么深度学语文教学如何来聚焦生命呢？

（1）在语文的文学类文本的审美体验中构筑精神大厦。因为文学类文本具有内化功能，它可以丰富读者的精神家园，提升人格和人生境界。文学应该是精神之学，正如海涅在《莎士比亚笔下的女主角》一文中称誉莎士比亚为“英格兰民族温暖慈祥地照耀着这块土地，使之容光焕发的精神太阳”；北大钱理群教授也说文学教育可以给“孩子一个精神底子”，使之精神得到滋养的同时，逐步形成正确的人生观和价值观。

首先在文本的审美体验中提升人生境界。“审美体验”也叫“生命体验”。它在建构文本审美价值的同时，建构起欣赏者精神世界。朱光潜先生读到陶渊明诗作“历览千载书，时时见遗烈”时，做了这样的阐发：读书就是“打破现在的界限而游心于千载”，以发现“可‘尚友’的古人”，借“遗烈”的英魂使自己“感受兴起”，读书的过程也是一个“物我的回响交流”的过程。当代作家陈建功也说过：“我读屈原，感到自己的卑琐；我读陶渊明，感到自己的势利；我读李白，感到自己的狭窄。”这是阅读中的一种文化现象，是读者与作者、文本对话中所产生的心灵升华和精神的增长。读者在与作者、文本的双向交互活动中，深为屈原的高尚、陶渊明的淡泊、李白的豁达所感动，产生了人格与文本精神层面的对话，在文本面前实现了自我分解，自我提升，从而在更大的精神空间中，实现生命的运行。所以，钱理群教授说：与大师巨匠“进行心灵的交流，精神的对话。你们将触摸集中了人世大智大勇的高贵的头颅，融会了人间大欢喜大悲悯大憎恨的博大情怀的颗颗大心。这是一个燃烧的大海，你不能隔岸观火，你必定要把自己也烧了进去，把你的心交出来，与这些民族的以至人类的精英同挣扎的过程中，你会于不知不觉中发现自己变了，变得更复杂也更单纯，更聪明也更天真，你内在的智慧、思考力、想象力、审美力、批判力、创造力被开发出来，你的精神变得自由而开阔了，你的心灵变得更美好了。”刘再复先生也说：“我知道我的心魂是脆弱的，需要人类伟大灵魂的援助。……有他们的名字与故事在，我的人生之旅也许可以超越沉沦。”这些话不仅表达了与伟人进行灵魂交流的意义，更揭示了读伟人的书便是让伟人净化我们灵魂的道理。

其次学生在建构文本的同时建构自身意义。文学类文本的召唤结构以其转化生成的建构机制，涵纳读者定向审美的艺术补充，从而使读者建构了本文意义的同时，从中接受和创造了一个扩大了的自我，建构了读者自我意义。伊塞尔在《阅读活动—审美反应理论》一书中指出：“读者在开始阅读时往往有着某种为现存社会旧规范所束缚的视界，在阅读中，这种旧视界常被文本打破——即‘否定’，这时会产生一种思想上的空白，需要通过进一步阅读获得新的视点，改变旧有的视界，来征服‘空白’”读者用心去体验作者的生命意识，让过去积淀的文化成分与作品所包含的文化成分处于一种急剧的交流、对话之中，从而拓展其“期待视野”，他们的心理素质、思维能力和精神境界也在这种交流中得到相应的提升与完善。当学生动情于《春》的蓬勃、《夏》的热烈、《故都的秋》的清凉、《济南的冬天》的温馨；当学生惊叹于长城的亘古绵延、三峡的瑰丽奇险、黄河的豪迈气势，他们就已经自觉地接受着自然之美的滋养；当学生为壮士扼腕、对吝啬鬼鄙薄、对世俗者不屑时，他们就已经有了正确的道德标准和价值选择。他们同时以文本中的人物作为“参照物”时，认识了自我，产生了超越自我的信心，从而达到了调节、规范、体任自己生活的意义、目的。所以说，“真正的阅读家是善于在作品中发现通往作家深层心理的幽秘殿堂的人，能够跨越作品文字的界域，把艺术的精魂唤醒，让心灵尽情地领略文本艺术营构世界的无限风光，同时也使自己获得精神的解放，情感的升华，人格的提高，在‘深悟’中获得艺术的永恒生命力”（曹明海《文学解读学导论》）。因此，阅读不是“让自己的脑袋变成别人思想的跑马场”（叔本华），而是如作家苏童所说：“重读经典，收获最大的是胸怀和心灵。”

(2)在审美体验中蓄养超越意识，做一个杰出的人。青少年时代，寻找一个自己真正服膺的偶像是相当重要的。他能使你更为明确自己的奋斗目标，并能设立一个极有价值的参照坐标。文学类文本正好提供这样一个平台，可以说，神交一位大师，就是打开一扇心灵之门。穿越隧道，我们不但能够亲聆謦欬，更能用心灵撞击出绚丽的思想火花。追述背景，我们体味着钟灵毓秀的深沉意蕴；拾掇轶事，我们欣赏着神采各异的名人魅力。我们可以采取仰视的角度，也可以在精神上站起来，敢于平视甚至俯视那些文学人物，蓄养自己豪迈的超越意识，最终站在前人的肩膀之上，成为一个更为杰出的人。

(3)可生发出具有个性并体现人类终极关怀的思维方式。这是由文学类文本的情感性决定的，因为文学是审美的，它具有情感。这里的情感指凝聚在审美形象中的作家或读者的主体态度，包括好恶喜怒、肯定与否定、欢乐与痛苦等。文学作为审美意识形态，它所包含的情感具有个体性特征和社会性特征。

首先，在文学类文本塑造的形象和创造的意象中，本身蕴含着丰富的个人情感和主观情绪，因为每一个形象都有他(她)的喜怒哀乐，每一个意象也都包含着一定的情感意蕴。当林黛玉说："宝玉，你好……"时，其中饱含着怨恨和绝望或许还有更多说不出的情感；当离家多年的征夫吟到："昔我往矣，杨柳依依；今我来思，雨雪霏霏"时，其中满含的是一种青春远逝的伤感。另外，作家不但进入到作品形象的角色中，喜他们所喜，忧他们所忧，而且在文学形象中渗透着他自己的审美评价，或乐观、或悲观、或进步、或落后，或爱慕或憎恨，或怜悯或讥讽。比如鲁迅对阿Q的情感是"哀其不幸，怒其不争"，哈代对苔丝的情感是怜惜和颂扬，契诃夫对别里科夫的情感是厌恶等，这些都是作者以其独特的视角，通过所塑造的形象表达他对世界、对人生的看法或观点。

由于个性不同，同样对一种情绪，不同的作家也会有不同的表达，例如对思念之情的表达，李商隐的"何当共剪西窗烛？却话巴山夜雨时"体现的是忧怨、细腻以及深情绵邈的个性。而苏轼的"但愿人长久，千里共婵娟"则用一种豁达、开阔、乐观的胸襟埋藏了思念的愁苦，这是他豪放的个性所致。而余光中的"小时候/乡愁是一枚小小的邮票/我在这头/母亲在那头"表达了一种深深的思念和不得相见的无奈，这是因为诗人正处于海峡把祖国分成两个世界的政治格局当中。可见，文学类文本充满了个性化的情感。因此，阅读和欣赏文学类文本必定能够培养个性化的思想和思维方式，因为在日渐一日的耳濡目染中，学生对文本的个性情感必然会从模仿开始，经由慢慢地学习、磨合，逐渐形成自己对世界、对人生的独特看法，以及对周围事物的独到见解。

其次，文学类文本不单表现个性化的情感，同时也表现人类的共同情感，它包括民族的、国家的以及人类的普遍情感。如卡夫卡的《变形记》表达现代人类在工业文明进程中深刻的孤独感，海明威的《老人与海》表达人类饱含激情的执着追求意识，诗人张若虚的叩问："江畔何人初见月？江月何年初照人？人生代代无穷已，江月年年只相似。"不也说出了人类对时间永恒，生命渺小的无限追问吗？可见，作家既然生活在一定的社会中，他的思想来源便是社会和周围的世界，他对人类普遍的情感表达正说明了他对宇宙人生的终极关怀的广阔胸襟。因此，常常受文学类文本熏陶的读者，就会在潜移默化中逐渐净化自己情感的同时，滋长其关注社会和人生的美好情愫，并且形成思考宇宙、自然，从整体上观照世界的良好习惯。

苏霍姆林斯基说"教育，这首先就是人学"。现在的孩子是幸福的，但是生命体验又是单调的。而语文课堂恰恰可以间接地弥补他们情感上的缺憾，丰盈他们的生命。读李白，我们读出了"仰天大笑出门去，吾辈岂是蓬蒿人"的自信；读杜甫，我们读出了"致君尧舜上，再使风俗淳"的担当；读托尔斯泰，我们读出了人人生而平等的理念；读海明威，我们读出了人类精神的高贵……唐代大诗人白居易："文章合为时而著，歌诗合为事而作。"何塞·马蒂："我不是用学院的墨水写作，而是用我自己的血写作。"冈察洛夫："我只能写我体验过的东西，我思考过和感觉过的东西，我爱过的东西，我清楚地看见过和知道的东西，总而言之，我写我自己的生活和与之常在一起的东西。"

总之，生命是一个永远也说不完的话题。深度学语文借助课外阅读、课堂教学、生命写作这三大板块三大主阵地，再辅之以丰富的课外综合活动、小组合作探究和自主专题研究，就可以非常有效地用语文唤醒学生的生命意识，丰富其生命内涵，提升其生命质量。

第二节　生命语文策略的"磨砺"主题读写指津案例

人生本味履，砥砺而前行

——"磨砺"主题读写

【主题阐释】

崎岖征人路，命途多磨难。月有阴晴圆缺，人有悲欢离合。生活中并不总是阳光，总是鲜花，总是笔直平坦。石以砥焉，化钝为利。面对世间坎坷，我们要坦荡乐观，勇往直前。须知，只有走过风雪严冬，才知春的温煦；曾在黑暗摸索，才知光明珍贵。天行健，君子以自强不息。梅花香自苦寒来，西风冷露枫更艳。雄鹰要穿越风雨才能翱翔云天，青松要迎击雷电方能挺拔参天。古往今来，凡成就事业者，无一不经过一番艰苦攀登，闯过一道道险峻关隘，经历过生活的磨砺。凤凰涅槃，浴火重生；千锤百炼，终成宝剑；人间正道，沧海桑田。冰心曾说："成功之花，人们往往惊羡它现时的明艳，然而当初，它的芽儿却浸透了奋斗的泪泉，洒满了牺牲的血雨。"人生失意寻常事，越过坎坷是坦途。自信、成熟、淡定、从容，所有优秀的品质都不是朝夕能成的，需要不断磨砺。让我们享受坎坷的过程，收获坎坷的茧子，沉淀坎坷的疼痛，让我们笑看世间风云，接受命运的磨砺。

一、"磨砺"主题精彩选文赏析

1. 我坚信(节选)

〔美〕奥普拉·温弗瑞

"谷仓燃尽，我便可望月。"——水田正秀(17 世纪日本诗人)

不论我们是谁，从何处来，我们都有自己独特的历程。

不论你面临着怎样的挑战，你都得记住，你人生的画布是由每天的经历、行为、反应和情感涂抹的，你才是画笔的主人。如果我在 21 岁时就明白这个道理，我就会为自己省去很多伤心和自我怀疑。这将会是一种启示，明白了我们都是自己人生的画师——只要自己乐意，我们可以用无数颜色画上无数笔。

我还记得 1988 年我第一次成为《奥普拉脱口秀》的所有人，我得买下一个工作室，聘请所有的制片人。我对一大堆事情都一窍不通，在最开始的几年里，我犯了无数的错(包括有一个大错害得我们之后不得不请一个牧师来净化整间工作室)。幸运的是，那时我还没那么出名。我能学到教训，然后私下里从中得到成长。

今天，成功的代价之一就是我的教训都是公开的。有时候这种现实的压力逼得我想要尖叫。当我觉得被压得喘不过气来时，我总是会去一个安静的地方。我闭上双眼，视线转向自己的内心，深呼吸，直到我能感觉到心中那个宁静的小空间。

不论你在人生旅程中身处何处，我希望，你也一样能不断碰到各种挑战。如果能够在挑战下幸存，那就实在是种福气了，能够不断地一步一步前行——身处于能爬上人生之顶的地方，知道巅峰仍然还在前面。

我们都曾经历过被击溃的时刻，这些时刻令我们必须得站起来，回到我们自己的内心，了解自己到底是谁。当你的婚姻触礁，当你失去了一份能证明自己的工作，当你一直倚赖的人背弃了你，毫无疑问的是，改变你对自己状况的思考方式是改变这一切的关键。我坚信，所有障碍都有意义，能否敞开心扉从这些挑战中学习，就是成功和被困之间的差距。

我学到的最重要的人生课程之一就是，我完全理解了在追寻成功的道路上，一段暗黑的路是宇宙在指引你选择新的方向。

当你能看出那些障碍的真实意愿，就绝不会丧失信心，以为眼前的路并不能让你到达想去的地方。因为我坚信这一点：你将会成为什么人，只会由你现在身处何处来决定。所以，学会欣赏你的教训、错误和失利，把它们当成踏脚石走向未来，这才清晰地标志着你前进的方向是正确的。

在处境艰难时，我总是会从一首福音歌中寻求安慰——《站起来》："当你已竭尽所能，所有的努力却仍好像不够，你还能怎么办？当你已付出一切，却仍无法成功，你还能付出什么？"答案就在简单的副歌里："你只要站起来。"

这就是力量的源泉——能直面障碍并穿过它的能力。不是说那些持之以恒的人从没怀疑过、害怕过、精疲力竭过，他们也一样。但在最艰难的时刻，我们有信念，只要我们能再迈出一步，即便感觉已经不可能再迈了，只要我们能够以人类所拥有的无与伦比的决心为力量之源，我们就能学到人生要教会我们的那些最深刻的教训。

我坚信的是，如果没有挑战、没有厄运、没有障碍、没有痛苦，就不会有力量。那些会让你想甩开双手喊着"饶了我吧"的问题，会锻炼出你的韧劲、勇气、纪律和决心。

我学会了，要依靠从所有前辈们身上继承的力量——我的祖母们、姐妹们、姨们和兄弟们，他们都经受过不可想象的艰难历练，却活了下来。"我只身前行，却仿佛带着一万雄兵。"玛雅·安吉洛在她的诗歌《我们的祖母们》中这样说。当我在这个世界穿行，我带上了自己所有的历史——所有那些帮我铺过路的人都是现在这个我的一部分。

回头想一想你自己的历史——不仅仅是你在哪里出生，在哪里长大，而是包括一切影响过当下这个你的所有环境。那些伤害过你或吓倒过你的时刻是哪些呢？很可能你也经历过不少，但不同寻常的是：你仍然在这里，仍然站立着。

节选自《我坚信》，陶文佳译，北京联合出版公司 2015 年版

赏析:奥普拉·温弗瑞,一个真正内心有力量的女人,一代人的榜样,全球最有影响力的人物之一。面对人生中最黑暗的时刻,无论攀登的路有多艰难,她总能保持着坚贞、充满希望。她格言式的笔触,会让我们反思自己的生命,并从中受益。

2. 炉火正旺

郝春霞

“从门口到窗户七步,从窗户到门口七步。”这是我2001年第三次搬家的落脚处。幽默的是,新租的平房大小情形却完全迎合了《二六七号牢房》开篇名言,唯一不同的是我还享有自由的脚步。

不大的院落内,住着六七户人家,干着各色营生,喧嚣、叫嚷,一刻不停。我那20平米的出租屋内,放置着两张胶合板对接而成的双人床,再加上房东大妈舍予的一件方形柜子,就是我在北京蜗居里的家具;一台14英寸电视机坐落其上,供空闲时全家消遣娱乐。不过我却几乎没有时间消磨在它身上,只是经常用来哄孩子。因为经常搬家的缘故,三岁的儿子和同龄的孩子建立不起稳固的友谊。在一个地方,刚刚和小伙伴熟络起来,又不得不重新找房搬家,熟悉到陌生,循环往复,孩子孤单且落落寡欢。少儿频道的各种动画节目,就成为孩子稳固而开心的玩伴。

凌晨4点,我硬撑着起身下床,把爱人凌晨两点出夜市烤鱼回来的摊子收拾停当。冬日里这个点,天空中繁星闪烁,满载的一辆脚蹬三轮车静默地立在墙根,各色调料玻璃罐里面装满孜然、辣酱、甜面酱、蒜蓉酱、盐巴,林林总总,不胜繁多。蜂窝煤炉里还残留着余温,点点星火闪着若隐若现的光。我吃力地把炉子从三轮车上搬到院子的自来水管下,就着余炭的残温,油刷、酱刷、筷子、铲子……仔细冲刷干净,分门别类,归置妥当,之后,天已大亮。送孩子入托后,胡乱地吞几口饭菜,急着赶到单位上班,早8点到晚6点,10小时的班制,没有本地户口,签的是临时工。能在摩肩接踵的人群中落下一只脚,已是上苍的眷顾了,所以格外珍惜。6点下班我直奔幼儿园,孩子又是最后一个孤零零在那儿翘首期盼我的到来。孩子每次都是略带祈求的语调:“妈妈早点来接我。”我每每狠狠地点头答应,却又一次次食言。接上孩子,就直接扎进附近的菜市场,挑选晚上出夜市的各种鱼。回家打开电视机,调到动漫频道,孩子立刻被画面吸引。我抓紧利用这个间隙,把鱼清洗处理干净,串串,整齐地码放在一个白色的保温泡沫箱里。只等爱人下班回来,推车去摊点站街烤卖。

深夜的北京，凛冽的北风一阵阵呼啸而过，零下十几度的低温下，唯一一个取暖的火炉被推走摆摊了，出租屋冷得像冰窖，孩子冻得哭哭啼啼，连长点儿的美梦都不留不住，时断时醒。有时候，我担心爱人一个人照顾不过摊位生意，索性包裹好孩子，一起出摊来了。强劲的北风飕飕地越过脸颊，生硬刺骨，时间久了，那双不算厚的棉鞋，渐渐吃不住这寒风猛吹，脚开始麻木胀痛，唯有不停地挪动脚步，不停地替孩子揉搓着有些僵硬的双手。我们拔掉火炉上挡风插板，吹旺炉火，一家人靠近火苗腾腾跳动的火炉，抵御着北京街头的严寒。

没多少人出来闲逛，生意冷清得很。不知谁喊了一句"城管来了！"稀里哗啦，周围的摊子都慌乱地往车里装着家什，爱人也麻利地把地上装烤鱼的箱子和用具，一股脑地扔进三轮车里。火炉和上面烧得滚热的铁板呢，我来不及多想，伸手抱起来往车里抡过去，刺啦一声，手心里的一层皮被剐了下来，疼痛得脸几近扭曲变形。去医院处理后回到家中，已是凌晨1点了。

后来，我利用空余时间，自修了会计专业，也拿到了不薄的薪水。爱人经过几年的打拼，已拥有了自己的医疗设备公司。我们终于能和别人并肩站在帝都的街头。我们住进窗明几净的楼房里，日子温馨踏实。外面天寒地冻而室内温暖如春，悠然品茗之际，我依稀还能看到那堆旺旺的炉火……

节选自《北京文学》2017年第3期

赏析：这是一篇北漂故事，记述了主人公辛酸的创业历程，苦难中保留了奋斗的亮色。作者笔下的求生历程异常真切细腻，但直面人生，无怨无悔，有一种震撼心灵的现实主义力量。生活的磨砺如此锋利，虽语言质朴，读来依然让人动容。

二、"磨砺"主题拓展阅读训练

阅读下面的文章，完成1～3题

渴望苦难

马丽华

(1)千里唐古拉，绵绵而遥遥，挺立亿万斯年，占据着如此广阔的空间，又凝聚和延续了更加漫长的时间。

(2)多年来，弄不清楚藏北高原以怎样的魅力，使我长久地投以高举远慕的向往和挚爱。此时此地，我悟出了谜底：那打动我，诱惑我，感召我的魅力是苦难。

(3)藏北是充满了苦难的高地。寸草不生的荒滩戈壁居多。即使草原，牧草也矮小瘦弱得可怜。一冬一春是风季，狂风搅得黄尘铺天盖地，小草裸露着根部，甚至被席卷而去，季候风把牧人的日子给风干了；要是雨水不好，又将是满目焦土。夏天是黄金季节，贵在美好，更贵在短暂。草场青绿不过一个月，就渐渐枯黄。其间还时有雹灾光临。冬季一旦有雪便成灾情。翻阅西藏地方史档案的《灾异志》，有关雪灾的记载正多。记载触目惊心，常有“无一幸免”，“荡然无存”的字样。半年前的一场大雪，不是一阵一阵下的，是一层一层铺的。三天三夜后，雪深达一米。牛马大畜四处逃生，群羊啃吃帐篷，十几种名贵的野生动物，非死即逃。只是乌鸦和狼高兴的发昏，它们叼啄牲畜的眼睛，争食羊子的尸体……

(4)山那边的重灾区多玛区，正处于长江源头。富庶美丽的长江中下游地区的人们，如何想象那大江怎样从劫难中出发！古往今来，洁白无瑕的冰雪如同美丽的尸衣，缠裹着藏北高原，几乎每一个冬季！

(5)藏北高原之美是大美，是壮美；藏北高原的苦难也是大且壮的苦难。

(6)我读过一本书，里面有段话：科学成就了一些伟大的改变，却没能改变人生的基本事实。人类的苦难何止于天灾，还有人祸，还有个人难以言状的不幸……

(7)自古而今，仁人志士常怀忧国忧民之心，“哀民生之多艰”。罗素也说，三种单纯而极其强烈的激情支配着他们的一生。那是爱情的渴望，对知识的寻求，对人类苦难痛切肺腑的怜悯。爱情和知识把他向上导往天堂，但怜悯又总是把他带回人间。痛苦的呼喊在他们中反响、回荡。因为无助于人类，他说他感到痛苦。这种痛苦充实了每个肯于思想，富于感情的人生。这或许也算一种生活于世上的动力，这或许正是对于苦难特殊魅力的注解。

(8)在 1986 年 4 月末的一天，在唐古拉山的千里雪风中，我感悟了藏北草原之于我的意义，理解了长久以来使我魂牵梦绕的，使我灵魂不得安宁的那种极端的心境和情绪的主旋律——渴望苦难。

(9)渴望苦难，就是渴望暴风雪来得更猛烈一些，渴望风雪路上的九死一生，渴望不幸联袂而至，病痛蜂拥而来，渴望历尽磨难的天涯孤旅，渴望艰苦卓绝的爱情经历，饥寒交迫，生离死别……渴望在贫寒的荒野挥汗如雨，以期收获五彩斑斓的精神之果，不然就一落千丈，一败涂地。最后，是渴望轰轰烈烈或是默默无闻地献身。幸福未曾使我心醉神迷过，苦难却常使我警醒。要是有一百次机会让我选择，我必将第一百零一次地选择苦难。

(10)在陕南农村，一位老年的农家妇女，拉着我的手哭泣说：我想飞，早想飞，想飞啊，可是一辈子也没出这个家院……新春佳节，老人借酒消愁，未饮先醉。

(11)一位藏族年轻人写了一首诗。“洼地的雪可以淹没一匹马”的大雪天，

“最后的结局就是这样，大雪那件死神的白披风里，牧人总是鸟一样地飞出，并且总唱着自信的歌”。“（牧人）发亮的眼睛是生命之井，永远不会被坚冰封冻。”如此乐观轻松地写雪灾，我写不来。此刻，寒气逼人的唐古拉山顶，火红的橘黄的深蓝的经幡在玛尼堆上招摇。这是环境世界的超人力量与神秘的原始宗教遗风的结合，可以理解为高寒地带人们顽强生存的命运群舞，是与日月星光同存于世的一种生命意境。

（12）缺乏苦难，人生将剥落全部光彩，幸福更无从谈起。

（13）我在这冰天雪地的感悟，使灵魂逾越了更为高峻的峰岭，去俯瞰更为广阔的非环境世界。也许终于能够高距于人类的全部苦难之上，去真正领受高原的慷慨馈赠，真正享有朗月繁星的光华，杲杲朝日的丰神，山川朝野的壮丽。到那时，帐篷也似皇宫，那领受者将如千年帝王。

节选自《山东散文选》，山东友谊出版社 2010 年版

1. 下列对作品相关内容和艺术特色的分析鉴赏，不正确的一项是（　　）。（3 分）

   A. 作者从植被、气候、自然灾害等方面写出藏北高原是充满了苦难的高地。

   B. （13）段划线句子含义是作者在藏北高原关于苦难的感悟，使精神上升到新的高度；进而可以勇敢面对人生、社会上的一切苦难。

   C. 围绕“渴望苦难”这一中心，作者的思路是逐层展开：作者到了藏北，明白了藏北高原感召我的魅力是苦难；由藏北的苦难联想到人类的苦难，理解了渴望苦难是自己内心的追求；意识到苦难对于人生的意义和价值；我们虽没能到达山那边，但我寻求到了苦难的真实内涵，精神升华到更高的境界。

   D. 该文大量采用了象征主义手法，以藏地风雪象征人生苦难，给人深刻的印象。

2. （10）（11）段分别写了陕南农村一位老年的农家妇女和一位藏族年轻人写的一首诗。有什么作用？（6 分）

3. 赏析第（9）段的语言特色。（4 分）

三、“磨砺”主题写作拓展训练

（一）文题设计

阅读下面的材料，根据要求写作。

前不久，知名主持人乐嘉带年仅 4 岁半的女儿参加沙漠徒步活动，孩子跟大人一样徒步 4 天走完近 76 千米。一路上，孩子的两条大腿上密密麻麻生出大块的红疹，脚上也起满了水泡，晚上睡不好……乐嘉说：“我会在安全的前提

下，让她学会独立和坚持。”对此，有人认为这对孩子是积极的锻炼，塑造了孩子的独立性和吃苦精神。其实，人在旅途，无论是在生活、工作与社会中都要接受这种磨砺，才可以成长，乃至蜕变。

对此，你有什么看法或感悟？请写一篇文章表达你的观点。

要求：结合材料内容，选好角度，确定立意，明确文体，自拟标题；不要套作，不得抄袭；不少于800字。

（二）写作导引

1. 立意

磨砺是我国传统文化中渴望心智成长时常用的一种心态智慧与意志勇气。这个材料作文的审题无障碍，可写的内容很多，自然界中的苍松红梅，蚌病成珠，化蛹成蝶，乃至老鹰四十岁涅槃重生，都经磨砺而成；人世间，古今中外，大凡有突出成就的伟人，很多都具备自我磨砺的勇气与坚持，无论体物还是写人，只要紧扣“磨砺”内涵，便是合题。

2. 文体

写成记叙、抒情、传统议论文或任务驱动型作文都无不可。若写记叙文，小小说，特别是故事新编，都是不错的选择，要选取典型生动的素材，剪裁时留意详略得当，结构的新奇。切忌将“磨砺”的内涵泛泛展示，泛泛而谈，大而无当。若写托物言志的抒情散文，在情感充沛时注重理性思考，物的意志特点一定要突出“磨砺”，切忌空洞泛泛地抒情。若能巧加构思，以小见大，必能给读者带来惊喜。若写议论文，宜紧扣中心论点进行分析说理，尤要考虑行文逻辑，论据要准确、典型、新颖、简洁。防止说理枯燥，用语要追求文采尤其需要考量的一点。

（三）素材连接

1. 砺趾鹰

砺趾鹰便是生活在仙人掌上的一种鸟，为了适应仙人掌上比钢针还要锋利的刺，砺趾鹰不得不先在岩石上将自己的脚趾锻炼得更加坚韧。砺趾鹰成年后，会被父母赶出家门，这时它们还没有能力筑巢，因为它们的脚趾还没有得到磨砺。如果贸然飞到仙人掌上去筑巢，那么它们的脚掌肯定会被扎得鲜血淋漓。它们唯一的办法就是像父辈一样，勇敢地扑向岩石。那是鹰孩子在磨砺脚趾，以便让自己尽快学会在仙人掌上筑巢。血淋淋的磨砺是痛苦的，可是，鹰孩子如果想在沙漠里生存下去，就必须经历这个过程。

2. 用脚趾写作的布朗

爱尔兰作家布朗，在他短暂的一生中创作了五部小说，三本诗集，从而成为爱尔兰最有名的诗人和小说家。这个一降生就全身不能动，只能用左脚趾打字的残疾人，创造了意志战胜病残的又一个奇迹。

克里斯蒂。布朗出生在都柏林一个贫苦人家里。布朗一出生就患了严重的大脑瘫痪症。五岁还不会走路，不会说话。小布朗身残志不残、持之以恒，成功地学会了用左脚打字，并开始写作诗文，21 岁时出版了自传体小说《我的左脚》。这本小说成为国际畅销书，还被摄制成电影。

3. 龙场悟道

明代的王阳明在反抗当时专权的太监王振之后，被贬谪至人迹罕至的龙场。从年轻气盛的京官到荒远之地的亭长，从风光无限的状元府邸沦落到无人置意的荒野民落。

苦难没有击垮他心中对人生的信念，反而激起了他无边的勇气。他用自己的努力，用自己的坚持，不仅使所处的偏远之地治安得到极大的改善，更在苦苦地追寻之后创立了日后那个影响了一代又一代的思想流派：心学。日复一日的苦难，磨不灭他心中对真理的追求。年复一年的坚持，终奠定了他今后一生辉煌的基础。

后来的他剿赣匪，平叛乱，他的心学在经历代弟子的传承之后，传遍四海，启迪了一代又一代的读书人，催发了一场又一场思想史上的革命。而他，也成为中华浩瀚的历史长河中，一颗耀眼的明星。

【学生佳作选评】

1. 平生一蓑烟雨中

王星菡

正是六月时节，常州细雨绵绵，一如十几年前初见，雨荷在风中摇曳，蛙鸣声声入耳，我任凭马车颠簸，抑制不住地咳起来，我想我还是老了，受不住这车马劳顿。这场自去年四月起漫长的北归，本应是我从前翘首以盼的，而如今，历经千帆，拖着这副疲惫的躯壳，我仰天大笑，嘶哑的呐喊划过阴霾的天际，天地间留下了我苍凉的感慨："心似已灰之木，身如不系之舟。问汝平生功业，黄州惠州儋州。"

一场莫须有的"乌台诗案"使我几近陷入灭顶之灾，死里逃生，走在去黄州的路上，我依旧不甘，小小的团练副使，岂能供我大展雄才？黄州贫瘠，我住在一间夏季正对太阳的小房子，夜半惊醒，蝉鸣尤其喧嚣，汗水浸透衣衫，我再也无法安睡，只能睁着眼等待天亮，去继续做一个散官，换取微薄的俸禄，有时下雨，屋子也滴答漏水到天明，我数着雨滴，思念着子由，但我怕他晓得我过得辛苦，更怕他过得辛苦，怕信里的问候也浸着苦涩。

黄庭坚来看望我，我们在赤壁泛舟，看大江东去，痛饮美酒，肆无忌惮地狂歌，他掩面而泣，说我们如蜉蝣寄居天地之间，只能将心事同悲风诉说，而我却在这一刻释怀了，在这个月明星稀的夜晚放下了，我举杯豪饮，读得"苟非吾之所有，虽一毫而莫取"。想我曾有过辞官务农的念头，如今被贬后也算得以如愿。城东有一处山坡，穿过幽幽竹林，我日出而耕，日落而息。其间，平生第一次品味羊肉的鲜美，第一次喝到民间的佳酿，也罢、也罢，任他官场尔虞我诈，不如着粗衣短褐，共赏清风明月，乡野村落，一蓑烟雨任平生。我将生活中的几多磨砺，化作笔尖的虹霓：在荒凉的黄州"倚杖听江声"，在涛隐隐的故垒边高唱"大江东去，浪淘尽"。

此刻，我想起自己两度被贬苏杭的心境。我本就不属于这个朝野，我属于自己与百姓。杭州婀娜，我愿徜徉在西子湖畔的漫天柳絮中，伴着灵隐寺的暮钟入眠。励精图治，为那最美的春晓建造一座长堤，疏浚干涸的河道，来慰藉百姓的愁苦。夏日悠长，我在庭中独酌，亲手烹调一道佳肴解乏；秋色浓郁，我漫步湖畔，信手拾起一片红叶。湖光潋滟，晴空万里，远胜于京城的金碧辉煌。原来最动人的文章要在最动人的地方写就，最快意的生活一定没有算计和阴谋。为生民立命只有在生民之中才立得坚固。

当被贬的旨意第二次、第三次摆在面前，惠州与儋州，我只是苦笑，便磕头谢过。这一次行囊不多，心既然解脱了，何须身外之物绊住手脚？不过是人生无数磨砺中的又一场罢了，几经沧桑，我早已学会坦然。跨马，飞驰，尘土飞扬，我只一心向前，三十几年了，我总是在向南，渐行渐远。岭南潮热，飞虫爬兽不计其数；蛮夷之地，山路九曲回肠，可我没有悲伤，只有解脱的自由，哪里能有这么丰美的荔枝？哪里能有这么广袤的丛林？惠州三年，与荔枝相伴："试问岭南应不好？却道，此心安处是吾乡。"独处荒僻的儋州，我挚情地吟唱："久死南荒吾不悔，兹游奇绝冠平生。"将苦难放在心里，用诗心面对生活。

思绪回转，人生三十多载就这么匆匆走过，身如浮萍，风尘满面，曾经已逝，黑发染霜，独留我花甲之年在雨中颠簸，前路真的太远、太远了。但我听过江水怒吼，见过月色朦胧，得遇三五知己，留下自己心仪的辞章诗行，哪里还有什么遗憾？站在痛苦的高冈上，我想也许历经痛苦的磨砺也是一种拥有吧，那是那种"不应有恨""千里共婵娟"的向往与欢欣……

后记：苏子身处逆境，佳作纷涌。他以其政治家的悲凉，换来了文学家的丰硕。"国家不幸诗家幸，赋到沧桑句便工"。

教师点评：作者选取苏轼多次被贬的经历，以故事新编手法，延展成文，立意切中“磨砺”话题，文字流畅，叙事比较生动，清新可喜；结构上采取倒叙的手法，写苏轼北归对自己三十多年来被贬杭州、黄州、惠州与儋州的回忆，时间集中，结构紧凑。

2. 不经一番寒彻骨，怎得梅花扑鼻香

储　毅

“蜕变还会阵痛，但不痛又怎能成长？我开始相信每一个人背后，都有一段不堪回首的辛酸往事。”青年作家渔樵在《别轻易放过自己》如是说。是的，“不痛又怎能成长”，正如风刀霜剑的洗练，让殷红的蜡梅在白雪皑皑中挺起铮铮傲寒之骨；十七年在黑暗中蛰伏，让北国的蝉冲破泥土，引吭高歌；极地的企鹅只有深扎进刺骨的海水后才能跃上冰面，腾空而起。磨砺成就了世界的奇妙璀璨，也砥砺着我们的意志，让我们在千百次的困境后迸发出生命的光华。

“天不生仲尼，万古长如夜。”回望两千多年春秋，诸侯争霸，战火纷飞，仲尼一袭布衣，一辆木车，辘辘地辗转颠簸在列国的路上，布道仁政，知其不可为而为之。然而他的克己复礼，仁者爱人被报以白眼与嗤笑，郁郁不得志的年月里，他摊开竹简，用文字记录下这一路的慎思笃行。黯淡了刀光剑影，远去了角鼓铮鸣，一部《春秋》流传千载仍熠熠生辉，一卷《论语》记载的是仲尼周游列国且行且吟的语丝。即使在今天，缓缓翻开纸页，那已被印成铅字的一笔一画铺陈开来的，仍旧是一幅恢宏的历史长卷，一座思想的浮雕。木车辘辘的声响穿过千年时光，悠悠回荡在字里行间，依稀可见那辗转于各国疲惫而坚毅的身影。

岁月在时光的空隙中渐渐沉淀，铜制编钟浑厚而清亮的声音穿越中华民族五千年的历史。悠悠地坛，凝滞的肃穆中冉冉升起了一个坚强而又厚重的灵魂。在“最狂妄的年纪”失去了双腿，史铁生深陷于绝望的泥淖中无法自拔，他颓唐地摇着轮椅，碾过地坛的每条大道，每片林荫。这里的一砖一瓦，一草一木都写满了他的迷惘与挣扎。然而这不见天日的苦痛中沉淀出了别样的情怀。“或许人生本毫无意义，而作为人必须赋予自己的生命一种价值。”而他赋予自己生命的价值，给他的文字镀上了一层发人深省的生命哲思。“人的残缺证明上帝的完美。”史铁生在接受记者采访时对苦难的磨砺曾有这般洞悟。

“生活在低处，灵魂在高处。”卢浮宫的灯光映得那幅《向日葵》分外耀眼，“我梦想着绘画，我画着我的梦想。”艳丽狂放的花瓣背后能够窥见凡·高在生命末班车上迸发出的力量与悲伤。闭塞简陋的房间，日益恶化的精神分裂症，

病魔都灼烧着他的大脑，也炙烤着他炽烈的艺术精神。他在最后的两年中肆意挥洒着涌现在眼前的每一个图案，每一种色彩。这画布上浓墨重彩的每一笔，都是他燃烧的生命。

历史的滔滔江水中，有“十年辛苦不寻常”的曹雪芹，“可以被毁灭，但不能被打败”的海明威，用失聪的耳聆听命运赞歌的贝多芬。他们都因磨砺而坚强，因磨砺而睿智。浩瀚星空中闪烁的艺术光芒，是他们挣扎时流下的汗水，是他们奋起拼搏时眼中的坚定。

鸢飞鱼跃，潮来汐退，纵逆水行舟，也不惧其艰；纵缊袍敝衣，也不惧其苦。风击霜砺后的蜡梅，才格外鲜红芬芳。“不经一番寒彻骨，怎得梅花扑鼻香。”黄蘗禅师点悟着世人。

教师点评：只有懂得，才能化诗入文，成就笔下的风流。文章开篇以名言比喻为先锋，形象地引出中心论点，接着以“不经一番寒彻骨，怎得梅花扑鼻香”为经线，以直面磨砺而蜕变成功的名人为纬线，交织成瑰丽的画卷。从这篇文化散文中，我们不仅读到作者思考，还有语言功底。名句引用与历史场景再现自然契合，长短句式的交错使用，时间与空间的自如转换，这些都展示了小作者的语言才华。

3. 体验磨砺不妨从娃娃抓起

胡雪鸿

小鹰学飞，如果胆怯，妈妈会把它推下山崖；豹子长大后，妈妈会果断选择离开；为了孩子能够强大生活在人世间，父母们应该理性地教育孩子，让其在磨砺中体味生活的艰辛。乐嘉的做法是值得称道的。

近日，在网上看到了一则新闻，乐嘉带着仅仅四岁半的女儿，四天徒步穿行76千米的沙漠，途中女儿两条大腿上密密麻麻发出大块的红疹，腿上和脚上起了水泡，就连晚上的觉也睡不好，乐嘉说：“在保证安全的情况下，我想要她学会坚持。”

也许有人认为这对于一个四岁半的女孩来说徒步穿行沙漠的坚持就是一种折磨，是在虐待孩子。岂不闻：“三岁看大，七岁看老。”心智与习惯的养成会左右着将来。舐犊情深，爱孩子是人的天性；望子成龙，望女成凤也是每个家庭的心愿。要达成这个愿景，就要理性地爱孩子，让其在生活中得到磨砺。因此，我更赞同乐嘉这种磨砺式教育。

因为，磨砺教育可以培养孩子一份独立和坚持。何为独立？独立是一个人认识自己，了解自己最基本的方式；独立是一个人提升自己，完善自己的良好途径。何为坚持？坚持是前进的动力，是蹒跚前进的支撑，是迷惘者的向导，是经历彻骨之寒的扑鼻之香。独立是坚持的根本，而坚持是独立的动力。泰戈尔曾说："只有经历地狱般的磨炼，才能练出创造天堂的力量；只有流过血的手指，才能弹出世间的绝唱。"

心理学家李浩也告诉我们："'磨难'好比孩子成长过程中的钙，是不可或缺的精神营养。"放眼当下，优秀者成长的路上也伴着父母理性的磨砺教育。习仲勋家风严苛，为共和国培养出一位英明领袖；威廉注重从小培养比尔·盖茨"凭本事打拼"，成就一代商界巨子；特朗普不准女儿要风得风，要雨得雨，伊万卡早早靠自力走上成功路。"道是无情却有情"，他们用理智之爱，磨砺之智，培育了自立自强的孩子们。苏霍母林斯基说，"爱孩子愈切，愈应该理智"，真是有见地的话。

"父母之爱子，则为之计深远"，加强磨砺教育，做有远见的家长。可悲的是，很多父母不白此理，溺爱孩子，以致小皇帝成堆，唯我独尊，后患无穷。李天一坐牢，药家鑫处死，杨丽娟跳海，都是溺爱的极端后果。溺爱是温柔乡里的毒药！"慈母多败子"，两千年前，韩非对溺爱的危害就有清醒的认识。

可见，磨砺教育可以从娃娃抓起。像穿行沙漠这样户外的活动是一件艰苦与乐趣并存的事，对孩子而言，相比于从小奔波于补习班，走向山野既可以培养其品性，也可以强身健体，是一种寓教于乐的好方法。在日本，几岁的孩子在冬天都要被家长带去室外的瀑布去洗水浴来增强孩子的体魄，磨炼自己的意志。

"自古雄才多磨难，从来纨绔少伟男。"愿天下父母，可以学学乐嘉的做法，计之长远，理性爱子，让孩子在生活的风浪中搏击，在磨砺中绽放！

教师点评：本文采取的是时下甚兴的任务驱动型作文技法：明态度、指意义、析原因、提策略，条分缕析，将论述逐步引向深入；文章首尾呼应，结构严谨。作者腹有诗书，关注新闻时事，举例鲜活而丰富，行文起承转合有度。说理时，注意运用比喻论证与对比论证，增强了文章的可读性。

附录：阅读训练《渴望苦难》参考答案

1. (3分)D

2. (5分)陕南农妇的事例意在阐明缺乏苦难的生命过于平淡，没有幸福可言；藏族年轻人的诗，洋溢着放达和自信，表达了以苦难为伍的乐观情怀；两个事例，一反一正，以对比手法，深刻地表现了主旨。

3.（6 分）①语言凝练典雅，而不乏深沉。本段使用了大量四字成语，如“九死一生”“蜂拥而来”“艰苦卓绝”“饥寒交迫”“一落千丈”“一败涂地”等，简洁地传达出渴望苦难的悲壮感、庄严感。②语言大气磅礴。“渴望……渴望……渴望……”排比句式的运用，增强了气势，表现了各种苦难接踵而至，而人们却在其中得以磨炼，获得幸福。③语言形象生动。使用了大量的比喻，如“风雪路”“贫寒的荒野”“果”等，使文章生动，耐人寻味。

评分标准：能抓住其中一个方面，观点明确，并结合具体语句进行合理分析，即可得满分。

本文原发表于《语文报》（寒假专号）2018 年 1 月，有修改

第七章

创新语文策略

第一节　创新语文策略内涵与意义

深度学语文策略之六是创新语文策略，即紧紧围绕“思维发展与提升”这一核心素养中的“创造思维”，学生通过阅读与鉴赏、表达与交流，探究与写作等语文学习活动，改变原有的知识结构和思维方式，表现出主动地、创造地发现新事物，提出新见解，解决新问题，全面提升自我独创性思维品质。

《新课标》的核心素养“思维发展与提升是指学生在语文学习过程中，通过语言运用，获得的直觉思维、形象思维、逻辑思维和创造思维能力的发展”。在具体的课程目标里，这一素养需要达成的目标被表述在第 4 条和第 5 条中。第 4 条提出：“增强形象思维能力。获得对语言和文学形象的直觉体验在阅读与鉴赏、表达与交流、梳理与探究活动中运用联想和想象，丰富自己对现实生活和文学形象的感受与理解，丰富自己的经验与语言表达。”第 5 条提出：“发展逻辑思维。能够辨识、分析、比较、归纳和概括基本的语言现象和文学现象，并能有理有据地表达自己的观点和阐述自己的发现；运用基本的语言规律和逻辑规则，判别语言运用的正误，准确、生动、有逻辑地表达自己的认识；运用批判性思维审视语言文字作品，探究和发现语言现象和文学现象，形成自己对语言和文学的认识”由此可以认为，形象思维涵盖了直觉思维，逻辑思维特别强调了辩证的思维方法，但不管何种思维类型，都需要加强创造性，即培养创造思维，提升其独创性思维品质。因此，在语文教学中，我们可以根据不同的年级、不同的任务群分层次训练培养学生的创造思维，具体做法如下。

(1)加强联想与想象教学以培养学生的创造思维。而语文课主要是在语言运用的过程中提升学生的多种思维能力。学生对汉语、汉字的把握，与联想有很大的关系。想象力与创造力的爆发有直接的关系，是追求新知的动力。想象力并不是在一无所知的情况下可以凭空出现的，这种能力一般要在知识和信息积累的基础上才能显示出来，从表达与交流的过程中，可以充分看出写作者举一反三、见微知著的能力。

首先要注意发展学生的想象力。爱因斯坦说：“想象比知识更重要。”一般说来，任何文学类文本都是虚构的，都需要想象。《红楼梦》中无论是飘缈的太虚幻境，还是现实世界的大观园，都是曹雪芹想象的产物。文学类文本教学最适宜培养学生的想象力。一个作家不会在一个文本里把话都说完的，作者往往只说出几个要点，其余的要靠读者自己去想象。法国著名作家法朗士说："读文学作品是一种灵魂的探险。"

再者要注意联想。刘勰在《文心雕龙·神思》中说："文之思也，其神远矣。故寂然凝虑，思接千载；悄焉动容，视通万里。吟咏之间，吞纳珠玉之声；眉睫之前，卷舒风云之色：其思理之致乎？"这段论述说明，作家在创作时思维异常活跃，可以上下几千年，纵横数万里，任意驰骋。作为"再创造"的文学鉴赏活动，同样需要鉴赏者拥有作家创作时的联想能力，来主动地感受、认识、填充、丰富文本的审美形象。

关于加强联想与想象教学以培养学生的创造思维，有许多精彩的课例，比如在学"孟子"专题时，笔者设计这样的练笔：大量阅读孟子的作品，感受孟子的人格魅力，请张开联想与想象的翅膀，用笔为孟子颁奖。涌现大量佳作：

学生 1：孟子是一位和平使者，我想为他颁发诺贝尔和平奖

奖项：诺贝尔和平奖

获奖者：孟子

获奖理由：

你一生都在为天下"平治"而奔走呼告，出齐入宋，去鲁奔梁，匡扶四海，殚精竭虑。心怀"兼善天下"之志，你高呼："得道者多助，失道者寡助。天时不如地利，地利不如人和"；情系百姓福祉，你主张："制民之产，使老者衣帛食肉，黎民不饥不寒"。你的王道之思，是那"争地以战，杀人盈野；争城以战，杀人盈城"黑夜中的星光；你的民本之念，是那"庖有肥肉，厩有肥马，民有饥色，野有饿莩"冬天的火炉。你奔走于列国，游说四十余载，以和化怨，以和救人，以和治天下。大哉，古道热肠的孟轲！你爱民如提灯人——特蕾莎修女，你盼和平如拉宾总理。亚圣，诺贝尔和平奖非你莫属！（2011 级福彩班　张敏）

学生 2：射箭冠军

项目：射箭

奥运会冠军得主：孟子

夺冠理由：

"仁政""王道"是他手中的强弩，设喻、类比是他弦上的利箭，看，辩论的竞技场上，他时刻蓄势待发！大殿之上，他欲擒故纵，问得齐宣王"顾左右而言

他”；朝堂之上，他胸有成竹，一句“犹缘木而求鱼也”使得齐宣王连叹“吾惛”；大梁城中，他循循善诱，一句“以五十步笑百步，则何如”，使得梁惠王乖乖就范。他舌箭所向，势不可挡，直至对手理屈词穷，然后明媚地一笑。那一刻，智慧在闪光，万籁在奏乐，整个赛场，他——孟轲才是真正的王者！（2011 级福彩班 戴立鹏）

这些智慧的火花没有拘泥于文本的表层含义，而是乘着想象、联想的翅膀去体验文本深邃的意旨。

（2）多角度引导学生思考，立体地培养创造思维。因为语文中文学类文本富有多元性特征。学习时，教师可以从不同角度思考问题，扩大思路，有所突在破，包含散射、机智、换元、转向。如古今对同一“独”的描写抒要发众多，但对“独”的情感理解，却纷繁各异：陈子昂现“念天地之悠悠，独怆然而涕下”，抒发被排斥打击、孤独悲怆之感；王维“独在异乡为异客，每逢佳节倍有思亲”，抒发了孤独飘零，念乡思亲之情；柳宗元“孤舟蓑笠翁，独钓寒江雪”，则是孤舟独钓，孤傲而不与方世同流之态；毛泽东“独立寒秋，湘江北去”，仍为一个“独”字，却是看万物争春，想百侣击水，思浪遏飞舟，何曾有“孤独”之叹。同是一个“独”字，同为诗人，但他们的理解领悟，却各不相同，这种各异之别，靠的就是创新思维的多元性特征。它借助逆向、侧向横向思维方式，从不同角度，抒发各自不同的情感。这种创新思维多元性的特性，表现在语文教材中，可以说俯拾皆是，这就为我们发展学生创新思维能力创造了得天独厚的条件。又如学罢《将进酒》后，2017 级 8 班陈思妤在《一口呼出半盛唐——〈品将进酒〉中的酒香》中写道：“面对愁绪，晏殊香径独徘徊，柳永无语凝噎，李清照凄凄惨惨戚戚……而李白，可谓洒脱至极。一方面他言积极行乐，‘人生得意须尽欢’‘将进酒，杯莫停’，在他看来，今朝得意则应今朝纵情享乐，金钱富贵算得了什么呢？虽然这一段时间内，他被贱臣诈诡，赐金放还，壮志难酬，心中充满无奈，但他骨子里的洒脱豪气并未减分毫。他天生登顶，站在巅峰，看着所有的蝼蚁惶惶恐恐，他却道，‘钟鼓馔玉不足贵，但愿长醉不复醒。’情已至此，李白愤慨财富金钱与权利地位，并不把身外之物看得过重，‘天生我材必有用，千金散尽还复来’，何其自信！何其豪迈！豪言壮志，不羁情怀，令多少凡夫俗子为之惊然。”

小作者借助“愁”的多元性，广泛联想比较，突出“诗仙”自信豪迈不羁之情怀，其独创性的思维品质立体地得以训练。

（3）可以训练虚构故事，加强文学类参赛文章的写作指导，培养创造思维。

多年来，由于高考应试作文的影响，严格意义上的文学类文体训练较少，但这并不意味着我们考生可以就此放弃文学类文章的写作。因为大多数作文试题都是规定“文体自选，文体明确”，给考生以充分的主动权，这是提醒考生可以选择自己最擅长的文体施展自己的写作才华。

另外，近年来因高校自主招生的需要，各类作文大赛如雨后春笋般出现了，其中有较高声誉的如新概念作文大赛、新作文大赛、语文报杯作文大赛、叶圣陶杯作文大赛、北大培文杯作文大赛等。选用什么材料，确立什么中心，以什么为线索，怎样安排材料（布局和详略等），采用哪一种记叙顺序，怎样开头、结尾、铺垫、照应和过渡……想好这些问题以后，编拟好写作提纲，认真推敲，力求完善。这些都需要创造思维去架构，如果在选材、立意和构思方面都能融入独创性思维，就可能达到“人无我有，人有我新，人新我奇”的写作境界，获奖也就不是一件很难的事情了。比如我的学生周轩毅的参赛作文《心中花·蝴蝶梦》获得了第十五届“语文报杯”作文大赛全国特等奖，其中，创造思维起到了决定性作用。

附录：第十五届“语文报杯”作文大赛“追求”话题全国特等奖作品

心中花·蝴蝶梦

周轩毅（复旦大学在读）

那片一望无际的海。那座孤苦伶仃的岛。

海风吹拂，波涛翻滚，海浪拍打着岸边的礁石，不知停歇。雾气弥漫，笼罩着孤岛，平添了几分神秘的气息。岛上只有一座石质建筑物，厚厚的围墙，冰冷、静寂。

这就是南非罗本岛，石质建筑，先前是麻风病院，现在是监狱，南非“最安全”的监狱，主要关押极度危害国家安全的政治犯。

围墙里面，一排排低矮狭小的平房，这是囚室。天井里，有一方小小的菜地，菜地里种着三种蔬菜：辣椒、圆葱和番茄。一丛绿色中，番茄枝叶间开着簇簇淡紫的小花，热情而苦涩的色彩；花间是几只翩飞的蝴蝶，自在地舞蹈嬉戏。

正是放风的时间，花丛旁一位老人垂手而立，皮肤黝黑，头发花白。

一个狱警走过来，面无表情，声音冰冷：“46664 号，收拾东西，转监狱。”

老人仿佛没听到，凝望着那几只蝴蝶，他的心飞回了库农，他久违的故乡，他似乎看到了故乡湛蓝的天空，辽阔的草原，嗅到了野百合和艾蒿的馨香……

芽萌·梦蕴

46664 是他的号码，他的名字叫曼德拉。

曼德拉——“惹是生非的家伙”，父亲给他取的名字，似乎从一落地就注定了他波澜起伏的人生。

父亲是部落酋长，曼德拉的童年无忧无虑，他以自己能想到的各种方式享受自由：他在母亲那个小房子周围自由地奔跑，在穿过村庄的清清的小河里自由地游泳，在星光下自由地烤玉米，骑在牛背上自由地歌唱……他知道，只要听父亲的话，遵守部落的习俗，人间和天上的律条都不会找自己的麻烦。

9岁那年的一个夜晚，重病的父亲回到家里，因为反抗殖民当局对土著民的歧视，他已被罢黜。那天晚上，他说，给我拿烟来。他静静地连续抽了一个多小时，然后死去了。咽气的时候，烟袋还冒着烟。

24岁，他在威特沃特斯兰德大学读法律系，他处处感受到种族歧视的压抑。一天，他上课迟到几分钟，坐到一位白人同学旁边。白人同学马上露出诧异、惊恐、鄙夷不屑的神色，迅速起身，换了个座位；白人老师也毫不掩饰对非洲人的歧视。在他学习的公民身份法、背德法、集团地区法、隔离设施法、城市区域法等等法律条文中，有许许多多的禁令：禁止跨种族恋爱，禁止黑人在白人专属地区居住，禁止黑人在城市定居，禁止不同种族的人混用公共服务设施……

他知道，自己的自由已被剥夺，童年的自由已成幻梦，他开始渴望自由。父亲经常出现在梦里。

“我决不愿以酋长身份统治一个受压迫的部族，而要以一个战士的名义投身民族解放事业。”他说。他默默地在内心构建出一个理想社会，一个盛开着自由民主之花的理想国度。他参加了非国大，他的梦在孕育，等待着实现……他似乎看到，自己心里有颗自由之花的种子，在苏醒，萌芽……

叶露·梦眠

罗本岛。走廊头上的5号牢房，一孔窗户面对天井，高与额齐，三步就能从这头走到那头。躺下时，脚和头都能触及水泥墙。牢房宽约6英尺，而墙厚至少2英尺。牢房的铁门外挂着一个白色卡片，上面写着写着：“N·曼德拉 466/64”，意思是，466号囚犯，1964年来到罗本岛。那年，曼德拉46岁。

加入非国大后，曼德拉忘我地工作，向着他理想中的那个“彩虹国度”进发。他当选为非国大青年联盟全国书记、非国大青年联盟全国主席，组织并领导了“蔑视不公正法令运动”，赢得了全体黑人的尊敬。他跑遍了整个非洲，前往英国和其他欧洲国家寻求支持与帮助，收获的却都是失望。他们几乎是用清一色的口气婉拒了他：“我们很欣赏你的行为，但是爱莫能助。”曼德拉受卡斯特罗“7·26”运动革命成功鼓舞，建立了黑人武装民族之矛，尝试像毛泽东那样从农村包围城市，最终夺取全国胜利。但他很快被捕，被判无期徒刑，投入罗本岛监狱。

罗本岛是海鸟天堂，海边礁石上栖息着无数企鹅，林间有野鹿、斑羚在奔跑；而高墙之内的曼德拉，那种自由的生活只能是遥不可及的梦想。

白天，他和狱友们被强迫劳动，开始是砸石子，工作量很大，几年一成不变。

夏季的烈日烤得石灰石很烫，石灰粉时常吹到眼睛里，痛苦难当。

6 月和 7 月是最冷的月份。空气寒冷，雨季刚刚开始，似乎从来没有到过华氏 40 度以上。就是在太阳底下，即使穿着卡其布衬衣也冻得直打寒战。曼德拉第一次懂得了什么叫寒彻骨髓。中午，他们停下来吃午饭，一段时间，伙食全是汤，且味道奇差。

夜晚，他被关在 4 平米的牢房。房间被黑暗笼罩，陪伴他的唯有孤独与寂寞，甚至是死亡的气息。

最初，没有书看，没有书写用品，也没有人说话。他的心开始慢慢与外界隔绝，他觉得宁愿挨一顿打也不愿意被这样关押。如果囚室内有只虫子为伴，他会非常高兴；好些时候，他渴望能有只蟑螂来，和自己聊聊天。

监狱生活千篇一律，每天都与前一天一样，每周都与上周一样，月份和年份有时就被相互混在了一起，每一天都度日如年。

18 年间，曼德拉受尽苦难的寡母死了，心爱的大儿子马迪巴·桑贝基勒死了，他出席葬礼的请求不被获准。他一动不动躺在床上，回忆着父亲死后母亲领着他去求见义父，孤儿寡母走在草原的风中；回忆着他在百忙中偷偷回家看儿子，马迪巴那时还是个孩子，穿着曼德拉肥大的上衣，懂事地说要爸爸放心，他会照顾妈妈……他一连数日一语不发。

花蕾·梦展

从桌湾的维多利亚港到罗本岛只要半个小时的船程，短短的航路阻隔曼德拉和非洲大陆的联系长达 18 年。18 年的罗本岛生涯，曼德拉从未丧失勇气、希望，也从未放弃追求自由、公正而进行的斗争。通过斗争，他们有了学习的权利，有了一些生活的权利。

曼德拉孜孜不倦地学习法律、经济、商业、历史，甚至南非白人的阿非利加语。他每天清晨进行慢跑锻炼。曼德拉在这里砸石头、采石灰、捞海草、修公路，在肉体和精神备受折磨的铁砧上锤炼出坚毅、平和、大度和卓越。他说："罗本岛是成就了我的一所大学，在这里我学到了许多终生受用的东西。"

每逢"十一"，他和狱友们都会用独特的握手方式庆祝中国国庆，他们觉得中国是革命、独立的象征，南非人民与中国人民之间存在传统友谊，中国工农红军的万里长征、中国人民为解放全中国而进行的英勇斗争，曾给他、给南非人民以巨大的鼓舞。

曼德拉自入狱起，就要求当局允许他开垦一片菜园，自己种菜，但一直不被搭理。5 年后，坚持终于有了回音，他被允许在监狱大院最远的墙边开垦一片狭长的菜园。那是一片干燥的岩质地，他把所有的放风时间都用来刨地，捡石头，清理土地，最终有了自己的园子。他种了西红柿、辣椒、洋葱，收获后，他自己舍不得吃，都分给了狱友和狱警，囚犯和狱警们的关系竟因此融洽起来。他的菜园也成了一种象征，自由的象征！在持续不断地抗议与斗争下，他们获得了衣物、毛毯，亲属也获准可以探监，甚至还组成了自己的足球队。

好多时日，那一片生命的绿缓解了他眼睛的疲劳，消解了他在采石场里所遭受的委屈。花开的时候，总有几只蝴蝶在飞舞，看着它们，他仿佛看到了自己的信念在空中飞舞，满是皱纹的苍老的脸上就会浮现出一抹笑意。他知道，自己追求的花已在心中萌出了新叶……

"46664 号，收拾东西，转监狱。"

服刑 18 年后，曼德拉离开罗本岛，转移到波尔斯摩尔监狱。

花开·梦飞

在波尔斯摩尔，曼德拉又在监狱顶楼开辟一方菜园。在十余平米的土地上，用 16 个油桶做成 32 个花盆，种下洋葱、茄子、卷心菜、豆角、胡萝卜、黄瓜、辣椒、草莓等各种蔬菜，还有一些鲜花。

每天，花甲之年的曼德拉弓着腰费力地提着水桶，蹒跚着挪到属于他的那方净土，细心地给每一株植物浇水。他蹲在地上，眯着由于做苦工而被烧伤的眼睛细细观察面前的植物，小心地取下枯黄的叶子，捻起趴在枝叶上的虫子，用手蘸起少许清水洒点植物，像慈祥的妈妈轻抚孩子的额头，又像是严肃的爸爸慈爱地扑打孩子身上的尘土。尔后，他起身站立，目光投向种在菜园一隅的鲜花。

那里，他种下的那些鲜花，已经生出了花蕾，有了花的雏形，像一只只做梦的蛹，历经无数劫难，正在积蓄力量，冲破茧的束缚，化蛹成蝶……

曼德拉继续为自由而战。他写文章控诉当局的恶行，为狱友们的合法权益得不到保障怒而上诉。他永远都是那个昂扬向上永远不会被打倒的战士，那个勇往直前知难而上的勇士。

"不管付出多大的代价，不管面对多大的压力，我都要保全自己的尊严。我从来不认为我会死在铁窗里，不管什么时候，我始终坚信有一天，我会作为一个自由人，实现我的追求，走在阳光下。"他如是说。

外面的世界，更是岩浆涌动的火山。非国大组织了要求释放曼德拉的群众运动；图图大主教发起了要求政府释放曼德拉的教会签名运动；非洲统一组织呼吁释放曼德拉；17000 名法国人签名请愿，要求释放曼德拉；1400 个欧洲城市的市长联名要求释放曼德拉；53 个国家的 2000 名市长在请愿书上签名；135 名美国众议员提交决议，呼吁释放曼德拉；50 多个英国市长身着礼服，游行穿过伦敦，要求释放曼德拉……

在国内国际的强大压力下，南非执政当局退缩了。

1990 年，曼德拉被无条件释放，那年，他离开罗本岛整整 9 年。

走出波尔斯摩尔监狱大门的一瞬间，无遮拦的阳光哗啦啦倾泻下来，照彻他的全身。27 年，整整 27 年了。曼德拉终于又呼吸到自由的空气，沐浴到自由的阳光！那一刻，他播种的鲜花正灿烂地盛开，一群彩蝶正在枝头翩翩飞翔。他走向欢迎他的人潮，欢呼声中，赞美的歌声响起：

钟声响起归家的讯号
在他生命里
仿佛带点唏嘘
黑色肌肤给他的意义
迎接光辉岁月
风雨中抱紧自由
一生经过彷徨的挣扎
自信可改变未来

后记：

出狱 4 年后，1994 年，曼德拉当选新南非第一位民选总统；1997 年，南非全面废除种族隔离制度：曼德拉率领南非人民历经漫漫长路，最终美梦成真，使自由之花在南非遍地开放。

教师点评：斗士曼德拉为废除种族隔离政策，为黑人兄弟的自由平等，孜孜追求，求义渡人，真诚撼天。小说技法娴熟，能以故事新编的形式，展开联想想象的双翼，将曼德拉的自由之路演绎得曲折而生动，情节架构真切，场景真切，历史的真实与现实的追求主题切合缜密。此外文风典雅，描写细腻，人物形象突出，尽显小作者文学之灵气与语言之成熟。

第二节　创新语文策略的"刚正"主题读写指津案例

直道是身谋，刚正炳千秋
——"刚正"主题读写

【主题阐释】

刚正，刚强正直。我们赞美翠竹，因为竹可折不可屈其体，可焚不可毁其节；我们赞美红梅，不仅是因为花的艳，更为那不畏严冬的傲骨。刚正是一种高贵的品格。人之生也直，直则可立地参天。心地刚直，就可以光明磊落自立于世。刚正是一股浩然正气，正身直行，众邪自息。做人要刚正，上交不谄，下交不骄，不阿权贵，不茹柔弱，不媚世俗，秉公办事，敢作敢为。刚正，更是一种可贵的民族精神。鲁迅先生说，中华民族自古以来，就有埋头苦干的人，就有拼命硬干的人，就有为民请命的人，就有舍身求法的人。——他们是中国的脊梁。他们秉持的刚正之气，是我们民族生生不息的力量之源。

一、"刚正"主题精彩选文赏析

1. 青山英气赖忠魂

王友良

北宋时，苏轼在杭州望湖楼醉书七绝："献花游女木兰桡，细雨斜风湿翠翘。无限芳洲生杜若，吴儿不识楚辞招。"感叹西湖之美过于轻浮空灵，杭城女儿不懂潇湘云水的沉郁苍茫。几百年后，柳如是游西湖，写下了《岳武穆祠》，唱出了富于楚辞声调的歌吟，"当年宫馆连胡骑，此夜苍茫接戍楼"。有了岳王庙，美丽的西子湖多了几分慷慨，几分刚正。

袁子才有《绝句》："赖有岳于双少保，人间始觉重西湖。"吴鼎元作《南屏山谒张忠烈公墓》："一片孤忠两地同，与公鼎峙成三足。"西子湖畔除了岳飞的坟丘，还掩埋了于谦、张苍水的骨殖……后人将他们并称为"西湖三杰"。

岳飞，南宋最杰出的军队统帅，以"收复失地、光复中原"为己任，统帅"岳家军"，赏罚分明，纪律严整，"冻杀不拆屋，饿杀不打掳"，所向披靡。然而遭秦桧、张俊等人诬陷，被捕入狱，以"莫须有"的罪名被杀害。

于谦，在蒙古瓦剌部围攻北京，国家危难之际，出任兵部尚书，主持军事，成为"救时宰相"，天顺元年"夺门之变"后被冤杀。临刑日，他神态自若，含笑赴死。他说"名节重泰山，利欲轻鸿毛"，"清风两袖朝天去"，抄家时，无余资，仅书籍而已。他曾在16岁那年写下脍炙人口的《石灰吟》："千锤万凿出深山，烈火焚烧若等闲。粉骨碎身浑不怕，要留清白在人间。"这首诗是于谦一生的写照，充溢着大无畏的凛然正气。

张煌言，号苍水，崇祯时举人，官至南明兵部尚书。1645年，清军攻克南京，张苍水起兵抗清，因叛徒出卖，为清军所俘，宁死不屈，慷慨就义。他的绝笔诗写道："国破家亡欲何之？西子湖头有我师。日月双悬于氏墓，乾坤半壁岳家祠。惭将赤手分三席，拟为丹心借一枝。他日素车东浙路，怒涛岂必属鸱夷。"

民族气节溢于言表。

当初岳飞被诬遭杀，尸骨弃于钱塘门外瓦石杂丛之间，一轮孤月照见，几个狱卒，偷偷祭酒安葬忠臣于九曲丛祠。于谦的遗骨像岳飞一样，被人偷偷地保护起来，后转移到杭州。八年后，新皇帝登位，于谦平反，谥"忠肃"。历史总算明确，他"忠"的是社稷，不是一"人"。

张苍水的经历与岳飞、于谦如出一辙。

传说，在张苍水被押赴杭城的路上，有位僧人掷瓦于他，瓦片上包裹一张诗笺，诗曰："此行莫作黄冠想，静听先生正气歌"。最终，张苍水以他45岁生命的终结，书写了这曲正气歌。真实的情况是，张苍水被俘后，清朝官员一路劝降。可张苍水或冷言以对"但期速死而已"，或以手指心，说"煌言只有此耳，无他言"。被杀后，抛尸旷野，西湖白莲洲留锡庵僧人超直，冒杀身之险，置办棺木收殓了英雄遗骨，在南屏山北麓为张苍水建坟安葬，为避清廷耳目，称之为"王先生葬处"。若干年后，黄宗羲前来凭吊忠魂，在山下寻寻觅觅好长时间，才找到张墓。

有人说，如果西湖的蒙蒙烟雨、苍翠万状之中，没有了青山埋忠骨的"西湖三杰"，就好比《四库全书》只剩残诗零句，好比空山古寺里只剩青烟木鱼，好比中国的历史只剩下六朝五代。是啊，正因为这些忠烈，杭州西湖有了一份厚重，为西湖的旖旎风光注入了刚正的因子。

民族英雄的个体生命代表着整个民族的尊严，中华民族能繁衍不息，中华文化能长盛不衰，正是由于一代又一代这样的民族脊梁的支撑。青山英气赖忠魂，英雄们充塞天地的浩然正气，万古长存！

赏析：人们在评价杭州西湖时，往往着眼于她的明丽秀媚。苏轼把她作西施，袁枚想到了苏小小，余秋雨谈及白娘子，此文却另辟蹊径，写了三位民族英雄，重点写西湖三杰的铮铮铁骨，刚正忠烈，让我们领悟到西湖文化的另一重厚重内涵。

2. 清官况钟(节选)

钟 政

况钟指着贾敬、傅德、薛孟真说："你们不仅贪墨数额大，而且各有两条以上人命，不惩办你们，天道不容！"

贾敬说："况大人，我等都是小萝卜头。俗话说：蛮大葛水花，捞起一只糠虾。还有大的哩！"

大堂上又一次“嗡”的一声骚动起来。

况钟问贾敬还有谁，贾敬说此人位高权重，不敢说。

况钟如刀的目光照了照贾敬的脸：“位高高不过你干爹，权重重不过国法，有何惧？”

贾敬的眸子发出幽幽的毒光，手指况钟：“就是你，就是你！”接着列举几条：他和任豫各送银票一千两，傅德送舒夫人一尊玉观音，杨谧送银一万两。

人群骚动。

况钟光明磊落地说：“贾敬说对了，本府还真的是收受了这些财物！”

会场又“嗡”地骚动起来，人们彼此交头接耳。

贾敬非常得意：“敢承认，算你有种！”然后恶狠狠地说道，“太祖定制，得贿银六十两杀头，你收了这么多，该杀多少次，你自己说！”况钟镇定地说：“我自己说不算，有请赵大人！”

赵忱走到公案前，掏出个小账册面向众人：“贾敬提到的这些财物，况大人全部移交卑职管理，说这是筹的扶贫银。现在卑职将收支公布如下……”从账目得知，这些钱除支付葛阿让、葛阿贵、刘二哥等的家属和苏金娣、杜福寿等户抚恤银外，余款全部存在钱庄。

贾敬垂下头去。

大堂的板凳已经挪开，官吏和士民代表面朝公案围成半个圆圈站着，公案上放着尚方宝剑，况钟坐在公案后的椅子上，公案前站着四个铁塔似的威猛巡丁。

尤涛命三重犯在公案前跪下。

况钟站了起来，手握尚方宝剑大声说：“罪犯贾敬、傅德、薛孟真，欺压百姓，残害人命，贪赃枉法，罪大恶极，罪不容赦，不杀不足以平民愤，本府现代表朝廷，对三罪犯处以极刑！”

况钟洪亮的声音传出大堂，飘出屋宇，与外面呼啸的风声汇合成一体，变成一股摧枯拉朽的气势。电光一闪，映得堂上“明镜高悬”匾熠熠闪光，接着“轰”地响了声炸雷，震得灰尘簌簌往下掉，接着倾盆大雨瓢泼而下。

这时，一皂隶冒雨飞马来到大堂外，翻身下马冲进大堂里，禀报成均距接官亭只有五里路了。

先行刑还是先接成均？况钟内心斗争非常激烈：接官亭在阊门外的普安桥西，有段路程，不立即动身，怕是赶不上。成均到了接官亭不见他迎接，肯定会大发雷霆，治他个目无上宪的罪，杀贾敬本来就得罪了他，再被他抓到这个把柄，后果肯定严重。如果先接成均，这三个十恶不赦的东西就杀不成了。他下定了决心：先行刑。

况钟将执行死刑的令牌丢下，“本府替天行道，当庭摔死三罪犯！”

窗外狂风大作，树木狂舞，飞沙走石，屋上瓦片纷纷往下掉。在狂风的吼叫声中，庭前的一棵柳树被连根拔起。

巡丁拾起令牌，走到傅德跟前，两人拉手，两人拉脚，扛起傅德抛向空中。傅德重重地摔下，巡丁再度把他抛起……傅德脑浆四溢，血肉模糊，旋即死去。

傅德死后，随他而去的是薛孟真。

贾敬最后行刑。他向接官亭方向拜了一拜，面向况钟：“等着吧，我干爹不会饶你……”还未说完，四巡丁已抓住他的手和脚向空中抛去……

杀了三个恶吏，群情激奋，欢声雷动，高呼况钟“青天大老爷”。

狂风呼啸一阵后渐渐停息，天朗气清，太阳出来了。阊门的嵯峨危楼经风雨的洗涤，碟雉箭垛紫翠交辉，城门上方“气通阊阖”四字显得更加光艳夺目。

赏析：《清官况钟》是部长篇历史小说，刻画了清官况钟的形象。况钟与包拯和海瑞齐名，被百姓称为“青天”，《明史》赞谓“有明一代，一人而已”。作品着重描写了主人公肃贪官、纠冤案、轻徭役、勤政爱民的故事。况钟的高迈品格和刚正气节，是中华民族传统美德的重要组成。本文虽是节选，然而窥一斑而见全豹，通过况钟和奸吏的正面交锋，我们依然能领略到况钟的清廉和刚正果敢的性格，情节的紧凑和自然环境的烘托又营造了一种紧张的氛围，增加了小说的可读性。

二、“刚正”主题拓展阅读训练

阅读下面的文章，完成1～3题。

半　局

大家都叫他杜公——虽然那时候他才三十几岁。

我刚毕业，在中文系里做助教，他是讲师，三系合用一个办公室，成天人来人往的，他每次从单身宿舍跑来，进了门就嚷：“我来‘言不及义’啦！”

他的喉咙似乎曾因开刀受伤，非常沙哑，猛听起来简直有点凶恶，细听之下才发觉句句珠玑，令人绝倒。后来我读到唐太宗论魏征（那个凶凶的、逼人的魏征），却说其人“妩媚”，几乎跳起来，这字形容杜公太好了。

他住的屋子极小，大约是四个半榻榻米，宿舍人又杂，他种了许多盆盆罐罐的昙花，不时邀我们请赏，夏天招待桂花绿豆汤、郁李，冬天是腊八粥或猪腿肉红煨干鱿鱼加粉丝。我一直以为他对昙花深感兴趣，后来才弄清楚，原来他只是想用那些多刺的盆盆罐罐围满走廊，好让闲杂人等不能在他窗外聊天——穷教员要为自己创造读书环境真难。

“这房子倒可以叫‘不畏斋’了!”他自嘲道,“四十、五十而无闻焉,其亦不足畏也——孔夫子说的。”

他那一年已过了四十岁了。

杜公能写字,也能作诗,他随写随掷,不自珍惜,却喜欢以米芾自居。

“米南宫哪,简直是米南宫哪!”

杜公爱憎分明,看到不顺眼的人或事他非爆出来不可。有一次他极讨厌的一个人调到别处去了,得意扬扬地穿了新机关的制服回来,他不露声色地说:“这是制服吗?”

“是啊!”那人愈加得意。

“这是制帽?”

“是啊!”

“这是制鞋?”

“是啊!”

那个不学无术的家伙始终没有悟过来制鞋、制帽是指丧服的意思。

杜公谈起恋爱,差不多变了一个人,风趣、狡黠、热情洋溢。

他要带我带一张英文小纸条回去给那女孩:

“请你来看一张全世界最美丽的图画,

会让你心跳加速

呼吸急促

……”

小宝(我们都这样叫她)和我想不通他哪里弄来一张这种图画,及至跑去一看,原来是他为小宝加洗的照片。

他又去买些粗铁丝,用槌子把它锤成烤叉,带我们去内双溪烤肉。也不知他哪里学来那么多稀奇古怪的本领,问他,他也只神秘地学着孔子的口吻说:“吾多能鄙事。”

从一切的理由看,跟杜公结婚是不合理性的——好在爱情不讲究理性,所以后来他们还是结婚了。他的女儿后来取名“杜可名”,出于“老子”,真是取得好。

不久就听说他病了,已经很不轻,医生已放弃开刀,杜公是何等聪明的人,他立刻什么都明白了,倒是小宝,他一直不让她知道。我和另外二个女同事去看他,我知道那是我最后一次看他了。

对于那些英年早逝弃我而去的朋友,我的情绪与其说是悲哀,不如说是愤怒!

正好像一群孩子,在广场上做游戏,大家才刚弄清楚游戏规则,才刚明白游戏的好玩之处，并且刚找好自己的那一伙，其中一人却不声不响地半局而退了，你一时怎能不愣然得手足无措，甚至觉得被什么人骗了一场似的愤怒！

满场的孩子仍在游戏，属于你的游伴却不见了！

他于八月十四日去世了，享年五十二岁，孤女九岁，他在病榻上自拟的挽联是这样的：

“天道还好，国族必有前途，惟劫难方殷，先死亦佳，勉无深恶大罪，可以笑谢兹世；

人间多苦，事功早摒奢望，已庸碌一生，幸存何益，忍抛孤嫠弱息，未免愧对私心。”

但写得尤好的则是代女儿挽父的白话联：“爸爸说要陪我直到结婚生了娃娃，而今怎教我立刻无处追寻，你怎舍得这个女儿；

女儿只有把对您那份孝敬都给妈妈，以后希望你梦中常来看顾，我好多喊几声爸爸。”

读来五内翻涌。

也许因为没有参加他的葬礼，感觉上我几乎一直欺骗自己他还活着，尤其每有一篇自己比较满意的作品，我总想起他来，他那人读文章严苛万分，轻易不下一字褒语，能被他击节赞美一句，是令人快乐得要晕倒的事。

每想起一次，就怅然久之，有时我自己也惊讶，他活着的时候，我们一年也不见几面，何以他死了我会如此嗒然若失呢？我想起有一次看到一副对联，现在也记不真切，似乎是江兆申先生写的：

相见亦无事

不来常思君。

节选自《张晓风散文精选》，北京联合出版有限公司出版社 2019 年版

阅读思考：

1. 请概括杜公的性格特点并结合全文简要分析。
2. 请阐释标题的内涵。
3. 有人评价张晓风的散文呈现出小说化的特点，请联系本文就此特点进行分析。

三、“刚正”主题拓展写作训练

（一）文题设计

中国传统处世哲学历来有出世、入世之说。出世学老庄顺其自然，入世则学儒家为人刚正。儒家经典《论语》中，孔子一再谈及“刚正”。一次，（樊迟）问

智，子曰："知人。"樊迟未达。子曰："举直措诸枉，能使枉者直。"提倡选拔正直的人来做官，管理天下，让邪恶的人归于正直。(《论语·颜渊第十二》)他对刚直的史鱼赞不绝口："直哉史鱼！邦有道，如矢；邦无道，如矢。"(《论语·卫灵公》)意谓史鱼的言行像箭一样刚直。还说，"夫达也者，质直而好义"《论语·颜渊》，真正的通达是品质刚正。亚圣孟子常说的"浩然之气"，也是指刚正之气。"刚正"是古圣先贤推崇的品格。

阅读上面的材料，请以"刚正"为话题，自拟题目，除诗歌外，文体不限，写一篇不少于800字的作文。

(二)写作导引

1. 立意

刚正是我国传统文化中备受推崇的高尚人格。这个材料作文的审题无障碍，可写的内容很多，自然界中的苍松翠竹，红梅素兰，青莲金菊，乃至怪石峭壁，无不具有刚正的品格；人世间，古今中外，大凡青史留名的伟人，很多具备刚正的人品，无论体物还是写人，只要紧扣"刚正"内涵，便是合题。

2. 文体

写成记叙、抒情、议论文都无不可。若写记叙文，小小说，特别是故事新编，都是不错的选择，要选取典型生动的素材，剪裁时留意详略得当，结构的新奇。切忌将心灵内涵泛泛展示，泛泛而谈，大而无当。若写托物言志的抒情散文，在情感充沛时注重理性思考，物的特点一定要突出"刚正"，切忌空洞泛泛的抒情。若能巧加构思，以小见大，必能给读者带来惊喜。若写议论文，宜紧扣中心论点进行分析说理，尤要考虑行文逻辑，论据要准确、典型、新颖、简洁。防止说理枯燥，用语要追求文采尤其需要考量的一点。

(三)误区指津

1. 选材过于陈旧

多数学生写作"刚正"话题，使用的还是屈原、包拯、寇准、凡·高这些耳熟能详的例子，虽然典型，还是显得陈旧。应避开这个误区，关注当下，或者放宽眼界，选取新颖的事例。

2. 结构不够精致写记叙文，易于使用扇面结构，平面展开，缺乏足够的层次感；并且语言仅仅停留在泛泛的记叙和空洞的议论上，表述不够细腻、不够深刻。写议论文，不少学生只顾陈述论据，不会分析和议论，造成结构比例不匀称且议论不够深入，缺乏深度。所以建议除了整体上的结构要追求多层次之外，局部最好也要精雕细刻，比如议论文可强调紧扣论点简练叙述例子后，重点关注分析和议论。

(四)素材链接

1. 狄仁杰刚正不阿

狄仁杰仪凤元年擢升大理丞，明察善断，刚正不阿。权善才、范怀义二将误伐昭陵柏树，高宗大怒，下旨诛杀二人，狄仁杰依法力争，高宗只得收回成命。狄仁杰任侍御史时，弹劾了一些媚上钻营、恃宠专权的重臣王立本、韦弘机，阿谀逢迎之风大减，朝廷肃然。

2. “模范官员”李卫

浙江总督李卫以严猛廉洁著称，与鄂尔泰，田文镜并称为“三大模范”。雍正帝赐他御书“公勤廉干”匾额一方。李卫不苟同于官场积习，无所瞻顾，不徇私情，不避权贵，得罪了不少大员，这些人串通告状。雍正帝心中有数，指出：李卫粗率狂纵，人所共知，但他却是刚正之人，“朕取其操守廉洁，勇于任事。以挽回瞻顾因循，视国政为膜外之颓风耳！”

3. 书生的骨头刘文典

刘文典任安徽大学校长时，发生学生风潮。蒋介石召见他，要刘交出闹事的共产党员名单，严惩罢课学生。刘直言顶撞，两人拍桌大骂。蒋介石恼羞成怒，把他关进了监狱。

卢沟桥事变后，日本人多次请刘出任伪职，均被严词拒绝，惹怒了日本当局，刘毫无惧色。刘日语流利，但在日寇面前，竟“以发夷声为耻”，说，“国家民族是大节，马虎不得，读书人要懂得爱惜自己的羽毛”。

4. 刚正摩西成领袖

摩西是以色列的首领，因杀了一个欺压以色列人的埃及官员，被迫出逃。在米甸旷野。他发现一群牧羊人欺负两个女人，这位正直、刚强的汉子，并没有因为自己在难之而失去斗志，再次挺身而出，赶走了那些牧羊人，帮助弱女子打水，饮了她们的羊群。他被认为是上帝的旨意的执行者，是刚正不阿的象征。

(五)相关格言

(1)其身正，不令而行；其身不正，虽令不行。(孔子)

(2)不曲道以媚时，不诡行以徼名。(魏征)

(3)仰不愧于天，俯不愧于人，内不愧于心。(韩愈)

(4)国正天心顺，官清民自安。(冯梦龙)

(5)宁鸣而死，不默而生。(范仲淹)

【学生佳作选评】

1. 恶即斩

王　好

碎星闪烁，春樱飞扬，月色清亮亮似美人明眸，温柔地注视着万物。本该是花好月圆，良辰美景，却让人心中生出一丝挥不散的凉意。

斋藤一抱着刀立在窗前，出神地望着窗外无边的夜色，身后传来阵阵脚步声，那位位高权重、说一不二的大人物此时正背着手，在房间里来回走动。

斋藤一闭上眼睛，似乎这样就能隔绝那烦人的脚步声。黑暗中，一股与这风月无边的景致极不相称的味道越发浓郁。

那是血腥气。

是幕府武士的血，长州派浪人的血，还有这场战争开始以来无数百姓的血。

也是他手上、刀上的血。

为了什么呢？这双手结果了那么多生命。

为了“恶即斩”！

哐当！

那位大人物突然抽刀劈向桌案，伴随着如狼一般的怒吼。

“可恶！无知小儿竟将本将军逼到如此地步！什么改革维新？一派胡言！分明是想祸乱朝纲！”

他恨恨地咒骂着，咒骂着那个要推倒德川幕府的小天皇。

祸乱朝纲。

他也这么想。新上任的小天皇为了自己的地位，竟然将火烧到了世世代代守护日本的德川幕府身上，这便是罪，是恶。而他的信念，就是斩尽世间的罪恶。所以，他加入了新撰组，为抵抗天皇、保卫幕府而战。

蓦地，他脑海中浮现出一双黑白分明的眼睛，瞪着他。

那是一个女人的眼睛。在一次任务中，他负责斩杀一个女子，她秘密给叛军送信。

他穿着夜行衣，摸进她的家中，她正在床边哄着女儿入睡，目光柔和，迟迟没有下手，沉声问道：“既然疼爱孩子，为什么帮助叛军？”

那女子嘴角扬起一个极美的弧度：“因为只有维新才能救日本，”她望着那孩子的房间，目光中有无限留恋，“我不想让她活这个血雨腥风的时代。”

他杀了那个女子。

此后好多天，他重新审视他的选择，他所守护的幕府，他听见自己的心跳声，那个女子是对的。

真正的“恶”，不是天皇，而是幕府。

门突然打开了，一个浑身是血的武士跌跌撞撞地冲进来，倒在地上。

局势已然明了。那位大人物一跃而起，声嘶力竭地大声喊道：“给我挡住！给我挡住！你们就是死了也要给我挡住！”然后转向斋藤一：“斋藤，本将军现在命你为本将军护驾，从地道撤退！”

斋藤一沉默地起身，目光沉沉，无甚表情，跟着那位大人物进入了地道。

黑漆漆的地道里，两人沉默地走着，一前一后。斋藤一握刀的手微微颤抖。

他的目光穿过面前无尽的黑暗，看到那些远去的人正站在他面前。看到法场之上，近藤前辈岿然不动的身影；看到战场之上，土方副长如感受不到疼痛一般挥着刀近乎疯狂地战斗着；看到江户的小屋中，年轻的总司一口口呕出的鲜血……

他们站在他面前，没有说话，却仿佛在一声声地质问他。

你忘了我们为什么而死了吗？

你忘了是谁杀死了我们了吗？

你怎么可以不顾我们的牺牲，不顾我们并肩作战的情谊？

他的手在颤抖，一点一点，缓缓地拔出刀来。

我没有忘记。

我不敢忘记。

可是我也不能忘记那些无辜的百姓，忘记他们的哭喊。

我更不能忘记我自己的信念。

他的手陡然用力，长刀出鞘。

“恶，即斩。”

寒光凛冽如流星破空，却照不亮抛却在身后的过去，和看不到的未来。

后记

明治天皇终于掌握大权，黑暗的时期过去了，新的时代业已来临，东京警察局迎来了一批新人。

警长看着面前抱着刀的青年，示意他和同僚们打个招呼。

“我叫藤田五郎。”青年沉默了一下，开口道，“我的信念是，恶即斩！”

古朴的栈道上又迎来了绚烂的樱花，四月和煦的暖风吹拂着新时代的风，不断向前走去。

老师点评：作者截取明治维新时期的一段史实，采用故事新编的手法，演绎了一个关于刚正的故事，面对恶，必果决除之，无论对方是如何强大。写法上，作者作了精心构思，并没有平铺直叙，而是从主人公对恶的偏颇认识写起，经过灵魂挣扎，终于明了恶的真正内涵，坚决斩之，一波三折中，使主人公形象更加丰满，对一个中学生而言，难能可贵。

2. 以刚正之姿傲立于生命之巅

王彩琪

物欲横流的世界，财权交织，笼罩人心。重重诱惑前，总有人耐不住内心的欲望，摒弃原则，见利忘义；权势威胁下，总有人受不住内心的恐惧，抛却本心，趋炎附势。千古悠悠，有多少王侯将相、达官显贵，骂名缠身，却仍沉迷物欲，不知餍足。

然而，纵观华夏五千年，却有这样一群人。他们以风骨为笔，在历史的画布上留下了浓墨重彩的印记，以刚正的姿态傲立于生命之巅。

“以谏诤为心，耻君不及尧舜”，这是一代谏臣魏征的毕生追求。为君主圣明仁智，为百姓安居乐业，为国家长治久安，他有些执拗地拱手立于大殿之上，据理力争，从不畏怯，毫不退缩。睿智如他断不会不明白“伴君如伴虎”的道理，言辞激切，大义凛然，其背后藏了多少就此赴死的决心。有谁不想平安顺遂地度过一生？可君王的过失总要有人去纠正。于是，魏征站了出来，以刚正之姿傲立盛唐之巅。

“清风两袖朝天去，免得闾阎话短长”，这是一代良臣于谦的行为准则。于谦返京，友朋往来拜访，屡屡提及劝其行贿于王振之事，于谦仅付之一笑。宦官当道，朝纲败坏，搜刮民脂民膏以满足自己口腹之欲，耍弄权势金钱以胁迫他人顺从依附。然而，在众人皆醉之际，总会有人独醒于世间。述职当日，守门的士卒拦住于谦，收取赠礼。于谦抬起双手，一抖袍袖，朗声说道：“我的赠礼就在此处，唯有两袖清风！”有谁不想加官晋爵一展宏图抱负？可助纣为虐损害国家之事断不能为。于是，于谦站了出来，以刚正之姿傲立于污浊官场。

“苟利国家生死以，岂因祸福避趋之”，这是一代忠臣林则徐的人生信条。英商拐外抹角的讥讽、同胞面黄肌瘦的惨相、无数人痛苦不堪地挣扎，这桩桩件件，坚定了林则徐誓死销烟的决心。“若鸦片一日不绝，本大臣一日不回”，字字铿锵，掷地有声。他明知此举会触及部分权贵的利益、会引起英国人的不满，可那又如何？让自己国家的百姓免遭毒瘾侵噬才是他最该做的，他要向全世界宣告中华民族决不屈服于侵略的决心。于是，林则徐站了出来，以刚正之姿傲立于危亡关头。

即使权势能扭转乾坤，也无法扭转一颗刚正的内心；即使金钱能浸染天地，也无法浸染一份刚正的信念。魏征、于谦、林则徐，他们与权力和金钱的诱惑背道而驰，坚守着自己的那一份赤诚与刚正，向着心中的追求，不计得失，不顾生死，勇往直前。

严遵曾说“心如规矩，志如尺衡，平静如水，正直如绳。”坚守心底的那份刚正吧，它会规范你行为的尺度，它会指引你前进的方向。终有一日，你将以刚正之姿傲立于生命之巅。

老师点评：本文紧扣“刚正”话题，旁征博引，气势如虹，歌颂了华夏五千年涌现出来的刚正不阿的民族脊梁，佐以名人名言，论证有力。不足处是论证结构稍显单调，如果联系并分析历史和现实中的丑恶现象，则在强烈对比中论点和写作目的将会更加突出。

3. 不以利移，行动为方

鞠 娜

徐特立曾经有言：“知识要圆，行动要方。”

诚然，做学问，需要柔和，要海纳百川，懂得包容；做人，则需要有一种不以利移，不以患改的刚正不阿的品质。红颜一转成白发，繁华一转成荒芜，唯有内心的刚正品质才可流传千古。

行动要方，是面对权贵，心有准则，不屈不挠的坚守。“口不吟绝六艺之文，手不绝披于百家之篇。”韩愈涌动着“知其不可为而为之”的儒家血脉，他的刚正不阿使他大义凛然，与权贵斗争。宪宗皇帝为了迎佛骨，修路盖庙，劳民伤财，百姓怨声载道。为了仕途，他本可事不关己，高高挂起。但他不能，一句来自内心深处的呐喊：“不能！”他一挥手，《谏迎佛骨表》惊王侯；一递谏，忠心耿耿触龙颜；一日间，夕贬朝阳路八千。他就如同打磨的铁器，内心刚正，即使是牺牲自己的锦绣前程，也不会动摇自己内心的那份坚守，始终心有准则，方正处世。

行动要方，是面对诱惑，转身而去的平静与潇洒。还记得那飘然一往的化蝶庄子吗？面对楚使的恳求，面对丞相大位的诱惑，他平静转身，潇洒而去，只留下一句，愿做“曳尾于涂”的乌龟。他带着与鲲鹏并肩的志向，与游鱼共乐的自得，坚持了清澈刚正的心灵选择。

人如此，国亦然。一个国家的民族精神，缺少判断是非的能力是万万不可的，刚正不阿是一个国家屹立于世界民族之林所必需的内涵。如今钓鱼岛，南海问题牵动人民关注，国家发声，明确立场，对南海诸岛及其附近海域拥有无可争辩的主权，决不妥协。刚强正义，就如同一个民族的脊梁，撑起整个国家的气节与尊严。

“邦有道如矢，邦无道如矢。”我们应敬佩嵇康，不屈于淫威，一曲广陵绝迹于刑场；我们不应该忘记楚大夫沉吟泽畔，九死不悔；我们更应该铭记林觉民，为了正义，黄花岗畔，书成绝笔，留给妻子最温柔又最决绝的背影。

冰心说：“大海的水，是不能温热的；孤傲的心，是不能软化的。”在如今这物欲横流的社会中，有太多的人汲汲于富贵，典当了曾有的刚正。在追求的漫漫长路上，让我们拾起遗失的星星，不以利移，坚定目标，以方正作为行动的准则，把背影留给远方。

老师点评：本文从徐特立名言导入，引出“行动要方”的中心论点，然后由个人到国家，从典例到排例，论证充分，层次井然，有力地赞美了刚正的品格。结构清晰，内容丰厚，旁征博引，联想力丰富。

和于老师在毕业典礼上

附录：阅读训练《半局》参考答案

1. ①风趣幽默。说自己说话言不及义，宿舍取名无畏斋，恋爱时设计骗女友，给自己写挽联。②知识渊博。他言必仿圣贤，连女儿名字都取自《道德经》。

③刚正不阿。爱憎分明，看到不顺眼的人或事他非爆出来不可。书学石痴米芾。读文章严苛万分，轻易不下一字褒语。④爱心深沉。生重病瞒着爱妻，临终前代女儿拟挽联，实际上是劝谕女儿，爸爸去后要好好孝敬妈妈。⑤热情好客。常请朋友去宿舍赏花，每次都招待他们。

2. ①字面上，指孩子们在广场上做游戏，其中一人玩到中局就离开了。②文字背后，指杜公英年早逝，没和大家一起更久的享受生命的快乐，深切表达了真挚的惋惜和怀念。

3. ①写作题材小说化。这是一篇怀人的散文，重点写人，如小说重点是塑造人物。②写人的手法小说化。个性化的人物语言、居室环境描写都非常出彩。

本文原发表于《语文报》(寒假专号)2017 年 1 月，有修改

第八章

深度学语文探究之课堂实录

一　思维为篙，向更深处漫溯

——任务驱动型作文“深度”说理指导课堂实录

[学习目标]

(1)走近《考纲》，明确任务驱动作文的“深刻”内涵。

(2)品读佳作，归纳获取“深刻”发展等级分数的有效方法。

(3)运用“深度”说理方法，加强作文“深刻”升格训练。

[教学过程与步骤]

青岛市公开课

生(齐)：老师好！

师：同学们好！

班长：请坐！

师：好，记得我们在高二时候学过，现代诗人徐志摩的一首诗叫《再别康桥》，其中有一段文字非常优美，我们一起来背一背好不好，我起个头“撑一支长篙”，一二！

生(齐)：撑一支长篙，向青草更青处漫溯；满载一船星辉，在星辉斑斓里放歌……

师：很好！那么接下来，让我们以思维为篙，向作文更深处漫溯。高考的发展等级要 20 分，有一位高三的资深送考老师，这样戏言“得作文者便可以得语文，得语文者便可以得天下”，那么作文是如此重要，但是作文又是不太好写的，自从 2015 年，为了避开高考的套作和宿构，于是出现了议论文一种新的写作文体叫什么？

生(齐)：任务驱动型作文。

师：任务驱动型作文，这种作文在写起来应该说较以前有了一定的难度，我们的老师参加高考阅卷，包括期中考试，发现我们同学在写作过程中出现以下这些遗憾，我们来看一下。（展示 PPT）我们的考场作文经常会出现这样的问题：第一思维层面比较浅层、平面、平庸，就是只罗列事例，堆砌人物，这段写屈原，下段写司马迁，再下一段写林则徐；第二就是论点绝对，辩证思维缺失，今天新的作文需要你和对方平等交流，尊重对方的言论，在一种开放包容平等的话语氛围中交流自己的观点；第三是语言比较幼稚，思考力不足；第四材料比较陈旧而且非常匮乏，这一点要引起咱们同学的注意，记得有一位高考老师，他这样说，“可以用两个人物做论据，写遍近十年的山东高考题，一个就是司马迁，一个就是陶渊明”。比如说，司马迁可以用来写“时间不会让记忆风化”，可以用来写“见证”，可以用来写“人生之美由光明与阴影构成”，可以用来写“担当”，可以用来写“这个世界需要你”。所以有的高考阅卷老师戏称：每年一到夏天，屈原会一次次地跳江，司马迁会一次次地遭受宫刑，陶渊明会一次次地辞官回家，史铁生会一次次地瘫痪，可见材料非常陈旧。那么如何避开这些？今天我们一起来探讨，语文如何走向深度。2019 年的考纲对“发展等级”有以下四点要求，接下来我们来主要谈一下“深刻”这一点，“深刻”在首条，大家一起来读一下，“深刻”，一二！

生（齐）：深刻，透过现象深入本质，揭示事物的内在关系，观点具有启发作用。

师：这是关于“深刻”这个特点，我们同学在写作文过程中，“深刻”这一点不好达到。下面，我们就结合着两篇例文，来探讨一下如何把作文写得深刻，我们提倡作文“50＋”分的工程，下面我们分小组讨论，来探究一下这两篇文章，你觉得哪个地方深刻，好，开始讨论！

（学生开始小组讨论，老师教室巡视并给予适当指导。）

师：好，我们接下来进行交流，先分析第一篇文章，你们觉得哪个地方深刻？

（老师示意学生起立回答。）

生 1：我想分析第一篇文章的第一段和第二段，首先作者在第一段用了“的确”和“可”两个词，构成了让步，引出了他下面的论点，在引出论点的时候，运用了反问句“不禁也想问：这样的爱是否过界了？”这样就明确地告诉我们他的论点是“这样的爱是过界的”。在第二段中，仍然运用了让步说理，首先说“不可否认这个女士的行为是让人同情的，但是贫穷不是偷窃的理由”，再一步证明了他的论点。然后指出本质，这里构成了本质分析，告诉我们，这个女士的行为虽然令人同情，但在法律上仍然是违法的，即使是出于爱的动机也不能这么做，接下来的“试想”和“试问”句是假设说理，深化了他的观点，进一步告诉我们，我们的社会不能让偷盗成为常态。

师:这位同学说得很清晰很专业,那么你来梳理一下这两段,你刚才说了一个让步说理,它的标志词能找出哪些?

生1:的确、可能、不可否认、但是。

师:这叫作让步分析法。那么除了让步分析法,还有什么分析法?

生1:还有本质分析法。

师:本质上,就告诉这个地方我要指本质。还有什么分析法?

生1:假设分析法,就是试想和试问。

师:好,她分析得好不好?大家掌声送给她。

(集体鼓掌。)

师:下一位同学,你们组的,哪一位代表?(小组代表站起来)你觉得哪一段深刻,来分析一下。

生2:第⑤节深刻,它从更广阔的背景去谈这种"过界爱"的危害。

师:他说从社会的角度,能体现出说理的哪个特点?

生2:广度。

师:广度,那么提到广度,请问从②③④这三段看,从内容上讲,都评论的是一个什么事件?

生2:母亲去超市偷鸡腿给女儿作为儿童节礼物。

师:就是寒酸的儿童节礼物,是吧?谈这个礼物,就事论事来谈。那么社会上只有这一件事吗?于是荡开一笔,回到了社会,增加了论证的广度。好(示意学生坐下),来哪一组继续交流?

(学生站起来。)

师:你想分析哪一段?

生3:我来分析第⑥、第⑦段。首先第⑥段主要就是提方法,献对策,提出只有建立完整的常规的救助体系,才能做到真正的及时和普惠。第⑥段引用网友的话,是引用论证。然后提出例子,实现了从说理上得到了升华,这里运用了举例论证。第⑦段是总结全文,回扣材料,深化中心论点,同时展望未来。

师:她说第⑦段是对上文做总结,说得非常好。那么应该如何做,第⑥段就提供了什么?

生(齐):方法。

师:没错,提方法。好,你请坐,哪位同学继续交流?

生4:我想分析第④段,开始第一句,有"的确""但是"两个词,让我们知道这一段是让步分析法,这样分析是肯定了社会上是需要同情和爱心的,然后后面"实质上"是本质分析,论证了爱心过度可能导致社会上法理失衡,然后文章的最后还用了习近平总书记的话，引用了这句话是点睛之笔，深化了本段的分论点，也就是现在社会上需要爱心的，但是不能过度。我觉得这一段是让我们学习的是作者用联系的眼光看待的问题，任何问题都不是孤立存在的，作者透过母亲的个人行为，以小见大，点明了整个社会上存在的问题。

师：说得很好，我们来梳理一下第④段，通过标志词我们来分析有几种深刻的方法，首先是什么？

生4：让步分析。

师：标志词是什么？

生4：的确和但是。

师：很好，这是第一处，第二处是什么？

生4：实质上。

师：这叫什么分析法

生4：本质分析。

师：接下来。

生4：表面上，还有"背后是"，也是本质分析。

师：都属于本质分析法，接下来呢？

生4：引用了习近平总书记的话。

师：这是一个引用，是引用名言分析法，上面还有一个，我们觉得他们这样做好像是很有爱心，但她这么做实际上是绑架了爱心，为什么让人感觉到是这样呢？正是因为社会上所谓的正能量，因为大众的跟风行为才蒙蔽了我们的双眼，觉得这个爱是有益的，这叫什么分析法？因果分析法。好，大家看，请这位同学归纳一下，本文先后用了哪些分析法？

生4：让步、本质、引用、因果。

师：通过这样，使文章说理变得怎样？

生4：更加有力。

师：更加有力，同时体现出什么度？

生4：深度

师：说得非常好，请坐。好，那么接下来，我想找一个同学，来进一步地分析一下，刚才我们同学对每一段几乎都分析完了，那么还有其他发现吗？那位同学请。

（老师示意学生起立回答，学生站起回答）

生5：我觉得整篇文章作者构建得非常有深度，首先可以分成两个层面，先来看文章的结构，通过以上同学的分析，我们不难得出以下结论，作者在开头开门见山得提出了文章的观点“这样的爱过界了”，也就是他提出了对这位女士行为的否定，之后作者又深入到这个问题中，分析了这个问题的本质，然后呢，他又联系社会实际，深切地挖出了这个问题对社会各界的危害，（老师附议危害这个词说得好）最后作者又不忘记提供解决这个问题的方法，以及通过这一事件联系到社会各界其他问题的方法和对策，使整篇文章的结构完整了，第七段的结论总结了全文，深化论点，刚刚以上同学还说到本质分析法、让步分析法、假设分析法、因果分析法，以上这些分析方法，从他的思维逻辑以及辩证角度给这篇文章增添了亮色，使文章更加深刻，从文章的结构和方法上，我们不难看出作者在辩证思维方面是很有天赋的。

师：总结得很棒！接下来大家思考如果中间的部分，②③④算一个层，第⑤段算一层，我为什么这样来分？

生5：②③④分别从孩子、母亲、社会角度来阐明这个事件带来的危害，然后第⑤段从法律深入联系社会，说明它会造成法理失衡，都是谈危害。

师：整个来讲谈危害，那么②③④就事论事，这是任务驱动型一个核心特征就是就事论事，那么这个社会上就这一件事吗？

生5：所以第⑤段联系了社会，联系实际，拓宽了文章的广度。

师：说得好。这个同学从整体结构上来分析这篇文章在篇方面的深刻，大家看文章要写得好，突出它的深度，我们可以从纵向来发掘。哪位同学来读一下这篇文章的材料。（老师示意学生起立）你读完之后回答我，这个材料中的任务是什么？

生6：六一节前夕，南京一名刘姓母亲涉嫌在超市偷盗“一个鸡腿与几本书”被抓。经警察询问，得知该母亲想拿此作为儿童节礼物送给自己生病的孩子。一时间，“最心酸的儿童节礼物”感动网友“朋友圈”。随着刘姓母亲的不幸遭遇被媒体陆续披露，短时间内网友爱心募捐达到惊人的30余万元。但与此同时，该事件引发网友质疑和批判的评论也超过10余万条。近年来“爱心救助”屡屡遭遇尴尬。对于母亲与网友的这份“爱”，网友看法不同，有的人认为是献爱心，有的人提出批评质疑。那么，对材料中的这份“爱”，你怎么看？请结合你的认识与思考写一篇不少于800字的文章，选好角度，明确文体，自拟标题；不要套作，不得抄袭。

师：这篇文章很明显是任务驱动型作文，材料＋任务＋要求，那么它的任务是什么？

生6：任务就是结合认识和思考，提出对这个问题的看法。

师：提出看法，它回答了没有。

生6:回答了。

师:哪句话明任务?

生6:这样的爱是否过界了。

师:这位同学回答得很好,整篇文章纵向挖掘,有深度。我们不妨来思考一下,大家看第一段,既然任务给你了,你要明任务,明观点,明完任务之后,看②、③、④,第②段从谁的角度,(生答:母亲),第③段从谁的角度?(生答:孩子),第四段从谁的角度?(生答:社会)大家看看对哪方面的危害。一味地献爱心,实际上是绑架了什么(生答:法理)说得好,法理,这三件事实际上是同时谈本质同时谈危害,这引起我们高度的重视。不仅是这一件事,社会上还有吧,于是就过渡到第⑤段。这个思维层面上就是“指本质”与“挖危害”,这是个否定性的任务驱动型。如果是个肯定性的,你可以指意义,挖根源。这样的事情社会上普遍存在吧,所以第⑤段联社会,既然这种做法不好,有很多危害,那么到底如何做呢,一篇好的文章要干什么?(生答:提方法),提方法。好的文章要凤头猪肚什么尾?(生答:豹尾),豹尾,这篇文章结尾是不是写得很好,这样我给它起个名字,叫“六向”,就是六个趋向,一个思维呈现出一个深入的趋向,叫六向是不是,大家知道一篇好的议论文结构通常是“是什么”“为什么”“怎么做”与“提号召”,其中哪一段是什么?(生答:第一段)从②到几是为什么?(生答:②到⑤)说得好,②到⑤,通过谈危害谈为什么,哪一段是怎么做?(生答:⑥节),最后一段是什么,做总结,所以整篇文章是不是分四大部分,所以起个名字叫“四部六向式”。文章就是是什么,为什么,怎么做,提号召。在思维的维度上向深入发展。就体现出这六个向度。以上我们分析了这篇文章在整体上的深刻,那一篇文章要显得深刻,你这样来做,还可以从段上来体现深刻。哪位同学总结一下。

生:本质分析法(本质上、其实、不是……而是),让步分析法(诚然、固然、的确、不可否认),假设分析法(试想、如果、假如)。

师:看一下还有什么补充?

生(齐):因果分析法

师:很好,还有因果分析法,这篇文章都有吧,最后一个对比分析法,这篇文章没有,我们来看下一篇。我觉得任务驱动型作文,深刻是首位的,要把它想深想透,除了深之外,还要透,还要出现两三处横向拓展,所以我想提第二点,一篇文章要写得有广度,这叫横向拓展。下面交流第二篇文章。

师:来,我们同学来交流一下,你觉得第二篇文章哪些地方体现出深度。

(老师示意学生起立回答,学生站起回答)

生 7：我来分享这篇文章第三段，首先第三段开头，提出了分论点“偶像崇拜不仅很自然，而且很有必要”，随后又指出因为偶像能予人以正确的指引和深远的教化，这是因果分析法，点出因果，对分论点进一步分析。之后又举例，马云以金庸为偶像，普京以彼得大帝为偶像，从现代角度举例。又从古代，这种情结，古亦有之，李靖以诸葛亮为偶像，苏轼以韩愈为偶像，拿破仑以亚历山大大帝为偶像，最后“心有偶像，见贤思齐，仰慕模仿靠近，成就或超越偶像般优异的自我”，这是总结和点题。

师：说得很好，那么这一段主要运用了哪两种举例方法？马云和普京叫什么例？

生 7：双例。

师：接下来，三个例子，比较整齐，叫什么例？

生 7：排例。

师：排例，好，再看第三段第一句后边一句话，“因为”，这叫什么分析法？

生 7：因果

师：好，很聪明，接下来，你把这段话读一下，看看这一段如何让在内容逻辑上有深度。

生 7：偶像崇拜不仅很自然，而且很有必要。因为偶像能予人以正确的指引和深远的教化。正直、忠诚、无畏这些美德，崇拜者都可以从偶像身上习得，进而成就更好的自己。从小酷爱武侠小说的马云以金庸为偶像，在日后的创业中，连同金庸笔下的武侠气息，通通烙进阿里巴巴的战略、战术和管理中；普京一直将彼得大帝视为自己的偶像，成就了苏联解体后俄罗斯的复兴。这种情结古亦有之。李靖以诸葛亮为偶像，终成一代战神；李靖以诸葛亮为偶像苏轼以韩愈为偶像，续写了唐宋八大家的传奇，拿破仑以亚历山大大帝为偶像，缔造了法兰西第一帝国。心有偶像，见贤思齐，仰慕模仿靠近，成就或超越偶像般优异的自我。

师：读得很好，掌声送给他。刚才我们分析了双例和排例，然后也分析了因果分析法，这一段文章写得很漂亮，有一个非常好段的层次，谁能看出来，如果我把这段分为四层，怎么分？

（学生举手，老师示意学生回答）

生 8：这一段分成四层，首先开始划线的句子是作者提出分论点。

师：分论点是什么，读一下。

生 8：偶像崇拜不仅很自然，而且很有必要。

师：在后面划一道线，写三个字“观点句”，接下来。

生 8:接下来他写了马云以金庸为偶像,普京以彼得大帝为偶像的双例,这是一个层。

师:这个层和下一层之间有个过渡句,是哪句话?

生 8:这种情结,古亦有之。

师:好。

生 8:他从现代例子追溯到古代,说了李靖、苏轼、拿破仑三个例子,构成排比,也就是刚才说的排例。

师:好,那么一篇好的段落,有材料段,也有论据段,马云、普京、加上后面三个人都属于什么?

生:材料。

师:这里能否分开,不能分开。大家就可以从这个地方分开,就是"从小酷爱武侠小说的马云"前面划两道线。写一篇好的作文要想深刻,观点句后边应该干什么?

生 8:提例子,引以为证。

师:要例证,要阐释一下,在后边写三个字"阐释句"。阐释完之后是材料,材料之后要加上什么?

生:结论。

师:结论！说得好,读一下最后。

生 8:心有偶像,见贤思齐,仰慕模仿靠近,成就或超越偶像般优异的自我。

师:好,你梳理一下这段包括哪些句子?

生 8:观点句,阐释句然后是例证句,结论句。

师:非常好。请坐,这段分析透了。接下来,还喜欢哪一段,继续交流?

(学生起立回答)

生 9:我想分享第④段,首先作者一开始就阐述了"多数年轻人追星是不够理性的,于是落入盲目崇拜的怪圈",是一个分论点,由此展开后面的论述,作者首先从莫言和司马光名言揭示了偶像的庸俗爱好会给年轻人造成不良影响这个道理,最后举了拳王泰森和迈克尔·杰克逊的例子,"成名后极尽奢靡,最终穷困潦倒"有力地论证了奢侈享乐对人的毒害,论证很充足。也能引发读者对于盲目追星的思考。

师:好,他分析得非常清楚,继续交流。

(学生举手示意,老师示意她起立回答)

生 10:我想来说一下第一段,先用蔡康永的名言,引出阐述了文章中心是我们生活中的偶像,联系实际,更贴近我们中学生的生活,更加真实,接下来又说生活中对偶像的崇拜司空见惯，说明了偶像问题在社会上的普遍性，也说明了这篇文章写得很有价值，引出下文对偶像崇拜的论证。

师：我再问你，第二段开头关键词分别用了哪两种分析方法？

生10：本质分析法和因果分析法。

师：好，随时点评，你接着说。

生10：手段简洁，开门见山，照应题目，首尾呼应，可以说是一个凤头。

师：说得好，凤头，还有交流的吗？

（学生举手示意）

师：好，你请。

生11：我要分析的是第六段，首先引用狄更斯的话，“这是一个最好的时代，这是一个最坏的时代；这是一个智慧的年代，这是一个愚蠢的年代”，体现我们所处的时代背景，提醒我们追星的时候要理智，还提出后边要说的对策和方法，就是要从优质的偶像身上汲取正能量，立己达人，齐家治国。提出这样的建议，其他还是一个结尾，起到总结和深化的作用。

师：说得很好，把最后一段读一下。

生（齐）：“这是一个最好的时代，这是一个最坏的时代；这是一个智慧的年代，这是一个愚蠢的年代。”狄更斯的话启迪着年青的我们在选择偶像时要理性，要从优质的偶像身上汲取正能量，立己达人，齐家治国。

师：好，非常好，接着交流，你觉得哪些段好，畅所欲言。

（学生举手，老师示意她回答）

生12：我分析第⑤段，第⑤段开头，他提出了自己的一个论点，“相反的是这些立德立言立功的大家却鲜得关注”，然后这句话和前面第④段形成了一个对比，然后他举了李小文、屠呦呦、南仁东等国家优秀人才偶像的例子，从而说明了自己的本质论点，“其实，他们才是国家民族真正的栋梁，是值得我们崇拜的偶像”，运用了本质分析法回扣了主题，这些优秀的国家科学家才应该是青少年所应该崇拜的偶像，表明了自己的观点。

师：同时在举例的时候用了一个什么例？

生12：排例

师：分析得很好，“其实”这个地方指出了他背后的本质，同时这一段提出了什么？我们应该以谁为榜样？

生12：应该以国家栋梁、优秀的人才为自己的榜样。

师：所以这一段按照咱刚才讲的那“四部六向”属于什么？

生（齐）：提方法。

师：非常聪明。把这一段读一读好不好？

生（齐）：相反的是这些立德立言立功的大家却鲜得关注。君可知不重外在、衣着简朴的院士李小文，倾情青蒿素、本色不改的屠呦呦，24 载注目苍穹、点亮“天眼”的南仁东，一生捐资 10 多亿助学的田家炳……很多青少年对他们却知之甚少。其实，他们才是国家民族真正的栋梁，是值得我们崇拜的偶像。因为社会的发展与国力的提升必须得有科学家科研发明创造作为支撑；国家的软实力与民族的文明需要文学家、道德模范的文化精神的濡染。

师：非常好，刚才每一段都分析完了，下面哪位同学能从整体上说说这篇文章很深刻？

（学生举手，老师示意她回答）

生 13：首先我觉得这篇文章不仅从深度上体现了（深刻），也从广度上体现了（深刻），从他例证的丰富度和广泛度来说，丰富度很简单，像第③段、第④段、第⑤段这样的，每段都有很多个例子来论证他的观点，然后这些例子又覆盖了古今、中外，还有民族英雄这样的正例，也有拳王泰森、迈克尔杰克逊这样的反例，两相对比，更突出了他的论点。另外，他不仅举了名人事例，也联系了现实生活中一些青少年不理性追星等例子，还有一点就是不仅列举事例，还引用了很多名人名言，从这上面也可以体现他的广度，如果还要说手法的话，我认为运用这些例证的方式很多，比如说双例和排例等。

师：好，谢谢你，掌声送给她。

（集体鼓掌）

师：我为什么掌声送给她，这位同学不仅声音很好听，而且回答问题非常条理，并且指得非常到位。一篇好的任务驱动型作文必须要关注时事，要避开材料陈旧，要有材料的新鲜度，你觉得这篇文章哪个材料新鲜？

生（齐）：第五段。

师：还有呢？你比如说田家炳这个材料，比如说金庸和马云这个材料，我们文章一定要充满时代色彩，要有新鲜度。再问大家一个问题，第一篇文章没有一个方法，这篇文章有，是什么？

生（齐）：④和⑤是对比。

师：④和⑤，对比分析法，把这个标志词写下来。那么②③和④构成了什么分析法？看分论点。

生（齐）：本质。

师：光看分论点是本质，但②③和④构成什么？

生（齐）：递进。

师:在层次上是递进,在分析方法上来讲,这件事我即看出好的一方面,也看出它不好的一方面,是什么?

生(齐):辩证。

师:写下来,叫辩证分析,非常棒。深刻的第二点,一篇文章要想深,想透,想透要注意他的广度,广度我们要学会横向展开,让你的说理有广度,(操作ppt)大家看第三条,你要注意写双例、写排例,写正反例。

师:横向展开,说理有广度。点例,面例,单角度变成多角度展开,单例换成双例、排例、正反例。

(学生由衷赞叹,集体鼓掌)

师:跟大家一块探讨非常开心,接下来我们看下一篇文章,如何修改升格此文?你觉得这篇文章还可以升格,哪些地方可以升格。

(台下学生举手示意,老师示意她起身回答)

生15:这篇文章有可取之处,但显然也有几个缺点,开头利用了抛问题的方法来提出他的观点,回扣的材料,就是"作为当下的青年人,我们需要什么样的偶像呢",但是之后②③④⑤段以及往后缺少分论点。

师:说得很好,③④你看都没有分论点,还有问题吗?

生15:还有就是这篇文章举的例子比较单一,比如说第③段的杨丽娟作为一个反例,第⑤又举了个别别的几个正例,比如南仁东等,然后我认为跟刚才那篇文章先比,他在举例上还比较匮乏。

师:升格建议提得好,请坐。大家可以根据我们刚才讲深刻这些特点,来对她进行升格,这篇文章可以从篇的方面进行升格,然后从段的方面进行升格,这篇作文今天晚上的作业,好不好?

生16:好。

师:今天咱就交流这些,我非常喜欢一篇文章就是《滕王阁序》,里面有这样一句话"登高作赋",读一下,好吧?

生(齐):登高作赋,是所望于群公。敢竭鄙怀,恭疏短引;一言均赋,四韵俱成。请洒潘江,各倾陆海云尔。

师:好,今天,老师跟大家做个示范,抛砖引玉,希望大家带着今天的思考,多积累时事,多读时评文,多思考文章怎么写,才有广度、有深度,来突出"深刻"这一发展等级的特征,向"深刻"要20分,像陆云,像潘江两位才子一样有才华,像他们的文章一样如江似海,那么196天之后,高考考场前三名就是你们,你们还有你们!好,下课!

班长:起立!

生（齐）：老师再见！

师：同学们，再见！

2018 年 11 月 23 日青岛市公开课

【附录】

思维为篙，向更深处漫溯

——任务驱动型作文“深度”说理指导教学设计

[学习目标]

1. 走近《考纲》，明确任务驱动作文的“深刻”内涵。
2. 品读佳作，归纳获取“深刻”发展等级分数的有效方法。
3. 运用“深度”说理方法，加强作文“深刻”升格训练。

[教学辅助工具]

多媒体课件

[教法、学法]

诵读法、讨论法、合作探究法

[课时]

1 课时

[教学过程]

任务一：走进《考纲》，明确发展等级中“深刻”的特征要求

1. 考场作文经常出现的问题：

(1)思维浅层平庸。

(2)论点绝对，乏辩证思维。

(3)材料陈旧且匮乏。

(4)语言干瘪，语文味不足。

2. 发展等级中“深刻”的特征：

(1)透过现象深入本质。

(2)揭示事物的内在关系。

(3)观点具有启发作用。

任务二：品读佳作，归纳“深度”说理的技巧

要求：仔细阅读下面二篇例文，指出其说理深刻之处，并概括方法。

例文一(例文附在后面)

【文题回放】阅读下面的材料，根据要求写作。(60分)

六一节前夕，南京一名刘姓母亲涉嫌在超市偷盗“一个鸡腿与几本书”被抓。经警察询问，得知该母亲想拿此作为儿童节礼物送给自己生病的孩子。一时间，“最心酸的儿童节礼物”感动网友“朋友圈”。随着刘姓母亲的不幸遭遇被媒体陆续披露，短时间内网友爱心募捐达到惊人的30余万元。但与此同时，该事件引发网友质疑和批判的评论也超过10余万条。近年来“爱心救助”屡屡遭遇尴尬。

对于母亲与网友的这份“爱”，网友看法不同，有的人认为是献爱心，有的人提出批评质疑。那么，对材料提出的问题，你怎么看？请结合你的认识与思考写一篇不少于800字的文章，选好角度，明确文体，自拟标题；不要套作，不得抄袭。

例文二(例文附在后面)

【文题回放】阅读下面材料，根据要求写作(60分)

①范冰冰、跑男、TFboys、杨紫、迪丽热巴、邓伦、钟汉良、李敏镐……很多中学生说起他们的偶像来，眉飞色舞，无所不知。

②李小文，穿着打扮就像三十年前农民一样，小平头，粗布衣服，光脚布鞋。他是学问广博的中科院院士、科学家；屠呦呦、南仁东、田家炳……很多青少年对这些人却一无所知。

这种是什么样的现象？它会触发你怎样的认识与思考？要求：选好角度，明确文体，自拟标题；不要套作，不得抄袭。

过程与总结：

1. 学生读例文《“有毒”的爱心》，从词、段与篇的角度，批注本文的深刻之处。

2. 小组交流，合作探究。

3. 小结，归纳深度说理的技巧：

①纵向挖掘，全文有深度。

"四部六向"式：

接任务，指本质（意义），挖危害（根源），联社会，供方法，做结论。

②嵌入标志词，段落有深度：本质分析法（本质上、其实、不是……而是），让步分析法（诚然、固然、的确、不可否认），假设分析法（试想、如果、假如），因果分析法（因为、原因不外乎……），对比分析法（相反地、然而、反观……），类比分析法（正如，就好比，就如……）。

教师：以上从篇到段，总结写"深"的技巧；但如何写透，还需要从"广度"方面去拓展，请接着分析例文二。

③横向展开，说理有广度：

由点例到面例，由单个改用多角度展开，弃单例改用双例、排例、正反例……

（注意：用例句，不用例段。）

任务三：升格练笔，向"深刻"要 20 分

要求：运用所学深度说理的方法，从下文中自选一个段落加以升格，使之"深刻"。

【原稿】

淡看大明星，崇拜真英雄

周梓坤

①杜甫仰慕李白："白也诗无敌，飘然思不群……何时一樽酒，重与细论文。"乔布斯膜拜苏格拉底："我愿意把我所有的科技去换取和苏格拉底一个下午的相遇。"其实，古今中外，许多名人心中都会有自己的偶像，他们敬仰偶像，不仅把偶像作为追梦的标杆，更将之作为心中的一份信仰。那么当下作为青年人的我们又需要什么样的偶像？

②年轻人的偶像是各种各样的——歌星、影星、网络主播……并且他们非常关注自己偶像晒自己的颜值，晒自己名贵的东西。而对于一些科学家、慈善家所知甚少。一些青年人崇拜这些偶像是不理智的，是盲目的，只是无脑追从"偶像"的脚步而已。正确的选择是淡看大明星，崇拜真英雄。

③甘肃省兰州市的杨丽娟，家境贫困，却盲目追星刘德华，不交朋友，不上学，不工作，最后倾家荡产，老父跳海自杀。还有的年轻人竞相模仿某些网络主播的人，各种不顾后果的做法，又给别人造成了多少困扰，人们争相模仿自己的偶像，却从来不曾考虑过自己真正的梦想是什么。

④这是一个虚荣又崇尚金钱的时代，而真正的偶像，却被娱乐至上、物欲至

上蒙上了灰尘。

⑤青年们说,科学家这类偶像离我们太过遥远。何谓之遥远?是他们所创造的成就离我们太过遥远我们难以达到,还是他们的精神太过遥远我们学习不来?显然答案是前者。而他们却鲜有能看到他们高贵品质的人。中国天眼之父南仁东,在伟大的“天眼”成功背后,是南仁东24载,8000多个日夜的奔波与辛劳,心无旁骛,在世界天文史上镌刻下新的高度。他用尽生命的最后一点光,点亮“天眼”,让人类看清宇宙的样子。而人们在他去世悼念之际,有多少年轻人知道的?又有多少年轻人能了解“天眼”研究背后的艰辛与意义?

⑥青年问,那我们真正的偶像是什么?我们需要什么样的偶像?

⑦真正的偶像,是我们心中的一种信仰,他既可以是早已和我们形成“偶像代沟”的偶像,当然也可以是现在我们所崇拜的偶像,但教人们如何挥霍的人,不会成为我们的信仰。

⑧真正的偶像,心中之信仰,有利于你立德立行,不负青春梦。劝君淡看大明星,崇拜真英雄。

[升格段落]

学生回答:

②节说理太绝对,用“让步分析法”升格。③与⑤节说理不深刻,且材料不丰富。用拟定分论点与双例、排例去升格。⑦节缺提供完成任务策略环节,从应该寻找什么样的偶像去升格。

附录:例文一

“有毒”的爱心

吴炫璋

①南京刘女士在超市偷“一个鸡腿与几本书”被抓,只为给生病的孩子一份儿童节礼物,这礼物被称为“最心酸的儿童节礼物”。事件一经媒体披露,一瞬间,引来无数同情,网民踊跃捐款达30多万元。同时也引发热议,爱心救助遭到质疑。看得出,这是一位贫穷的母亲,的确令人同情,可我在为这位母亲恻然的同时,不禁也想问:这样的爱是否过界了?

②不可否认贫穷是让人同情的理由,但是贫穷却不是偷窃的理由,母爱更不是犯法的借口。刘女士的行为虽够不上判刑,但本质上仍然属于违法,即使你是出于爱的动机。法律之下,是不掺杂情感的,试想今天你为爱女儿偷窃礼

物，明天他就会为救治父母重病偷窃巨额财产。一旦酿成恶果，试问，谁会同情他？又有谁会可怜他？

③再说，谁曾想过这位女士的行为会给孩子造成多大的影响？《圣经》中有箴言："人有疾病，心能忍耐，心有忧伤，谁能承担？"以盗窃的方式给孩子献礼，绝对不是一个好母亲所为，这是以错误的行为误导子女——穷就可以偷，古人云："从小偷针，长大偷金。"诚然，孩子爱妈妈，但不会希望自己的妈妈是以这样的方式爱他。"这位母亲的做法不值得效仿"，"家庭困难不能成为偷窃的理由"。网上众多负面的评论也将幼小的孩子推上舆论的风口浪尖，孩子的心智成长又由谁来负责？给孩子造成的阴影谁来修复？在金钱与是非面前，孩子又如何被教育和健康成长？

④的确，同情心是高尚的情感，而这个社会也绝对需要爱心的奉献。但是"最心酸的儿童节礼物"引发网民踊跃献爱心，实质上是漠视了法律，消费了善良与同情。公众过度地献爱心捐款其实就等于认可这位母亲的行为，而绑架爱心的，正是因为社会的所谓的正能量，因为大众的跟风行为往往蒙蔽了我们的双眼，阻碍了我们的分析。我们只看到献爱心表面上所传达的社会正气与人性关怀，却恰恰忘了背后所隐藏的毒瘤。习近平总书记提出："要建设一个和谐的、有爱的社会。"这爱，自然是在理法之下的爱。而网友的过度爱心可能会造成"法""理"失衡。

⑤而法理的错乱，势必助长不正当的解决"贫穷"的手段。这种违法的事最终以"皆大欢喜"的结果收场，在社会上会造成一个非常不好的影响。社会上诸如此类支付不起子女上学费用、支付不起子女老人医药费的贫寒家庭不少，是不是意味着与这位母亲有着相同遭遇的父母，都可以罔顾法律、违背道德，采取盗窃等违法违规的办法吸引公众的眼球关注，从而博取社会的同情与捐助呢？答案是不言自明的。

⑥正如一位网友所说"去超市偷鸡腿，这个女人有罪；让一个母亲去超市为女儿偷鸡腿过六一，这个社会有罪。"与"妈妈为生病女儿过节偷鸡腿"对应的，是医疗保障没能到位的现实。而只有建立完整的常规的救助体系，救助才能够真正做到及时与普惠。

⑦母爱不可过界，社会的爱心也不可过界。莫让"爱心"绑架了法律，我们应当直面现实，不要只感动于心酸故事，也不要让盲目的爱心助长不良的社会风气。只有建立更完善的社会保障体系，每一个村庄，每一个家庭，每一个孩子才能真正享受社会甘露的滋养。

节选自《温州日报》2013 年 4 月 26 日

二　相看两不厌，丰富盈其间

——高考“发展等级”之“丰富”指导课堂实录

【学习目标】

1. 根据“丰富性”标准，亮化自己的语言。
2. 通过学习，掌握升格作文语言的技巧。

【课时安排】

1 课时

【学习方法】

朗读法、合作探究法、片段练笔法。

【学习过程】

师 1：在 2019 年《考试说明》写作一项“发展等级”指出“丰富”即“材料丰富，论据充实，形象丰满，意境深远。”那么你是怎么理解的？

生 1：“丰富”，我认为是指材料的丰富，在议论文当中主要指旁征博引，论据丰富而典型，理论引证、事实例子、类比事例等等都确切有力。

生 2：材料丰富的文章，不仅会显得内容厚实、中心突出，而且还能使内容显得斑斓多彩、引人入胜。

师 2：请认真阅读下列预习案中的三篇例文，划出你认为材料使用方面丰富且恰当的段落。

【文题回放】

每一个人都是一只杯子，但杯子的大小不同，有的杯子装得下一片汪洋，有的杯子装不下一碗羹汤；每个人都是一只杯子，但里面盛的东西不一样，有的杯子里面是大块文章，有的杯子里盛的是小肚鸡肠。

请根据阅读后的感悟和联想，写一篇不少于 800 字的文章。要求：①自定立意；②自拟标题；③除诗歌外文本不限；④文体特征鲜明。

例文：

1. **海纳百川，心容天下**(55 分)

赵鑫华

①谁不钦佩那“如欲平治天下，当今之世舍我其谁也”的浩然正气？谁不称赞“一只脚踩扁了紫罗兰，而它却把香味留在脚踝上”的涵养和温暖？谁不期待“会当凌绝顶，一览众山小”的踌躇满志？这一切，都源自对开阔胸襟的向往。朋友，有了开阔的胸襟，你便拥有了海纳百川、心容天下的气魄。

以天下为己任

②我常怀念远古，那是一个用担当构成人格的世界。作为千古佳话的“将相和”，如果不是蔺相如的远见，如果不是廉颇的早识时务，怎能有赵国的和平与稳定，为了天下，为了赵国，他们抛弃了内心的私仇，从而结成刎颈之交。放眼世界，当马丁·路德·金怀着坚定的信念，大声对世界呼喊“我有一个梦想”时，不禁心灵一颤，为了黑人的平等与自由，为了国家的安慰安稳与和睦，他直面死亡，用责任和正义在世人面前矗起了一座不倒的丰碑。

③因为对国家的热爱，相如抛弃了个人恩怨，从而换得秦对赵的尊重。同样为了黑人的自由，马丁·路德·金用行动告诉了我们：“天下兴亡，我的责任。”

以宽容为内心坐标

④每个人都会失意，都会有羁绊，可怕的是这份羁绊会蒙住你的双眼，让你失去方向。当诸葛亮羽扇纶巾，指点江山时，周瑜早已妒火攻心，终落得被气死的结局。试想假如公瑾能大度一点，宽容一点，或许历史会被改写。

⑤其实，正如花朵宽容了蝴蝶的汲取，使自己的花粉传向四面八方；贝蚌宽容了沙砾的粗粝，使自己拥有了无价的珍珠。同理，人当学会宽容，以包容之心平息怒气，对待他人，然后拥有融洽与成功。

以壮志为腾飞的翅膀

“王侯将相宁有种乎?”两千多年前，平民英雄陈涉气壮山河的一问，道出了鸿鹄之志的巨大威力。

于是思想家道：“如欲平治天下，当今之世，舍我其谁也”，是壮志成就了孟子亚圣的辉煌业绩；军事家道：“匈奴未灭，何以家为?”是壮志成就了沙场上的骠骑将军；文学家道：“乘风破浪会有时，直挂云帆济沧海。”是壮志让诗仙一举成名，光耀诗坛千年。

⑦有壮志，才会有动力；有动力，才会去勇于探索，去拥抱成功。

⑧抬头望天，把一切私欲、狭隘、碌碌无为留在脚下；大步向前，把一切失

意、杂念、目光短浅留在昨天。我们要敞开胸襟，以壮志为翅膀修身，以宽容为坐标齐家，以天下为己任治国平天下。

⑨告别狭隘，放飞心灵，收获光风霁月般的澄明。

2. 杯子中的人生(56 分)

周胜杰

①假若人是一只杯子，你愿是大杯承载汪洋，还是小杯不容羹汤？你愿去盛大块文章，还是去盛小肚鸡肠？人生正是杯子的内容，选择了怎样的杯子也就选择了怎样的人生。尼采曾说，人生本没有价值，是我们自己赋予了人生的价值。因此，人要有广博的胸怀，承载生命中美好的有价值的事物。

②有的人选择承载山河黎民，于是他们有了博大的人生。他们的杯子深邃，所以他们志存高远，“海纳百川，有容乃大”，他们的人生可以在更广阔的舞台上绽放光彩。遥想千年以前，“诗圣”杜甫心系天下苍生，“安得广厦千万间，大庇天下寒士俱欢颜”，沉甸甸的忧国忧民之心至今令我们感念不止。着眼当代，习近平总书记在罗马回答意大利众议长菲科的提问时“我将无我，不负人民”的深情表达迅速刷屏，赢得广泛赞誉。这个答案深刻反映了他爱民的一腔赤诚、为民的真挚情怀。大境界勇担当，正是这样，习近平总书记才获得了老百姓的信任和礼赞。

③有的人选择盛满大块文章，于是他们拥有了丰富的人生。他们的杯子充实，所以他们大有所为，实现价值，他们的人生因此变得厚实而色彩斑斓。一代书圣王羲之，潜心研练书法，清潭变墨池，练就了“天下第一行书”；诗仙李白，“笔落惊风雨，诗成泣鬼神”，穷其一生创作出无数不朽的诗篇；博学教授陈寅恪，潜心钻研著书，弘扬中华文化；中国古典文化的传灯人——叶嘉莹先生，她站在通往诗词王国的道路上，诲人不倦度人无数。博学多才，在《朗读者》上，董卿这样介绍她：她是白发的先生，她是诗词的女儿，她是中国古典文化的传承者。她站在那，就宛如一首古典隽永的诗词。

④而有的人，却偏偏选择了不容羹汤、小肚鸡肠，魏国大将庞涓因嫉妒而不得善终，英姿勃发的周瑜也有“既生瑜，何生亮”的悲叹。心胸狭窄的人注定走不出更宽广的道路。他们只能拥有碌碌无为的浅薄的人生，他们的杯子难浮草芥，因此他们的目光短浅心胸狭隘，他们的生命也很难被赋予深沉的意义和光辉的价值，或许连他们自己也耻于声张所做的选择。共产主义战士保尔曾经这样说过：“人的一生应当这样度过——当他回首往事时，他不因虚度年华而悔

恨，也不因碌碌无为而羞耻……”选择了没有承载能力的人生，也注定选择了一个懊悔不已的悲剧，一段意义索然的苍白人生。

⑤假若人是一只杯子，它应该是包容万物、承载美好的杯子。“世界上最宽广的是海洋，比海洋更宽广的是天空，比天空更宽广的是人的胸怀。”我愿尽力去做一只宽广、博大、充实而饱满的杯子，让我的人生拥有独特的价值，你呢？

例文三（教师下水文）：

3. 魂兮，归来

于志芹

①不知从何时起，国人的脑袋在膨胀，想官位、职称、名誉、豪宅、暴富……而心胸却在缩小，自我为先，锱铢必较；他人靠后，睚眦必报；胸无点墨，学养全无……

②于是，没有了“如欲平治天下，当今之世舍我其谁也”的担当，没有了“会当水击三千里，自信人生二百年”的意气，没有了钱钟书、季羡林、启功等的学富五车与才高八斗，而这些恰恰凝聚了一位堂堂正正炎黄子孙的精魂。对此缺失，我想大声疾呼：魂兮，归来！

③归来吧，恢宏的气度！它会让宽阔的胸怀装满涵养与慈祥。

④“风物长宜放眼量”，治者大度，就会察纳雅言，胸怀黎民，心似沧海，厚德载物。撑一支长篙，向历史更深处漫溯，我分明听到他们奏响的乐章：长安大明宫内的唐太宗勇于包容与接纳魏征的直谏，明君贤臣共同演绎了“贞观之治”的盛唐华章；大都城中的康熙玄烨心存感激，包容政敌，他在他六十岁举办的“千叟宴”上真诚地说：“这第三杯酒敬我的敌人，吴三桂、噶尔丹、郑经、鳌拜……是他们逼朕立下了这丰功伟绩，没有他们，就没有今天的朕，朕感谢他们”；万隆会议上的周总理，面对亚非各国政要对中国的诋毁与发难，从容地道出博得满堂喝彩的四个字：求同存异。周总理用真诚与宽容赢得在场所有人的尊重。

⑤治者大度，心中便会盈满一股豪气。这豪气是“海纳百川，有容乃大”；这豪气是“腹中天地宽，常有渡人船”。

⑥归来吧，那悲天悯人的担当！它会让宽阔的胸怀装着苍生与社稷。

⑦“为天地立心，为生民立命，为往圣继绝学，为万世开太平。”志者有了担当，心怀天下，胸如晴空，处变不惊。圣人孔子情系苍生，梦想大同——“老者安之，朋友信之，少者怀之”，周游列国，布道劝仁，虽屡屡碰壁，仍恪守“知其不可为而为之”的济世情怀。北宋的范文正公，少有大志，每以天下为己任，求学时划粥割齑，穷且益坚；为官时，忘却个人得失富贫，设义田，济寒士，虽屡遭贬谪，

仍铭记着“先天下之忧而忧，后天下之乐而乐”的道德信念。

⑧志者心怀责任，胸中就会盈满一股逸气。这逸气是心不恋进退，思不念得失；这逸气弃个人的悲悲戚戚，念家邦的兴盛富足。

⑨归来吧，尚学厚识的风尚！它会让宽阔的胸怀装满大块文章。

⑩“天下才共一石，曹子建独得八斗，我得一斗，自古及今共用一斗。”学者一肚子才识，进可定国安邦，退可著书立说，泽被后世。还记得那个未出茅庐而洞晓天下、经天纬地舌战江东的军事奇才吗？还记得“究天人之际，通古今之变，成一家之言”的千秋史官吗？还记得那个“兴酣落笔摇五岳，诗成笑傲凌沧洲”绣口一吐就璀璨了半个盛唐的飘逸灵魂吗？还记得那个编《四库全书》、著《阅微草堂笔记》博学机敏铁齿铜牙吗？还记得那位“做话剧，像演员；学油画，像个美术家；学钢琴，像个音乐家；办报刊，像个编者；当教员，像个教师；做和尚，像个高僧”做一样像一样的佛界法师吗？

⑪学者渊博，心头便盈满一股才气。这才气与天地相应和，与自然相吐纳，惠及当代后世，打厚华夏子孙的精神底子。

⑫是的，每一个人都是一个杯子，“杯”拆而为“不”“木”，忽然想起孔子的“君子不器”说，即君子不能只是一个器皿，应包容万象。朋友，人生如杯，请选择做大杯子吧！当君子，敞开胸怀，融误解，盛责任，装学问。

⑬如此，炎黄子孙的精魂便会薪火永传！

预习作业1：请认真阅读例文二中使用的材料（包括理论引证、事实例子、类比事例等），分类填入表格。

材料种类	材料名称和例文（举例）
名言警句	
诗词歌赋	
古人事迹	
现实例子	
文学形象	
自然现象	
寓言典故	

预习作业2:例文中使用素材不仅种类丰富,而且恰当有力,请重点阅读例文一和例文三,指出运用材料的方法;并结合其中一个具体句子和段落,简洁写出其使用材料的两个方面的优点。

运用材料的方法	文中的例子
单例法	
双例法	
排例法	
正反例论证法	
意象喻证法	
泛例法	

师3:思考成熟,请举手回答预习作业1。

生3:名言警句有尼采语、保尔语、"海纳""世界""宰相";诗词歌赋有"安得广厦"句、"笔落惊风雨"句。

生4:古人事迹庞涓、周瑜、王羲之、李白、杜甫;现实例子叶嘉莹;自然现象如例文一中的花朵与贝蚌。

师4:那么关于文学形象与寓言典故当作议论文中论据,这三篇文章没有,哪位同学可以提供范例?

生5:比如论证"活出生命的尊严",可以这样写:《老人与海》桑迪亚哥老人,一个乐观、勇敢、坚强、不服输的"硬汉"形象。在他看来,人生的使命是奋斗,是与命运做不懈的抗争。他表现出了无与伦比的力量和勇气,不失人的尊严。他是精神上的胜利者,更是世界文学长廊里面一个光芒四射的礼物!

生6:比如论证"给潜能一个绽放的舞台"时,可以这样叙述:有这么一则故事,国王为公主选女婿,许诺说能从放满鳄鱼的池塘中游到对岸,就把公主嫁给他。没有人敢与鳄鱼较量。忽然,一个青年跳进池塘没命地游向对岸。当国王为这位勇敢者喝彩时,他却愤怒向身后喊道:"刚才哪个浑蛋把我推下去的?"其实,生活中很多人就像这青年一样,从来没有勇气和自信去证明自己。而每个人的大脑中都有一个金矿，只是很少有人开采它；每个人身上都蕴含着巨大的潜能，只是很少有人让它绽放。因此，想成功，请给潜能一个绽放的舞台吧。

师 5：很好，前者是文学形象事例，后者是自然界事例。下面我们思考并交流预习作业 2。

生 7：例文二中叶嘉莹先生属于单例，例文三中的孔子、范仲淹是双例法，例文三中的诸葛亮、司马迁、纪晓岚、李叔同是排例法。

生 8：例文二中庞涓、周瑜属于正反例论证法，例文一中的花朵、贝蚌是意象喻证法，例文三中的一些国人的心胸属于泛例法。

师 6：同学们可以挑自己喜欢的一段，有气势地朗诵给大家听。

生 9：我喜欢例文三中的 9、10、11 节，用的是排例，紧扣“学问会让宽阔的胸怀装满大块文章”的分论点，多例叠加论证，形成磅礴之势。

生 10：我喜欢例文一中的第二个小标题，紧扣着“以宽容为内心坐标”的分论点，借助正反论证方法与比喻论证方法，增强说服力。

师 7：下面我们齐读例文三中的 3、4、5 节，体会“丰富”性，都具备哪些特点？

生 11(齐读)：归来吧，恢宏的气度！它会让宽阔的胸怀装满涵养与慈祥。

师 8：向丰富要二十分，要做到：①典型——大气；②丰富——才气；③表现力——灵气。

师 9：学以致用，当堂写作。请大家阅读下列材料，按要求作文。

成名，是当今许多年轻人的梦想。如果说几年前王宝强成名还是个例的话，那刚刚过去的 2010 年可以说得上是一个“草根年”，越来越多的普通人，通过电视和网络媒体成名。如上海电视台“中国达人秀”节目不仅让“钢琴王子”刘伟成名，而且让“孔雀哥哥”“鸭脖夫妻”“农民歌剧家”等草根走红；在北京西单地铁通道卖唱的“西单女孩”任月丽以一首朴素的《天使的翅膀》感动无数人，网络点击率过千万；农民工组合“旭日阳刚”迅速蹿红，走上春晚。在我们的生活中，确实有许许多多的普通人在坚守他们的梦想。

如何看待“草根”成名？请你在理解材料的基础上，以“梦想面前无草根”为观点，使用丰富的素材写成一段不少于 150 字的精彩段，要求：中心鲜明突出，分析条理有力，材料既“多”又“亮”！

师 10：10 分钟后，大家写得不错，请分享你的精彩片段。

生 12：梦想面前无草根，只要你敢于追逐！也许你家徒四壁，也许你自幼苦寒，可无论你什么身份，什么地位，即使再平凡的人在梦想面前仍拥有一席之地，只要你敢于追逐！且不说古时的反秦义军的先驱陈胜，也不说拥有混搭经历的北大保安甘相伟，还不说战胜了北大硕士彭敏的外卖小哥雷海，单说以707分考入北大的“寒门贵子”王心仪。王心仪的一句感谢贫穷，拨动了多少人的心弦，她的家庭苦寒，贫穷限制了她的视野，刺伤了她的自尊，甚至间接夺走了她至亲的生命！但她却说：“我从卑微处来，亦从卑微之处汲取生命的养分。”是啊，王心仪就像一颗种子，而贫穷就是被踩实了的土，生长之前遇到坚实的土壤，才能让苗更茁壮地成长。巴尔扎克曾经说过：“苦难对天才是一块垫脚石，对能干的人是一笔财富，对弱者是一个万丈深渊。”如果你是草根，那不要紧，只要你肯追逐，破土而出，那么在梦想面前，你，就不再是草根！

生13：梦想面前无草根，身处沟壑无碍仰望星空。“苔花如米小，也学牡丹开”的草根在梦想面前，同样有追求的权利，同样可以让梦想灿烂绽放。君不见“寒门女孩”王心仪凭借对贫穷的感激之情，以707的高分考取了北大中文系，因亲人病重、家境贫寒，她稚嫩的肩膀上过早地扛起家庭的重担，但这却赋予她生生不息的希望与永不低头的气量以及面对梦想的始终如一；君不见“外卖小哥”雷海为凭借对文字韵律感的独特喜爱，在中国诗词大会中披荆斩棘，战胜北大硕士彭敏而夺得桂冠，纵使条件艰苦，也不改内心的梦想，活出了诗意；君不见“北京育嫂”范雨素用文学蕴含着有限向无限的眺望，如同她在自传中写的那样“我的生命是一本不忍卒读的书，命运把我装订得极为拙劣”，但苦难丝毫没有磨灭她对文学的痴迷，亦没有摧毁她对梦想的追逐。无论贫穷，无论富有，唯有梦想最可贵，正如尼采所说：“每个不曾起舞的日子都是对生命的辜负。”即使身为草根，也能实现梦想，仰望星空！

生14：梦想面前无草根，在梦想面前，每个人都有追求的权力，草根也可以走出一条属于自己梦想的路。犹忆得北大录取生707分女孩王心仪，面对姥姥患癌去世，家庭经济困难，同学的嘲笑，上学的艰辛，王心仪通通化为两个字——感谢。她感谢贫穷带给她的力量，终让自己以707分的优异成绩考入北大；犹忆得诗词大会的冠军雷海为，作为外卖员，一天吃饭时间不超过半小时，钱数不多于25元，可他却用大量的间隙读诗背诗，打工持续了多少年，诗词就陪伴了他多少年，拥有一颗诗心击败了北大硕士，赢得《中国诗词大会》冠军；犹忆得普普通通的保姆范雨素，她的欲望越过重重阻碍，在文学作家的艺术中打造属于自己的天地。“苔花如米小，也学牡丹开”，再平凡的人生，都可以追求不平凡的光芒，在梦想面前没有草根。

生15：梦想面前无草根。也许世界给予你沉重的打击，让你疲于应对，让你意志消沉，但只要有梦想，就算是草根也会有一天从卑微中开出花来，惊艳世人。还记得保安甘相伟吗？毕业于职业学院的他不甘平凡，决心在北大当保安学习知识，最终考上北大中文系，实现了自己的清北梦。还记得月嫂范雨素吗？作为千万北漂党的一员，她是那么的平凡，但她心中却有一个绚丽的文学梦，在繁重的工作压力和恶劣的生存条件下竟用笔写下十万余字，在网络上爆红，实现了自己的文学梦。还记得送餐员雷海为吗？他是我们身边随处可见的外卖小哥，可贵的是他十几年如一日的对古典诗词的热爱，畅游在诗词海洋中的他积累了丰富知识，在诗词大会上作为最强的一匹黑马夺得桂冠，实现了自己的诗词梦。罗曼·罗兰曾说过："世界上只有一种真正的英雄主义，那就是在认清生活的真相后仍然热爱生活。"他们都是我们身边的"草根"，他们都有着不为人知的心酸苦楚，只是因为他们有了梦想，有了向上的力量，所以完成了华丽的蜕变，而正是因为梦想，所以没有草根！

师16：江苏省的作文阅卷资深专家何永康教授曾说："高考作文要少一点'碧螺春'，多一点'二锅头'；必须有很强的'视觉撞击力'，让阅卷老师在一瞬间就被它吸引。"备考高考作文发展等级中的"丰富"，努力做到材料丰富，论据充实，形象丰满，意境深远。

师17：课后作业是"在课堂所写文段的基础上完成全文，要求不少于800字。"下课！同学们再见！

生16：老师再见！

三　中华好男儿，千古伟丈夫

——"感受孟子人格魅力"群文阅读成果汇报课堂实录

我在讲述鲁人版选修教材《论语孟子》时，拿出一周半的世间领着学生认真地研读了亚圣——孟子的生平、他的许多名句名篇以及鲍鹏山、王立群、傅佩荣和易中天名家的评说，进行了系列地由浅入深地学习，借助研、诵、说、写，有条理地感受孟子人格魅力，学生们兴致很高，成果精彩纷呈。具体环节和活动成果如下。

师1：1919年，在巴黎和会上，日本企图想接管作为战胜国的领土——中国山东的一切特权，年轻的外交奇才顾维钧义愤填膺地说：山东是中国文化的摇篮，中国的圣人孔子和孟子就诞生在这片土地上，孔子、孟子犹如西方的耶稣，山东是中国的，中国不能失去山东，就像西方不能失去耶路撒冷！的确，山东是中华文明的发祥地，且不说出现了书圣——王羲之、兵圣——孙武、药圣——孙思邈还有大思想家荀子、墨子，也不说"三皇五帝"之中"三皇"的舜、禹（舜生于济南，禹德州)，重点说构建我们民族精神内核的儒家一位巨人——孟子。

因此，可以毫不夸张地说：中华民族刚性的东西，大都来自孟子。他的浩然正气、大丈夫情怀、忧患意识、舍我其谁的责任心，可谓华夏第一人。因此，老师把今天的校本成果汇报活动，命名为《中华好男儿，千古伟丈夫》，副标题是《感受孟子的人格魅力》，接下来，让我们一起走进孟子那气势恢宏的、光明磊落的精神殿堂。

生1：第一组

(1)我知言，我善养吾浩然之气。……其为气也，至大至刚；以直养而无害，则塞于天地之间。其为气也，配义与道；无是，馁矣。

(2)居天下之广居，立天下之正位，行天下之大道；得志与民由之，不得志独行其道；富贵不能淫，贫贱不能移，威武不能屈：此之谓大丈夫。

(3)故天将降大任于斯人也，必先苦其心志，劳其筋骨，饿其体肤，空乏其身，行拂乱其所为，所以动心忍性，曾益其所不能。

(4)入则无法家拂士，出则无敌国外患者，国恒亡。然后知生于忧患，而死于安乐也。

(5)鱼，亦我所欲也，熊掌亦我所欲也；二者不可得兼，舍鱼而取熊掌者也。生亦我所欲也，义亦我所欲也；二者不可得兼，舍生而取义者也。

(6)古之人得志，泽加于民；不得志，修身见于世。穷则独善其身，达则兼济天下。(既洁身自好又以天下为己任的开阔胸怀)

(7)由周而来，七百有余岁矣！以其数，则过矣；以其时考之，则可矣。夫天未欲平治天下也，如欲平治天下，当今之世，舍我其谁也？

(8)天下有道，以道殉身；天下无道，以身殉道。(以道自任的积极进取精神。)

(9)人皆可以为尧舜……奚有于是？亦为之而已矣(这有什么难处？只要去做就行了。)

(10)孔子登东山而小鲁，登泰山而小天下。故观于海者难为水，游于圣人之门者难为言。

同学们可以边答边诵，然后老师问这些名句展示了孟子哪方面的人格魅力，学生回答展示了孟子大丈夫之气概！是的，这就是孟子人格魅力之一：大丈夫之气概！

生2：第二组

(1)恻隐之心，人皆有之；羞恶之心，人皆有之；恭敬之心，人皆有之；是非之心，人皆有之。恻隐之心，仁也；羞恶之心，义也；恭敬之心，礼也；是非之心，智也。仁义礼智，非由外铄我也，我固有之也，弗思耳矣。

(2)是以君子远庖厨。

(3)人不可以无耻，无耻之耻，无耻矣。(人不可以没有羞耻，不知道羞耻的那种羞耻，是真正的羞耻了。)

(4)仁者无敌。

(5)国君好仁，天下无敌焉。

(6)仁者爱人，有礼者敬人。爱人者人恒爱之，敬人者人恒敬之。

(7)乐以天下，忧以天下，然而不王者，未之有也

(8)大人者，不失其赤子之心者也。

(9)父子有亲，君臣有义，夫妇有别，长幼有序，朋友有信。

(10)无父无君，是禽兽也。

(11)老吾老，以及人之老；幼吾幼，以及人之幼，天下可运于掌。

(12)君子有三乐，而王天下不与存焉。父母俱存，兄弟无故，一乐也；仰不愧于天，俯不怍于人，二乐也；得天下英才而教育之，三乐也。

同学们可以边答边诵，然后老师问这些名句展示了孟子哪方面的人格魅力，学生回答展示了孟子的性善之论、仁爱之心。是的，这就是孟子人格魅力之二：性善之论、仁爱之心。

生3：第三组

(1)民为贵，社稷次之，君为轻。

(2)此无他，与民同乐也。今王与百姓同乐，则王矣。

(3)保民而王，莫之能御也。

(4)天时不如地利，地利不如人和。

(5)得道者多助，失道者寡助。寡助之至，亲戚畔之，多助之至，天下顺之。

(6)君之视臣如手足，则臣视君如腹心；君之视臣如犬马，则臣视君如国人；君之视臣如土芥，则臣视君如寇仇。

同学们可以边答边诵，然后老师问这些名句展示了孟子哪方面的人格魅力，学生回答展示了孟子的民本思想，“仁政”主张。是的，这就是孟子人格魅力之三：民本思想，“仁政”主张。

在这一环节教师小结为：大丈夫之气概，性善之论、仁爱之心，民本思想，“仁政”主张。孟轲带着这些仁政爱民的良方，心怀浩然之气，开始了长达四十余载周游列国的游说生涯，他不仅拥有博大精深的思想，而且很善于表达。

师2：下面欣赏短剧《儒家第一辩手——孟轲》。

为了让学生切身体验孟子出色的辩才以及其蔑视强权，不卑不亢，倡导仁政的主张。我们设计了一个短剧——《儒家第一辩手——孟轲》，编剧：王有；演员：孟子——徐向阳，齐宣王——李国晟，2臣——王有、谢俊豪，四位同学演出很成功。

第一幕：

地点：王宫。

宣王（受益匪浅状）："今天听到孟先生的教诲使我豁然开朗，为表诚意，寡人决定明日辰时亲自登门拜访先生，还望先生您赐教。"（手势配合）

孟子（欣喜状）："大王您言重了，臣只不过是谈了一下自己的一点看法而已（谦虚状），既然如此，那臣先告退了。"

宣王："好吧。"

孟子去。

臣左（沉重状）："大王您的这个决定不够英明。"

臣右（附和状）："不够英明。"

宣王（不解状）："从哪里说起呢？"

臣左（讨好状）："大王您是堂堂的一国之君，而孟轲不过是做臣子的，您亲自去拜访他，这恐怕不合乎礼仪吧。"

臣右："不合乎礼仪啊。"

宣王（为难状）："这……"

臣左（亢奋）："大王您这样做，会让其他诸侯看不起您的。"

臣右（动作）："会看不起您的。"

宣王（更为难）："话虽这样说，但我已答应了孟先生，出尔反尔的话……"

臣左："既然这样，那臣倒有一个主意，不如您装病，让孟轲来拜见您，这样也不算您失信吧（拖长音）"

宣王（如释重负，赞许地看着臣甲）："好主意。"

第二幕：

地点：孟子家。

臣左、臣右敲门："请问孟先生在吗？"

孟子（着急状开门 原以为是宣王，看到臣左臣右一愣）："两位大人前来有什么事吗？"

臣左(严肃状):“大王原定于今天亲自登门拜访先生您,但不巧大王龙体欠安,特派我们两个来接先生您到王宫相见。”

孟子(料知宣王变卦,面不改色):“还真是不巧,孟轲今日偶感风寒,既然大王龙体欠安,那我就过几日再去拜见他吧。”

臣左(惊讶,但马上平和,心知肚明):“既然先生您身体不适,我们也不勉强,告辞。”

孟子(平静,微不悦):“恕不远送。”

臣左臣右去。

第三幕:

地点:王宫。

孟子(严肃状):“臣孟轲拜见大王。”

宣王(骄傲状):“免礼。”

孟子(庄严):“臣有一件事不明白,请大王赐教。”

宣王(微疑惑):“但说无妨。”

孟子(微气愤):“一个人应该遵守自己的诺言吗?”

宣王(微心虚,略显结巴):“应该遵守。”

孟子(气愤):“那么大王您为何言而无信?”

宣王(心虚+1,无底气):“寡人龙体欠安。”

(问话过程中,臣左臣右略显不悦)

孟子(气愤+2):“真的吗?”

宣王望了望臣左,臣左向前迈一步。

臣左(义正词严状):“当然是真的。莫说大王近日龙体欠安,就是他没有龙体欠安,以堂堂一国之君的身份去亲自拜访先生您也不合乎礼仪吧。”(自信满满,以为自己稳操胜券)

孟子(自信状):“既然这样,那我可以问大人您几个问题吗?”

臣左(骄傲状):“请便。”

孟子(微笑):“如果一个有地位的人向一个有道德的人请教,那么作为学生,他可以不尊敬自己的老师吗?”

臣左:“自然不行。”(发虚,自信-1)

孟子(微笑+1):“那么究竟应该大王向自己的父亲行礼还是大王的父亲向大王行礼呢?”

臣左(讨好状):“大王以忠孝治国,自然是大王向自己的父亲行礼了。”

孟子(装作恍然大悟):“既然这样那我的结论就有了。世上让人尊敬的有三样东西。第一(手势),是道德;第二(手势),第三(手势),才是地位(不屑状),那么现如今大王只占据地位一项,怎么就可以忽视我的道德和年长?”(突然转向宣王)

宣王愣,望了望臣左,臣左哑口无言,又望臣右,臣右低头。

宣王(微惭愧,不悦):“先生所言极是,寡人受教了。不知先生还有什么赐教?”

孟子(悦):“大王您不必着急,臣挖好坑您往里跳就是。”

宣王、臣左、臣右的脸上一条条黑线……

孟子(平和):“我先说一件我所了解的事。有一个人将要去远游,于是将妻儿托付给了一个朋友,但回来后却发现妻儿挨饿受冻,对这样的人应该怎么办?”

宣王(愤慨状):“和他绝交!”

臣左(举起右手 握拳 附和):“和他绝交!”

臣右(附和):“就是就是。”

孟子(激昂):“官员没有尽到责任,使自己辖区内的百姓挨饿受冻怎么办?”

宣王(愤恨状):“罢免他!”

臣左(高举右臂 握拳):“罢免他!”

臣右(附和):“就是就是。”

孟子(咄咄逼人):“那么统治者治理不好自己的国家怎么办?”

宣王沉默。

臣左(惯性高举右臂 握拳):“罢免他!”

臣右(附和):“就是就是。”

宣王(火大,目光寒,左看右看):“是你个头啊是,你们两个想造反啊!”

臣左臣右低头不语,发抖 ing。

孟子(不饶人):“请大王您回答这个问题!”

宣王(极度心虚,顾左右):“呃,孟先生您最近读了什么好书?不妨给寡人介绍几本,与民同乐嘛!”

全剧终。

师 3:正如“一千个读者就有一千个哈姆雷特”,那么我想啊,通过接触孟子的故事、思想,不同的同学心目中是否有不同的孟子?接下来请思考,并回答你认为孟子是什么样的人?你想如何表达自己的仰慕之情?

生 4:孟子是位热血男儿,敢于担当。我评他为“最能感动中国的历史人物之一”。

我的颁奖词是:你不是那晴天碧空中无牵无挂的闲云,你也不是那法度强规下鲜血滴浸的长鞭。你是熊熊火焰中炽热的红炭:你讽谏君王“四境之内不治,则何如?”你倡导士人“穷则独善其身,达则兼济天下。”你警醒世人“人不可以无耻,无耻之耻,无耻矣。”你言于志者“如欲平治天下,当今之世,舍我其谁也?”战国纷争,你是黑夜的明灯;世风日下,你是中原的良心。

孟子,你,智肥中原,慧泽华夏! (2012 级福彩班　王超凡)

生 5:孟子就是我们的精神上帝、思想先驱。我是这样表达我的仰慕之情的。

写给我的“上帝”——孟子

谁说我们炎黄子孙没有“上帝”?猛地回首发现,孟子就是我们的精神上帝、思想先驱。他继圣人孔子之后,在文明的荒原上筚路蓝缕,披荆斩棘,他赋予了我们古道热肠——“如欲平治天下,当今之世,舍我其谁也”,他培植了我们道德勇气——“富贵不能淫,贫贱不能移,威武不能屈”,他濡染着我们悲天悯人的情怀——“乐以天下,忧以天下”,他让我们铭记这样的生存智慧——“入则无法家拂士,出则无敌国外患者,国恒亡。然后知生于忧患,而死于安乐也”。一本《孟子》就是一部《圣经》,“亚圣”思想,我们民族的财富!

亚圣既是一位心怀天下、谋划天下的思想家,更是一名执着进取、脚踏实地的践行者。他深居“仁”宅,挺立“礼”上,昂首阔步在“义”的大道上,他性善,提出“四端说”,高呼“仁者无敌”;他敬孝,“人生三乐”乃君子追求的生存温暖;他重民,“民贵君轻”点亮了“以人为本”的政治夜空。动荡的岁月,他稳住步伐,创造一个又一个理想的神话;和平的年代,他引领方向,谱写出一段又一段和谐的篇章。亚圣,沐浴着您思想的光辉,我想说您就是我们炎黄子孙心中的“上帝”。

(2012 级福彩班　牟晓东)

生 6:亚圣既是一位心怀天下、情系苍生的思想家,更是一名执着进取、脚踏实地的践行者。

下面我读为孟子写的诗歌——《咏孟子》。

咏孟子

战雨洗东周,百家共争鸣。
亚圣横空出,谁与轲争锋。
年少父见背,又随母三迁。
拜师子思门,博览儒家言。
无意云水间,誓挑天下担。

不辞忧和患，敢为天下先。
行迹遍列国，孟语千家传。
孟子共七篇，四心发其端。
为人讲廉耻，舍生而取义。
贫贱不能移，威武不能屈。
思想崇民本，宝民第一人。
劝君施仁政，力推性善论。
种桑与养蚕，读书知孝悌。
妻儿无饥寒，耄耋颐天年。
世界号大同，不啻桃花源。
达则济天下，穷则善其身。
功不在禹下，恨无知音赏。
花甲回故里，著书育栋梁。
杏坛续佳话，蓬莱添洞藏。
吉光与片羽，奇思玉满堂。
高山与流水，风节万年长！

（2012级致明班　张安东）

师4："高山仰止，景行行止"，看来，亚圣的博大精深让同学们很亢奋，也带来了许多灵感：蓬蓬勃勃、畅所欲言，仿佛我们的福彩班就是远古时的稷下学宫，我们的学子就如同"百家争鸣"中的那一位位有抱负、有智慧，并且拥有一张铁嘴的儒士。以上同学们见仁见智，借助片段把赞美送给亚圣；接下来我们进行深度解读孟子把感悟留给自己，实现精神上的成长。

师5：下面我们感悟孟子，成长精神。记得林语堂先生说："我们读孟子，可使顽夫廉，懦夫有立志。"那么，你呢？请大家以"感悟孟子"为话题，写成一篇文章，然后作课堂交流。

生7：　**山水般的孟子**

一流涧水，遇石则分，遇瀑则合；嵯峨山脉，风吹不动，雷霆不惊。这是大自然"变"与"不变"的智慧。同样的，人类也有这样的智慧，你看在山水间，在"变"与"不变"中，走出了一位智者——亚圣孟子

孟子如山

山的智慧在于永恒，永恒的坚守，永恒的见证。而孟子就是这座不变的大山，曾经人们对他的"迂阔"嗤之以鼻，却不知"迂远而阔于事"的背后是一种坚

持，是一份执着。怀着一颗赤子之心，周游列国，倚马万言，多少次遭受冷落多少次壮士难酬，多少次风餐露宿，他始终以孜孜不倦的行为实践自己的人生主张，以孱弱的身躯担负着民族大义，“乐以天下，忧以天下”，“如欲平治天下，当今之世，舍我其谁也?”这是他对爱国之心的坚持；“居天下之广居，立天下之正位，行天下之大道，……富贵不能淫，贫贱不能移，威武不能屈……”外界的环境时刻在变化，正因为他心中有一个不变的信念，他才可以坦然地接受，或是成功或是失败，对于他都是已是“物外”坚守着“以天下为己任”的信念，他独步天下。

坚持着爱国，坚持着仁爱，坚持着大义，坚持着……他有太多的“坚持”，有太多的“毅力”于是他成了中华精神领空的一面旗帜，随风飘扬……

孟子如水

水的智慧在于“变通”，不是墨守成规而是以万变应万变。战国时代，儒家思想看根深蒂固，所谓的“男女授受不亲”不知禁锢了多少人的思想，但孟子却并不困于这一迂腐落后的思想，也以自己的主张提出了“嫂溺援之以手者，权也。”这就如同在浩瀚无垠的沙漠中出现的一道弯流，让人耳目一新，让你心旷神怡，这就是孟子的“变通”，不变任何看似权威的东西束缚，在不变中“变通”。

“穷则独善其身，达则兼济天下。”得志怎样，不得志又怎样，学会在万变的环境中变化，才能真正实现自己的追求。若是当年项羽没有坚持那伤本且不必要的颜面，若是他能稍稍变通一点，那么，天下形势必可估量。这就是孟子的“变通”，“变通”才能行得通。

水的智慧还在于“柔”。在战国群雄逐鹿的混乱时期，所有的人或钩心斗角，尔虞我诈，或怨天尤人，借酒消愁亦或在战场上拼个你死我活……唯有他，孟子，带着一份侠骨柔肠，幻想着自己的理想国度，幻想着天下人们的理想国度“五亩只宅……无饥矣”，他的“柔”心抚慰了多少手术的心灵，唤醒了多少邪灵的灵魂。“老吾老，以及人之老，幼吾幼，以及人之幼。”这便是一个“柔和”的圣人，如水般温柔，如水般平和，如水般亲近……

山水般的孟子，山水般的心，山水般的精神亘古不变，源远流长，影响着一代又一代的中华儿女，于是有了隐忍苟活的司马迁，有了矢志不渝的文天祥，有了率真而旷达的苏轼，有了……白云间，青林中，石罅里，都将弥散着你的气息，回荡着你的身影……

（2012 级福彩班）

生 8：**就这样，岁岁年年**

千年前你种下儒学的种子，后来它破土而出，接受雨露的滋润，风雪的洗礼，开花结果，它的花，它的果实散发着芬芳，熏陶着一代代炎黄子孙。

传递着忠义，传递着赤子之心。将士们在抛头颅洒热血，在刀枪的拼杀声中，孟子手举白鸽，头戴橄榄枝，把和平的种子撒向六国。在残暴的国君面前，屹立着他巍巍然的身影，以嘴为剑，以笔为刀向佞臣砍去，高喊着："舍生而取义者也。"他拿起弓，将忠义之箭射向汉朝，射向霍去病。在茫茫沙漠中，他早已将小家舍弃，将忠义刻在心中，于是就有了一曲"匈奴未灭，何以为家?"的壮歌。忠义已化作流水，随着时间的推移传递到每一个时代。

传递着民生，传递着人和的思想。也许在大多数人的眼里，帝王是高高在上的，是天神，贫民则是永不得阳光的可怜人。而孟子的思想却截然相反。在他眼里，帝王是孺子牛，臣民是高贵的。于是他的一句"民为贵，社稷次之，君为轻"流传千古。还记得一代明君李世民吧！我想他一定是被孟子的"民为贵，君为轻"的思想感化。不信？请听太宗的治国之道："水能载舟，亦能覆舟"。请看那朗朗的夜空下，夜不闭户的贞观盛世。人和的思想像红丝带一样传递着，所到之处充满鸟语花香。

传递着孝悌，传递着尊老爱幼的美德。老人是退休的机器，辛苦了大半辈子，晚年的他们需要我们尊敬。孩子是国家的未来，有了他们，才有了未来，他们需要我们爱护。我想千年前的孟子已通过"老吾老，以及人之老。幼吾幼，以及人之幼"这句话阐述过这个道理。还记得电视中这么一个画面吗？一个年幼的孩子看见妈妈给奶奶洗脚，于是就端来了一盆水给妈妈洗脚。这就是孝，这就是孝的传递，在每一个小小的举动，每一段小小的话语中将孝传递，将儒香传递。

儒学无时无刻不在被炎黄子孙传递着。不信？请听黄河边上大喊出的："舍我其谁"的声音；请听琅琅书声中迸发出的"为中华之崛起而读书"的呐喊；请看林秀贞用三十年去赡养六位无血缘关系的孤寡老人的故事……时代每时每刻在前进，儒香每时每刻在传递。

儒学的种子，儒的花果，我相信在每一个炎黄子孙的传递下，早晚会遍满中国的每一个角落。

（2012级致明班　陶楠楠）

师6：是的，孟子的人格魅力一直感召着后人，或是坚强的司马迁、无畏的韩愈、洒脱的苏轼、耿直的范仲淹、刚烈的文天祥、侠肝义胆的鉴湖女侠秋瑾、坦然赴死的吉鸿昌还有刚刚去世的"在他心里，国为重，家为轻，科学最重，名利最轻"的两弹之父——钱学森……当我们把这些名字一字摆开，串为链锁，我们仿佛看到了东方巨龙坚韧挺拔的脊梁，那正是我们的民族之魂。但同学们，你注意到，这链锁环环相扣，名字相连背后的"……"吗？他需要有人接续，必须有人接续……那么这些人是谁呢？我们！民族魂的源头就是孟子的思想。是的，读孟子，能让我们少一些悲悲戚戚，多一些豪迈激越。无论岁月如何更迭，沧桑如何变换，永恒与时间同在的。我想，孟子身上那种有棱角、有个性的哲人风采，那种刚正不阿、敢于担当的男人本色，那种以天下为己任的民族脊梁式的情怀，将成为中华儿女取之不尽，用之不竭的文化源泉，将成为华夏子孙齐家邦安天下的精神信仰！孟子，中华好男儿，千古伟丈夫！

老师点评：通过以上的引领，实现了三种能力的培养，一是培养学生积累与整合材料的能力，通过记诵孟子的成语名句等体悟孟子的思想人格之魅力；二是培养学生的综合表述能力，与“亚圣”对话，从孟子的思想精髓中汲取营养，沉淀并表达个人的学孟心得；三是通过解读儒家学派的代表人物孟子的人格魅力，培养了学生审美能力和传统文化的融合能力。

第九章

深度学语文教学探究之教育体悟

第一节　深度学语文教学探究之教育论文

一　课堂盈诗意　心灵余书香

——“论文学经典与精神家园建构”课题阶段成果分析

摘　要：青岛第十七中学“论文学经典与精神家园的建构”课题组建立于2006年，课题以“品诗、品文、品有字书之美味，悟情、悟理、悟无字书之文章”为研究宗旨。研究的趋向逐步从单纯的识记古典诗文以提高教学成绩，转变为促进学生生命整体的和谐发展、审美情趣、精神家园的建构以及民族精神的濡染。本文主要以《唐诗宋词》选修课以及其他古典诗歌的学习为例，介绍了课题研究的思路与方向、探究与实践、成效与反思。

关键词：文学经典；精神家园；诗意课堂；自我体验；建构自我

青岛第十七中学“论文学经典与精神家园的建构”课题组建立于2006年，这一理念的提出是根据“十一五”重点科研项目“语文学习策略研究”的研究方向——“在语文学习当中应强调经典意识”的基础上提出的。课题是以“品诗、品文、品有字书之美味，悟情、悟理、悟无字书之文章”为研究宗旨；以培养学生会通文学艺术与人生的审美修养观，注重人文化成的精神生活观以及积极进取、放达乐观的人生价值观为教学思路。我们研究的趋向逐步从单纯的识记古典诗文以提高教学成绩，转变为促进学生生命整体的和谐发展、审美情趣、精神家园的建构以及民族精神的濡染。

《课程标准》指出“阅读教学是学生、教师、教科书编者、文本之间的多重对话，是思想碰撞和心灵交流的动态过程。”我们课题组认真领会课标精神，陆续推出《论语》《唐诗宋词》《明清小说》《史记》等专题性学习。这一段时间，我们主要就《唐诗宋词》选修课以及其他古典诗歌，展开了深入扎实地研究，取得了积极的、阶段性的成效。

一、思路与方向

文学经典具有内化功能，它可以丰富读者的精神家园，提升人格和人生境界，文学是精神之学。而课堂是接受这种精神洗礼的主要阵地，海德格尔很欣赏这句话："人，诗意地栖居在大地上。"我们不妨借用一下，文学课堂应该是在充满诗意的绿地中徜徉和运行，让学生丰盈的情感在诗意中浸润、荡漾、飞翔……让课堂充满诗意。这样的课堂旨在提高文化品位，摒弃预设性，扫除一切程式和窒闷，开发多元解读，唤醒重创新构的潜能。因此，我们在指导学习古代诗歌的时候，努力追求这样的艺术境界，即让我们的课堂像诗一样激情飞扬，像诗一样蕴涵丰富；像诗一样意境优美，像诗一样充满想象和创造。

二、探究与实践

为让我们的课堂带上一层文化的色彩和诗性的光辉，我们积极地引导学生与文本交流，让他们在诵读中品味，在品味中发现，在发现中凝聚，在凝聚中升腾自己的情感、思想与智慧。

（一）用琅琅书声去唱响诗意课堂

教师在引导学生走进文本意义世界时，首先宜从诵读开始，这里所说的"诵读"包括朗读、背诵、美读、涵泳。《课程标准》指出要让学生"在诵读实践中增加积累，加深体验和感悟"，那么感情浓、生命意识强、音乐性明显的诗歌类文本更需要依托诵读来唤醒、来激活、来加以感悟。诵读是对文字的触摸，是把诉诸视觉的文字语言转换为诉诸听觉的有声语言的一个创造活动。鲁迅先生说过："中国文字有三美，意美以感心，一也；音美以感耳，二也；形美以感目，三也。"依托诵读，能有机地将三者和谐统一在一起，就能使学生更好地感受中国古典诗文精妙的意境。诵读有许多方法，在此，结合诗歌特点，我们主要谈谈以下两种方法：

1. 浑圆地诵读

西方完形心理学曾提出"格式塔质"的观点，即认为作品的整体大于局部之和，诗歌类文本具有"格式塔质"。它虽由各个部分构成，但作品的意蕴超过各部分的总和，极具艺术张力。所以浑圆的诵读古诗文，有助于融会贯通地从宏观、整体上把握作品，以达到对浑然一体、融会无间的审美境界的追求。

例如：高二致明班胡晓同学在谈到自己反复吟诵《归去来兮辞》的感受时，说："在老师的引领下，我们开始抑扬顿挫地吟读起来，看着课本上似懂非懂的辞句，慢慢地，我眼前展现出朦胧的图景：悠远的往古，清新的空气，一位老人，坐在几个破衣烂衫的乡邻中间，他们谈论着什么；一会儿剩下一个人了，泉流潺潺，绿树葱茏，只见他在一片碧绿的山水间遨游，遨游……啊！多么自在啊！"但到最后一段时，'调子似乎不能像先前那样轻松自在了，尽管那般高昂，还充满着傲气，但傲气里加了点什么？对，有种无可奈何的味道，有种人生无常的悲凉。'聊乘化以归尽，乐夫天命夫奚疑……'读罢，尾声悠悠地悠悠地还在我心上打着颤，终于完全消失。你看，借助这入情地诵读，学生于抑扬顿挫中已把意义领悟了一半。因此，我们认为古诗词诵读忌条块分割，提倡浑圆地读。即以诵读为核心，带动字词句的理解，带动情感体验，带动理性的分析，等等。

2. 审美地诵读

因为古代诗歌是精神、感情的结晶体，又是美神的骄子，它存在着许多意义的空白，其精髓不是思辨的逻辑分析所能完全传达的，往往只有在自己反复朗诵、咏读的过程中靠个体心灵的直觉体悟才能品出其中三昧。所以，要在课堂的诵读中，教师应巧设情境，让学生学会涵泳，学会再现诗歌的优美意境，学会填补审美的空间。

譬如笔者在教学李清照的两首词《一剪梅》和《声声慢》时，设计了一个"对对联，赏意境"的教学环节。教师根据《一剪梅》的意境描写拟出上联："月满西楼，落花流水寄绵绵情思"，这是对"雁字回时，月满西楼。花自飘零水自流。一种相思，两处闲愁"的化用。要求学生据《声声慢》的意境描写对出下联。一石激起千重浪。学生思维活跃，纷纷作对。最后大家公认一句为佳对："雁过南窗，梧桐细雨写点点离愁。"它巧妙化用了"梧桐更兼细雨，到黄昏，点点滴滴。这次第，怎一个愁字了得"的诗意。

又如崔玉彩老师讲授《雨霖铃》时，让学生在充分诵读、熟背的基础上，引导他们对上片，进行"诗歌写意"训练。美术班的许天宁同学是这样写的：

秋风萧瑟天气凉，草木摇落露为霜。凉风打着漩，刮走了树上蝉儿最后的一丝音乐，夕阳几乎散不出一点余热，把长亭定格在孤寂的悲凉中。有谁能够注意到，在那长亭里，还有丝余温酒小菜，有谁能够想到，那昨朝用来把酒言欢的美酒，今朝却是和着眼泪，频频举杯却又难以下咽的离别清酒。骤雨刚刚停止，似佳人的泪，一滴滴击在那柳七心头，寒风吹在佳人芙蓉面上，那纷飞的眼泪又一次搅乱了才子词人的心。才子佳人执手相看，纵有千般不舍又奈何。面对船家的一遍遍的催促，一声紧过一声。声声揪住心弦。内心纵有千言万语，却只是牵着手儿看着对方的眼眸。百句嘱咐，百句关怀，却早已和着那泪珠击碎在心头。佳人上船，柳七一程程相送，直到看到南方天空之中那层层云朵和那早已模糊的佳人的背影，空中还残留着佳人的余香，但却早已用手也抓不住了。

文本，把诗文还原成完整而鲜活的生命体，强调自我身心的体验，使得自身的情感和作品所积淀的情感进行碰撞、交流，从而得到融合，东坡先生云，“三分诗七分读耳”。这样审美诵读，就很好地引导学生直接用心灵去触摸文本，收获熏陶与感染。

（二）在对话中走进芬芳的精神家园

1. 给深邃渗入互动

诗歌类文本的意义世界不是自足的、封闭的、静止的，而是敞开的、开放的、动态的。接受美学大师姚斯也说：“一部文学作品，并不是一个自身独立、向每一时代的读者均提供同样的观点的客体。它不是一尊纪念碑，形而上学地展示其超时代的本质。它更像一部管弦乐谱，在其演奏中不断获得读者新的反响，使文本从词的物质形态中解放出来，成为一种当代的存在。”因此，在课堂上，我们教师很善于激发学生，让其以一种轻松愉快的心情进入课堂，以自由的思想与文本和教师对话，与自己的思想和心灵对话。

例如对王维诗句“大漠孤烟直”理解：对于诗中意象“烟”，有的学生理解为“物质燃烧时产生的混有未完全燃烧的微小颗粒的气体”，只是对这个词本义的认识；有的学生想象在一望无垠的大漠中，在落日熔金的黄昏，旅人已是饥肠辘辘，那么“烟”就意味着有一个温暖的落脚点，那里有并不丰盛但足以让你恢复体力的晚餐；还有的学生注意到这是一缕“孤”烟，他感悟到可能是这位孤独的旅人与那缕孤烟下同样孤独的人之间那种同是天涯孤独人的亲近感；又有学生注意到“直”字，从违反常理的“直烟”中体悟出大漠中无风无息的宁静沉寂和孤烟离旅人之远，那么更能体会旅人的断肠之心。所有这些关于意象、意境的感悟，都是个性化的，自由的。每一个学生都能敢于向权威、深邃挑战，都积极地根据各自的知识水平、理解能力、文学修养等与文本的语言进行反复碰撞，绽放自己思想的火花。

2. 把赞美送给诗人

其实，古代诗人在把自己的人生融入艺术创作的同时，他们的人生本身也就淬变成了可以观赏品鉴的艺术品。白居易高呼着“一丛深色花，十户中人赋”，这是怎样的爱民情怀；韩愈捶胸呐喊“欲为圣明除弊事，肯将衰朽惜残年”，又是怎样的胸襟；李贺仰天长叹“不见年年辽海上，文章何处哭秋风”，这又是怎样的悲怆；还有刘禹锡的傲岸与倔强、元稹的曾经沧海，还有“郊寒岛瘦”等等，可以这么讲诗句是他们艺术人生的浓缩，我们与其说其声之至清，毋宁说是心之至清，情之至深，趣之至雅，经历之至曲……因此，在欣赏他们艺术作品的同时，是不是也要欣赏一下他们的艺术人生？于是我们分别开设了《一代诗仙》《千古诗圣》《永远的苏子》《薄命君王，绝代才子——李煜》《明月松间照，清泉石上流——话说清照》《把阑干拍遍——辛弃疾》等专题讲座，以及研究性学习，让学生走进这些诗人的精神家园，与一个个鲜活的生命对话，同时献上他们的感动与感悟。

比如笔者曾设计过这样的一道题："唐代，连政治连哲学都透着诗歌的芬芳，所以闻一多先生称它为"诗唐"。的确，"诗唐"优秀得让我们骄傲！吟咏它们，两颊生香；应用它们，蓬荜生辉。唐代的诗坛，不仅诗人多，而且还挺立着一许多令后人肃然起敬的巨人，像李白、杜甫、韩愈、白居易、刘禹锡等等，"不尽长江滚滚来"。这一个接一个登场的巨匠，便在我们面前翻起一排排腾空的巨浪。在这浩浩汤汤的诗歌海洋中，总有一种精神让我们感动，总有一位诗人让我们敬仰。赶快拿起你手中的笔，写下你内心的感触，颁发出你心中的赞美吧。"同样，学宋词也让他们为自己心仪的词人撰写颁奖辞。请欣赏学生作品：

李白：汪洋肆恣，他是酒中王侯，俊逸洒脱，他是诗坛霸主。丰富的想象，奇特的夸张，他的诗作如行云流水，飘逸空灵；讴歌山河，抨击权贵，追求光明，他豪情万丈，惊风泣鬼，他绣口一吐，便璀璨了整个盛唐。大哉，青莲居士！（高二·福彩班　姚瑶）

苏轼：如风，吹过荆棘丛生的道路，他依然能够仰天长啸；如雨，流过荒凉贫瘠的土地，他仍旧坚守润物无声。他是赤壁边的浪花，"惊涛拍岸，卷起千堆雪"；他亦是爱妻墓旁的青松，"相顾无言，惟有泪千行"。"哀无声之须臾"倒不如"一蓑烟雨任平生"，于是他高唱"大江东去，浪淘尽"，他低吟"且陶陶，乐尽天真"，他轻歌"燕子飞时，绿水人家绕"，他乐诵"我欲醉眠芳草"。他以心灵的伟大抚平人生的坎坷，他，是诗中圣哲，风雨一生，美丽一生。（高二·致明班　赵春蕾）

（三）用写作去升腾自我体验的智慧

陆游说："纸上得来终觉浅，绝知此事要躬行。"我们学习经典文本，不能仅仅停留在读对了、会译了、能背了、会默了、了解作者了。更重要的是在引导学生和经典对话、和文化名人交流的基础上，加强读写结合、融会贯通，内化融合成自己的思想、自己的情感，升腾成自我的智慧之花。我们的做法是让学生或为喜欢的诗词写解说词，或围绕文本写文学小评论，或为某个作家或时代写文化散文，等等，下面结合学生的习作加以具体说明。

比如姜天宇同学在她的文学小评论《千古明月人间情——浅谈苏轼词中“明月”意象》一文中写道：“一轮明月，古往今来，不知多少文人墨客为之倾倒，一代大文豪苏轼也不例外，苏轼对于‘明月’特殊钟爱。‘盈虚者如彼，而卒莫消长也’‘惟江上之清风与山间之明月，耳得之而为声，目遇之而成色。取之无禁，用之不竭。’我们不妨这样看，‘明月’是苏轼的一位挚友，是一位经历过大悲大喜，大起大落，已超脱于物外的智者。这位阅尽千古的智者与苏轼心灵相通，随时随地进行着精神上的对话。故，苏轼可以将自己的真情实感交付于明月，让明月为之传递，为之储存。”然后从“明月里蕴藏着的是血浓于水的亲情”，“明月里蕴藏着的是‘不思量，自难忘’的爱情”，“明月里蕴藏着地久天长的友情”三个方面展开。评论到位，分析具体，而且引用了大量苏轼写月的词句加以佐证，颇具说服力。另外，整篇文章本身就是一首诗，她是用诗的笔法来写评论，很多整句，给全文增添了诗意。

再比如赵春蕾同学学完李清照专题后，写了文化散文《花样人生———怀念那曼妙才女李易安》，开头两段是这样写的：

一杯清茗在手，叶芯舒展，于澄澈中慢慢打开昔日的记忆，拈一朵花儿看她娉婷的身姿，任凭香气沁入心脾。闭上双眼，那个立于秋风黄花中的寻寻觅觅的美神又出现在脑海中：那个和她的诗一起高悬于历史星空的李清照，那个拥有花样人生的远逝的曼妙才女。

梅之羞

“绣面芙蓉一笑开，斜飞宝鸭衬香腮，眼波才动被人猜。”娇羞少女，待字闺中，秀发如波，香腮动人，情窦初开，怎不叫人怜爱？生在书香门第，作为状元之女，易安从小拥有了一般女子不可企及的良好的成长环境，这使她不仅能够欣赏美，更能编织着美。少女时期的易安如羞涩的青梅，荡漾着娇柔多情的儿女情怀。“和羞走。倚门回首，却把青梅嗅。”温情脉脉，单纯、平和的生活，空气中都飘散着青涩、甜蜜的气息；“兴尽晚回舟，误入藕花深处”意兴盎然，快乐、充实的生活，阳光中充盈着幸福，流淌着灵秀的光彩。文化的汁液将她浇灌得外美如花，内秀如竹。

不觉间，一阵银铃般的笑声荡在耳畔，我仿佛看到了少女时期的易安那澄澈、灵秀的双眸。

接着作者又以“菊之雅”“荷之殇”作为小标题，写了两大部分。

在文中，作者巧妙地选取李清照的少女、少妇、暮年三个极具有代表性的时期，并借助比喻的形式写出了早年如青梅般的清纯、婚后生活如菊花般的雅致以及南渡后生活如枯荷般的凄凉悲怆。然后借助三个小标题“梅之羞”“菊之雅”“荷之殇”加以表达。文章形象生动、画面感强且想象丰富，文情并茂，引人入胜。结尾一段升华主题，前后照应，行文自然流畅。

刘勰说：“披文以入情，沿波以讨源。”春蕾同学的确读透了易安和她的诗文，且把自己的情融入了清照的文章中，所以能写出如此曼妙的习作来。

这样的教学不仅培养了学生的文学兴趣，陶冶了学生的审美情操，丰富了学生的精神家园，尤其是培养了学生主动涵泳、探究及写作能力。

三、成效与反思

这样，在学习古典诗歌时，主动引导学生用心灵去触摸文本，在交流、碰撞中，提升自我的智慧，既建构了文本意义，又建构了读者自身，也就是说，我们对诗歌类文本的主题探究，具有双重建构特征。

（一）建构了文本

文本中充满着许许多多的“空白点”和“未定点”。在诗歌类文本教学中，教师的主要任务之一就是引导学生建构文本的意义。童庆炳先生在《文学审美特征论》一书中说：“正是在这一生生不息的解读创造过程中，不同的读者总是以自己富于个性、时代性的创造性理解，赋予文本以全新的意义和阐释，从而使文本的意义得到不断的开拓和建构，具有永恒的艺术生命力。”

（二）建构了自我

诗歌类文本以其开放性，涵纳读者定向审美的艺术补充，从而使读者建构了本文意义的同时，从中接受和创造了一个扩大了的自我，建构了读者的自我意义。读者用心去体验作者的生命意识，让过去积淀的文化成分与作品所包含的文化成分处于一种急剧的交流、对话之中，从而拓展其“期待视野”，他们的心理素质、思维能力和精神境界也在这种交流中得到相应的提升与完善。当代作家陈建功说：“我读屈原，感到自己的卑琐；我读陶渊明，感到自己的势利；我读李白，感到自己的狭窄。”这是阅读中的一种文化现象，是读者与作者、文本对话中所产生的心灵升华和精神的提升。同样，我们学生在建构“唐诗宋词”等文本时，也升腾了自己的情感，提高了自己的认识。比如福彩班的姜天宇在《我的自画像》一文中是这样写的：

我是一个好学的女孩。我喜欢在知识的海洋里徜徉。从我接触美丽的汉字那一刻起，我便喜欢上她，随着年龄的增长，我对那肩架结构背后隐藏的秘密便越发好奇。于是我翻开了时光的扉页。我看到斗室之中，头悬梁，锥刺股的苏秦，正拿着竹简苦读；我看到草堂里，一代诗圣杜甫正苦苦思索，“为人性僻耽佳句，语不惊人死不休”；我看到长安郊外，李贺正背着诗囊，骑着毛驴缓缓而行；我还看到苏轼正挥毫泼墨，写下一副对联：“发愤识遍天下字，立志读尽人间书”。合上书页，我的心不能平静，他们的故事感染着我，激励着我，在书山之上披荆斩棘，在知识的海洋中乘风破浪。

所以，钱理群教授说：与大师巨匠“进行心灵的交流，精神的对话。你们将触摸集中了人世大智大勇的高贵的头颅，融会了人间大欢喜大悲悯大憎恨的博大情怀的颗颗大心。这是一个燃烧的大海，你不能隔岸观火，你必定要把自己也烧了进去，把你的心交出来，与这些民族的以至人类的精英同挣扎的过程中，你会于不知不觉中发现自己变了，变得更复杂也更单纯，更聪明也更天真，你内在的智慧、思考力、想象力、审美力、批判力、创造力被开发出来，你的精神变得自由而开阔了，你的心灵变得更美好了”。

以上是我们的一点探索。总之，文学经典的阅读是自由的，个性化的私人化的空间，它可以融入你的整个心灵。要让学生在读写中领略那份审美、欣赏、感动、震撼、启智的欣喜以及人生的感悟、认识的提升。一句话，经典的学习要立足于葳蕤学生的精神家园，德国的哲学家叔本华曾告诫读者别“让自己的脑袋变成别人思想的跑马场”。

外出讲学

本文原发表于《青岛教育》2007 年第 4 期，有改动

二　文学经典与高考作文的对接

“经典”一词在英语中用 classic 或 classical 表示，意指文学领域中第一流的、优秀的、不朽的作品。从这个意义上说，它具有中心、正统和权威的力量，经典时常是权威的代名词。那么，怎样读经典、用经典呢？朱自清先生说：“经典

训练的价值不在实用，而在文化。”叶朗教授说：“对经典著作和大师的著作要精读。”“精读，换一种说法，就是细读。”接受美学大师姚斯说：“一部文学作品，并不是一个自身独立、向每一时代的读者均提供同样的观点的客体。它不是一尊纪念碑，形而上学地展示其超时代的本质。它更像一部管弦乐谱，在其演奏中不断获得读者新的反响，使文本从词的物质形态中解放出来，成为一种当代的存在。”在姚斯的观念中，正是读者的阅读赋予作品无穷的意义，从而让一部作品一代又一代地承传不已。

这些理论对高考作文颇具启示意义。笔者浏览且分析了近几年的大批高考满分，高分作文，发现其中一半以上的创构是汲取中外文学经典的养分，以诗文、文学形象或文化名人为题材，与高考给出的话题对接，以灵动的思维、青春的胸怀去阐释或解读，然后生成第三意义世界。对于这种链接方式，阐释学有一个经典的表述：当文化相遇时，存在就发生了。基于此，笔者力荐在作文备考时，不妨加强文学经典与高考作文的对接训练，以考生对文学经典的体验、理解、建构来拉动考场作文的得分点。

一、与经典对接，尽现立意之高远

“文章合为时而著，诗歌合为事而作”，“时”“事”是文学经典的取向原则，即聚焦社会、观照时代精神。因此关注经典与作文备考的链接，能引导学生超越学校藩篱，大胆聚焦社会，深入人间正道，使习作洋溢着浓郁的时代气息，渗透着对社会、人生的深邃思考，显现出强烈的责任感、使命感以及悲天悯人的生命意识。如 2002 年高考佳作《刺秦》，浓缩了荆轲刺秦王这一历史事件，通过壮士的内心独立，凸显行刺前两天两夜心灵的痛苦挣扎和艰难抉择。荆轲最终放弃刺秦，甘愿捐躯：“图穷匕见，我用匕首去刺秦王却给了他逃跑的机会；环柱而走，我有九次机会，却让他能拔剑伤我；倚柱而骂，我要保持太子的尊严。侍臣杀我时，我想起了天下苍生，他们没有看见我眼角的那颗英雄泪。”这样的结局，与张艺谋大片《英雄》的架构不谋而合，更融入了当今世界的最强音：呼唤和平与统一。既不违背史实主线，又有自己独特的视角，展现荆轲心系天下苍生的胸怀，立意高远、大气氤氲。类似的佳作还有 2002 年的《赤兔之死》《昭君的选择》，2004 年的《刘邦经验介绍会》《马谡忏悔录》《霸王末路》等。考生对文学经典灵活地加以链接，或反弹琵琶、或旧说新解、或精心整合，立意深远，见识过人。

使文章立意高远，另一方面还可以通过与经典对接，审视生命、观照人生。可解读生命负载的使命，体悟生命之美好、生命之价值，从而激发生命的张力、创造生命的价值，简言之，使作文洋溢着强烈的生命意识。

二、与经典对接，尽现内容之丰腴

著名作家毛志成认为“中学生应写大气文章，必须注意三大：眼大、心大、手大”。“眼大”是指阅读视野广，涉猎信息量大；“手大”指写出的文章有厚实的文化积淀、浓郁的文学素养。而与经典对接，便可以达到。如2004年的全国卷佳作《千年解一题》中写道：

云烟漫漫，翠华摇摇，当岁月的河水洗去历史的铅华，却总有一道命题贯穿其间，亘古不变：应该相信自己，还是要听取别人的意见。把问题装入人生的行囊，我去先哲那里寻找答案，到时间的彼岸去探询真理。

菊江边传来阵阵菊香，哦，是那不为五斗米折腰的五柳先生吧？

耳畔传来熟悉的乐曲，这不是贝多芬在演奏他的《命运交响曲》？

刀光闪闪，鼓声隆隆，你可就是衣锦还乡的汉高祖刘邦？

“周公吐哺，天下归心”。月下，曹孟德在想什么？

忽觉背囊如此之重，原来不经意间已承载了那么多，像李贺那样翻检背囊里的箴言：相信自己，并不固执己见；广开言路，也不人云亦云。

作者采取穿越时空的方法与经典对接，拜见的有文学家、音乐家、政治家，多角度地诠释文章的主题，尽显其丰富的文化底蕴，尽显其博学的风采，似学者在演说，似哲人在授学，给读者以广阔的视野、深邃的思考以及审美愉悦。

再比如2003年湖北考生作文《情感·认知·文化》在谈及“因为深爱你——中华文化，我们忘了去洗净你，忘了理智清醒地看你”时，这样写道：

那是《诗经》中的一江清水，在水一方的伊人；那是华美的楚辞，闪闪发光；那是孔孟思想，百家争鸣；那是大唐华章，仙乐飘飘；那是高山流水，那是古长城的细细青苔，那是岳麓书院的依依夕阳……漫步在中华的文化里，多少人醉得不知归路。

如此深入理解、广泛联想展现了这位考生厚实的历史文化积淀、高超的文学素养。诗词名句，解读活用，恰到好处，“腹有诗文语自华”，掀开了文学神秘的面纱，洋溢着浓郁的文化气息，尽展文章丰腴之美。

三、与经典对接，尽现文笔之灵秀

审美体验是文学经典赋予读者的专利。美学家胡经之认为：“当审美主体用自己那颗在体验中跳动不安的心灵去激活那些文字、那些画面、那些音符，使他们成为主体情感、意志、生命感和灵肉的载体，诞生出新的审美意象。”而作为这种审美意象的家园——语言，当然是非常灵动而又优美的。关于这一点，许多考生做得非常好，请看 2000 年高考佳作《最后一课》中的两段：

才女阿香站了起来：“我爱读散文，在我眼里，语文是古都洛阳国色天香的牡丹；语文是夜星下静谧的荷塘；语文是古道长亭外无声的冷月；语文是那一双看清世界寻找光明的黑色眼睛。总之，语文就是生活美的升华。”

……

“我爱读小说，古典小说中的语文是什么呢？语文是当阳桥张飞石破天惊的怒吼；语文是水浒好汉闯神州的风风火火的豪壮；语文是林黛玉泪珠下飞红万点愁如海的片片花瓣。所以我认为语文是让人回肠荡气的情感。”我羞涩地站起来。

小作者的文学素养在本文得到了很好的彰显，特别是语言：一是用语文雅典丽，那些新颖形象如星星般点缀天空的比喻，使文章显得文采斐然；二是引经据典，以点带面，让文章散发着古雅而又灵动的诗意。

再比如 2004 年江苏优秀作文《西安与南京：山与水的对话》一文中写道：

南京，长江南岸的明珠，是苏浙那纵横交错的河流湖泊给了明珠最灵动的光泽。抬眼望，“秦淮水榭花开早”，回头瞧，“红杏褪尽，绿水人家绕”。那里的“六朝旧事如流水”，那里的“夜船吹笛雨潇潇”。南京用那上天赋予的水，勾勒出如梦如幻、如诗如画的“好江南”。

秦岭说：“世事白云苍狗，沧海亦会成桑田。看那盛唐之时，谪仙借大块之文章，为长安涂抹出盛事风华。波斯的宝石，映得我五光十色；天竺的经文，照得我光芒熠熠；更有洛阳的牡丹，衬得我千娇百媚。谁说大山就没有绚丽多姿的青春？”

作者充分激活自己的诸多文化积淀，充实而灵动。娴熟地链接经典，文笔老道，句式整散结合、修辞顺手拈来，诗意浓郁。阅读这类佳作，如品香茗，如饮醇酒，乃艺术享受。

北大中文系钱理群教授说：与大师巨匠“进行心灵的交流，精神的对话。你们将触摸集中了人世大智大勇的高贵的头颅，融会了人间大欢喜大悲悯大憎恨的博大情怀的颗颗大心。这是一个燃烧的大海，你不能隔岸观火，你必定要把自己也烧了进去，把你的心交出来。”的确，诸如文化名人、文学形象、代代相传的诗文等经典是一个民族的思想、学术与文化瑰宝，是承载着民族精神的历史河床，是历代读书人的文化故乡，它一直滋养濡染着后人的人生价值观、精神生活观、审美修养观。它们的意义世界永远是开放的，并一直积极地召唤着考生去集合、加工、整理、激活、且融合成“我”的“东西”。学生在备考时如果能以开放的文化视野审视、解读文学经典，发掘其时代精神和紧扣话题的文化生命力，让传统与当下对接，发生“视野融合”，且在融合中构建自己的佳作，不失为一项聪明之举。

本文原发表于《中学语文》2005 年第 3 期，有改动

三　高考作文的新宠——演讲稿及其写法

2019 年全国卷语文《考试说明》在写作一项指出“发展等级”之一“有创新”指出：“见解新颖，材料新鲜，构思精巧，推理想象有独到之处，有个性色彩。”而作文试题中要求文体自选，这就给学生提供施展特长的空间。如果考生擅长写议论文，建议你不妨选择演讲稿这一文体，它可以有出奇制胜的效果。

第一，演讲可以跨越陌生、对接心灵、实现真诚沟通。它来不得虚假，或列举材料，或阐明看法，或抒情描写，都是一个人对另一个人的胸襟袒露、真心倾吐，生命的交流，是不存杂念的。这份开放的敞开的真诚、阅卷老师怎能不喜欢？

第二，演讲稿容易营造一种面对面的力陈观点、慷慨倾诉的氛围。它可以尽情地用书面语言去感染人、说服人、甚或教育人，这一点很合乎“感情真挚”的高考评分标准。

第三，演讲稿的形式自由、活泼、不呆板。它既可以发挥议论文观点鲜明，论据确凿的优势，又可摒弃传统议论文“千文一面”，形式呆板，缺乏感染力的不足。

第四，《课程标准》明确指出：要“学会演讲，做到观点鲜明，材料充分、生动，有说服力和感染力，力求有个性和风度。”

下面笔者主要结合近两年的高考优秀作文，谈一下这类文体的写法。

首先要广泛地占有材料。高中生写演讲稿最大缺点是言之无物，缺乏实据，往往流于空谈。阅卷老师读时感到泛泛而谈，大而无当，散漫无边。其实，好的演讲稿，如陶铸的《崇高的理想》，马丁·路德·金的《我有一个梦想》、鲁迅的《在未有天才之前》等，都是以典型实例取胜的经典之作。这一点正扣高考评分标准中“材料丰富”的要求。建议考前可有计划地分类加以积累。

其次要营造一贯而下的演讲气势。具体说来，可以交错运用整句和散句，以增强文章的气势和感染力。所谓整句就是句式结构基本相似的一组句子，如运用排比、对偶、引用、比喻等修辞格。整句文字洗练，容量大，且富有节奏。恰

当地使用整句能使文章具有排山倒海的气势，如2003年一篇高考满分作文《情感·认知·文化》在谈到“我爱你的一切，中华——我的文化”时，考生这样写：

那是《诗经》中的一江清水，在水一方的伊人；那是华美的楚辞，闪闪发光；那是孔孟思想，百家争鸣；那是大唐华章，仙乐飘飘；那是高山流水，那是古长城的细细青苔，那是岳麓书院的依依夕阳……漫步在中华的文化里，多少人醉得不知归路。

所谓散句就是长短不齐的句子。在一篇文章中不能都用整句，也不能皆用散句，整散交错使用，可使文章显得错落有致，淋漓酣畅，更具感染力。请看2004年福建考生的《壮哉，猛士！》中这一段：

是谁，曾经彷徨，而后怀着满腔热情拿起笔杆子，向敌人的咽喉刺去；是谁，曾经呐喊，而后激励着一代又一代有志青年，在铺满荆棘的道路上奋勇前行，追寻那一片光明；是谁，曾经伤逝，为的是无法一直做人民的孺子牛，为革命多做一件事？是您，我们的鲁迅先生！沧海横流，您是识时务之俊杰；刀光剑影，您是永远不倒的猛士！壮哉！您是千千万万人民心中的巨人。

要旁征博引，增强演讲稿的说服力。列举事实做论据时，不能拘泥于同一类。时可跨古今，地可涉中外；人可及顶大巨擘凡夫俗子，事可包天文地理寓言笑话。可以是历史掌故，也可以是民间传说；可以见于古今史籍，也可以是海外奇谈。总之，不必拘泥，只要能为我所用，扣我中心，不妨信手拈来。请欣赏演讲稿《我拼搏，我幸福》中的一段：

我幸福，因为我的青春在燃烧，我视拼搏为幸福，对远方，对山那边，对地平线之外，我有一种不可遏止的冲动。我喜欢贝多芬的名言：“我要扼住命运的喉咙”；喜欢拿破仑的雄心：“不想当将军的士兵不是好士兵”；喜欢张海迪的誓语：“即使翅膀折了，心也要飞翔”；喜欢顾城的诗句：“黑夜给了我黑色的眼睛，我却用它来寻找光明”。我钦佩风雨中摇曳呐喊的小草，钦佩严寒中傲雪绽放的红梅，钦佩峭壁上与风云争夺天日的青松。我渴望像孔子那样周游列国，知其不可为而为之；渴望像海明威那样，去非洲高原猎狮，到墨西哥湾钓鲨；渴望如比尔·盖茨那样石破天惊，成为IC业的领军人物……我要把生命交给探索，交给拼搏，交给前方没有标出的航线。生命不止，奋斗不息，只要我的心跳动，我就会不停地拼搏。我爱拼搏，拼搏是幸福的。

以上是演讲稿的内容主要方面，文章的外在形式也绝不可忽视，尤其是考场作文。我们常说内容决定形式，其实形式对内容的反作用力也是非常大的。

那么,演讲稿的写作要注意哪些形式方面的问题呢?

1. 要高度重视文章的开头和结尾

人们常说"题目好比人的眼,开头好比人的脸",好的开头可以让阅卷老师"一见钟情"。演讲稿的开头或名言切入,营造哲理气氛;或诗句切入,创设诗情画意;或典故切入,唤起类比联想;或排比切入,调动听众情绪;或细节切入,阐发微言大义;或反向切入,启发求异思维。总之,要尽量简洁、新颖且富有启发性。如2004年高考优秀作文《当生活遭遇挫折》的开头:

朋友,当你遇上挫折,你会怎么办?

或许,你会选择逃避,找个避风的港湾;

或许,你会选择哭泣,用泪水清洗伤心欲绝的心灵;

或许,你会选择求救,寻求可以依靠的独木舟,抑或只是一根树枝;

……

傅雷曾长叹:不历经磨难的逃避是轻佻的。哭泣之后你又将如何?求助?也许会,也许不会!

我们能做的,就是拍拍胸脯,坦然地面对!

开头出彩,文章便成功了一半。结尾也要干脆利索,给人以美的享受;或引用名言,尽显哲思美;或照应开头,尽展结构美;或敞开心扉,发出号召,尽现真情美。

2. 要有清晰、严密的逻辑结构

一篇好的应试演讲稿一定要合乎古人所说的"凤头、猪肚、豹尾"的结构标准,同时要精心设计段首。另外,还要注意"过渡"技巧,它一方面可以暗示清晰的思路,另一方面又可以使演讲稿前后衔接,天衣无缝。比如可以用"当然""不错""的确如此""毫无疑问""不仅如此"等顺接上文、且自然引出下文;又可用"我可以给大家举这样一个例子""下面再谈一下我对这事的看法"等极平常的句子做"跳板",来完成内容的转换。

另外,还要注意演讲稿的格式,开头要顶格写,如称呼"各位老师、同学",然后下一行空两格说"大家好";中间可适当用呼告的手法,如"同学们""朋友们";结尾处应写到"我的演讲结束,谢谢大家!"。

考生如果注意了以上几个方面,高考时写演讲稿是很好的选择,它将呈现出另一番不同于一般议论文的景象:个性鲜明,情感充沛,新意盎然,精彩纷呈。

本文原发表于《读写月报》2005年第5期,有改动

附录：

【文题设计】

读下面的文字，根据要求作文。

改革开放 40 年来，最具创新活力的青年制造了一个个属于自己的时代标签：

①下海，“下海”指青年跳入商品经济、市场竞争的“大海”，自主挣扎和生存，二十世纪九十年代，正是这一大批“下海”的青年之中，诞生了非常多的优秀企业家卓越经营人才，创造了中国的经济发展奇迹。

②海归，“海归”指海外留学回国就业的人员，留学生给中国带来了更加理性与开放的心态，成为推动中国进步的一股重要力量，加速了中国融入国际文明的脚步。

③创客，“创客”是近年来青年中流行的名词，具体说来，“创客”是指不以赢利为目的，把创意转变为现实的人。社会传播之后，“创客”特指具有创新理念自主创业的青年人。

④世界范，“世界范”指经历了 40 年改革开放铺垫，越来越自信、越来越自豪，越来越有国际思维，国际视野，敢于站上国际舞台的青年。

当今时代，青年人应具有怎样的思考？根据上材料，请结合所见、所闻、所感写一篇文章。要求：选好角度，确定立意，明确文体，自拟标题，不得套作，不得抄袭；不少于 800 字。

【学生佳作选评】

三思而前行，拥抱新时代

——致当今的青年人

于卓浩

各位同学：

大家好！《围炉夜话》中一则写道，“学业之美在德行，不仅文章”；梁任公也云：“青年强则国强、青年富则国富、青年雄于地球则国雄于地球。”这些充分表现了青年人之重要，那么新时代的青年人应如何重视自己德与行的建构呢？窃以为，可用“三思”概之以拥抱新时代。

梁启超先生曾讲，“今日之责任，全在我少年”。在这个促发展，求改革的时代，社会对青年人的要求越来越高。而想要做杰出青年人，扛起今日之责任，应有三思时刻抱心中，即——奋斗之思、创新之思，家国之思。若能做到三思而后行，则可褪去昨日之混沌，迎接未来之澄明。

电影《小花》主题歌《绒花》这样唱：世界上有朵美丽的花，那是青春吐芳华，铮铮铁骨绽花开，滴滴鲜血染红它。当代青年，无论做什么事情，须时刻谨记奋斗之重要，用自己奋斗的汗水去浇灌成功之花，未来才有可能收获成功之果。二十世纪九十年代的青年人下海从商，他们在奋斗中创造价值，时刻不忘奋斗之必要，辛勤努力，带来一个经济奇迹。在奋斗中成长，以奋斗之思促自己前行，才能成伟业。因此，青年人首先应有奋斗之思。

有了奋斗的精神，还应找准奋斗的方向，习近平总书记曾讲："唯改革创新者强，唯辛勤奋斗者胜"，正是此理。因此，青年人还应有创新之思。如今，越来越多的创客出现，他们心中常怀创新之思，清华大学的"创客"温家星，看到引力波新闻后，立即思考到一种新的探测引力波的方式，如今，他带领的天格计划已经发射了一颗卫星进入宇宙，正站在科技的顶峰，探测未知的世界。他懂得心有创新之思，用创新促自己成才。

追根究底地说，无论奋斗还是创新，它们有效的大前提乃是三思之三——家国之思。若心无家国，再多奋斗与创新都不会令人尊敬。

山东大学建校时送给学子一段话："诸生来堂肄业，是为国家图富强，非为一己利身家。"有国才有家，当我们享受安宁生活时，是国家让我们挺直腰板。因此，我们也应时刻心怀家国之思，时时谨记你我出身。海归回国的耶鲁村干部、山村从教 36 载的支姐姐、为祖国呕心沥血的钱学森……学他们，胸怀家国，不忘故土，才是青年人该有之态。

然而，令人遗憾叹息的是。如今有许多年轻人，或不学无术，虚度终日，或墨守成规、不图创新，或崇洋媚外，心无家国……青年人之思想开化任重而道远，希望你不会堕入这些深渊。

同学们，"时代的责任赋予青年，时代的光荣属于青年。"愿每个青年人都能胸怀奋斗之思、创新之思、家国之思，事事三思而后行，担起时代赋予我们的责任；拼搏奋斗、砥砺创新、胸怀祖国，用最好的姿态捧回属于我们——青年人——的光荣。此文，你我共勉。

我的演讲到此结束，谢谢大家。

教师点评：本文采用演讲稿的形式写作，文体创新；且在正标题的下面采用"致今天的年轻人"这样呼告的方式来写作，显得十分恰切了。作者以《围炉夜话》中一则名句与梁任公的名言警句开篇，以光芒万丈之势让读者认可"三思而前行，拥抱新时代"的中心论点。随后逐层论证"奋斗之思、创新之思、家国之思”三个分论点，很好地回答了“当今时代，青年人应具有怎样的思考”的问题。接着以“如今有许多年轻人，或不学无术，或墨守成规、或崇洋媚外”从反面论证“奋斗”“创新”“爱国”的缺失对个人对社会造成的巨大负面影响。素材新鲜，评论犀利，令人称叹。文章材料丰富，正反论证结合，令人信服。

四　让风头靓起来

一位资深高考阅卷教师曾戏言，在一篇考场作文中，一定要设置“亮点”：最好有太阳，如果你没有太阳，至少要有月亮；如果没有月亮，至少要有星星。否则，想得高分很难。而这个“亮点”就是一个个语段。那么，怎样让语段精彩呢？接下来，笔者将分文体，介绍如何经营写好风头语段。

一、关于记叙文的开头

1. 渲染气氛＋人物出场

请看 2004 年河南考生佳作《英雄》的开头语段：

残阳如血，如血的却不仅仅是残阳。天边最后一抹斜辉掠过阴霾流连在垓下早已因战火而焦黑的土地上。断箭和长戈零落遍地，死亡的气息弥漫，让每一个生还的楚军将士战栗。除了他——西楚霸王，江东项籍。

这一语段用了残阳、斜辉、焦黑等词语描写战场的惨烈，渲染了项羽兵败垓下时的悲剧气氛，并为主人公“西楚霸王”的出场提供背景；接着让主人公项羽在对比中出场。如此，既做到如题快，又不乏浓郁的抒情色彩。

2. 眼前描写＋联想回忆

请看佳作《天堂之路，祝你好走》的开头语段：

那是深秋，窗外正零乱地飘着天使的泪，对面的瓦檐上正立着一只湿透的鸽子，我茫然地盯着它，想理理这纷乱的思绪？想努力忘掉一点悲痛？骗自己什么都没有发生过？……唉！只有这湿淋淋的鸽子似是懂得我湿淋淋的心……

我很欣赏程峥这样的男孩子……

这一语段先描写眼前的景与情：纷飞的细雨、湿透的鸽子、“我”纷乱的思绪及一颗湿淋淋的心，所有这些一方面奠定了本文凄婉的抒情基调，同时自然地引出作者怀念的人——程峥，自然真实，颇具感染力。

3. 预设悬念＋事物亮相

请看佳作《〈圣诞欢歌〉的故事》的开头语段：

在一百四十年前，伦敦出版了一本被公认为不朽的小说杰作，很多人都叫它为“全球最伟大的一本小说”。当小说出版之时，使得市民在街头巷尾与朋友见面，都要彼此问一声：“你读过这本书吗？”答案几乎都是：“是！”这本书出版的第一天，便销售了一万五千本。以后再版了不知多数次，世界各国都有了译本。几年前，银行家摩根以连城的价值，买到了这本书的手稿，现在这本书的原稿陈列在纽约的美术馆。这一世界名著是什么呢？就是狄更斯19世纪40年代写的《圣诞欢歌》

这一语段的开头无疑是成功的，因为它一开始就引起读者的注意，还使你的兴趣逐步增强，在你急不可耐的时候，这才道出谜底。如此设置悬念，引人入胜。

二、关于散文的开头语段

1. 对偶叠用＋文章主旨

请看2005年江苏考生的《永远的苏武》的开头语段：

挥一挥羊鞭，锦帽貂裘，他将其扔进云霄深处；弄一支秃笔，矮纸斜行，他镌刻出对大汉最深切的眷顾。一边是高官厚禄，一边是赤胆忠心：站在忘却与铭记之间、站在逸豫与忧劳之间，他苏武选择了忘却富贵，选择了铭记忠心给人性涂上最浓重的一笔。

这一语段的开头连用三个对偶句，句式整齐而典雅，从形式、内容乃至请调上，都为文章的主旨——永远的苏武、永远的选择张本。

2. 理性话题＋诗意解读

请看优秀散文《平平淡淡就是福》的开头语段：

幸福是什么？幸福是海子心中那座面朝大海的房子；幸福是舒婷视线里那条被雾打湿两翼的双桅船；幸福是徐志摩康桥边那段彩虹似的梦；幸福是汪国真所向往的大漠、森林、峻岭崇峨……其实幸福很简单，它是一种感受。

这一语段以“幸福是……”的句式，多层面地展示了“幸福”这个话题的内涵，且巧妙地嵌入“海子”“舒婷”“徐志摩”“汪国真”等诗人及其诗文。因而整个语段显得内容饱满，意境芬芳，文采斐然。

3. 衬托排比＋中心出场

请看段恒真同学的散文《春秋风骨》的开头语段：

回眸唐朝，满眼流光溢彩，似一朵雍容华贵的牡丹；回眸宋朝，满眼柔柔弱弱，像一株淡雅纤弱、惹人怜爱的兰花；回眸春秋，满眼是刀光剑影、满耳是战马嘶鸣，恰如一棵傲然独立、拥有铮铮铁骨的青松。读春秋故事，总觉得那时的人活得果敢、刚烈、悲壮，活得淋漓酣畅、掷地有声。于是，我坚信，在古老的东方有一种风骨叫作——春秋风骨。

这一语段先以唐朝“似一朵雍容华贵的牡丹”、宋朝“像一株淡雅纤弱、惹人怜爱的兰花”来衬托春秋独特的风骨，即“恰如一棵傲然独立、拥有铮铮铁骨的青松”。同时，这三句话又构成排比，句式典雅，气势恢宏，表达到位，情感浓烈。

4. 妙用比兴＋中心出场

请看 2005 年天津考生的《留给明天》的开头语段：

蚕蛹作茧自缚，备受折磨，等待破壳而出，把翩飞的梦想留给明天；蚌忍受痛苦，历经煎熬，积累美丽的痛苦，把耀眼瑰丽的珍珠留给明天……留给明天的是希望，留给明天的是成功，留给明天的是无悔的怀念。

所谓“兴”是《诗经》中常用的手法，即先言他物，以引起所咏之物。这一语段就妙用了这一手法，它先列举了蚕蛹、蚌等人所共知的形象性事物，以其共同点作类比，非常自然地引出文章的中心“留给明天的是希望，留给明天的是成功，留给明天的是无悔的怀念”。

三、关于议论文的开头

1. 说文解字＋论点出场

请看 2003 年全国卷作文《亲亲与明理》的开头段：

亲亲是指关心你的亲人和朋友。明理是指通晓事物的道理。当亲亲与明理发生冲突时，你该怎么办呢？我认为应该让“明理”来做法官。

语段的开头先解题，即分别解释“亲亲”和“明理”在本文中的含义，然后才提出中心论点。思路清晰，观点鲜明。

2. 名言引路＋论点随后

请看优秀议论文《为他人喝彩》的开头语段：

韩愈说：“李杜文章在，光焰万丈长。”鲁迅说：“史家之绝唱，无韵之离骚。”他们处在不同的年代，却没有吝惜过自己的喝彩。他们倾尽自己的才能，毫无保留地去为他人喝彩。韩愈之说，鲁迅之言，表现出的是一种为人的智慧，一种人格的修养，一种大家的风范。

名人名言或格言警句都包含着经过实践检验的哲理，具有很强的说服力。这一语段的开头就引用了韩愈、鲁迅的名言，以此引出论点，不仅新颖有力，而且可以显示考生的广博的知识、深厚的积累。

3. 故事铺垫＋迎出观点

请看优秀议论文《成功人生的诀窍》的开头语段：

古代有则寓言，说的是西邻有 5 个儿子，他们一个聪明伶俐，一个质朴老实，一个双目失明，一个是驼背，一个是跛子，5 个孩子有 3 个残疾人，可见西邻生活之不易。对此，西邻让 5 个孩子各施其长，质朴老实的去务农，聪明伶俐的去经商，双目失明的去学医，驼背的去搓麻绳，跛足的去纺织。

结果各得其所，安居乐业。西邻之精明，莫过于知人善用，扬其长，克其短，把每一个不同的个体推上最佳的位子，发挥出最好的水平，取得最优的绩效。由此可见，成功人生的诀窍就是经营自己的长处。

寓言故事生动形象，典型事例形象具体，用它们开头不仅趣味盎然，而且还可以实现对论点的同步论证。这一语段的开头就深得其妙，先以寓言故事《西邻五子》做铺垫，然后稍加分析，自然而然地引出中心论点“成功人生的诀窍就是经营自己的长处”。

4. 巧用排例＋精辟归纳

请看优秀议论文《经营自己的长处》的开头语段：

当李白在仕途受阻时毅然决定以写诗为生时，是他善于经营自己的长处，成就了他“诗圣”的美誉；当陶渊明离开官场，回归田园时，是他善于经营自己的长处，成就了《桃花源记》等著作的问世；当刘翔将自己由百米、跳高项目转为跨栏时，是他善于经营自己的长处，成就了他在雅典冠军的壮举……的确，只有善于经营自己的长处，才能收获精彩人生。

这一语段概述了李白、陶渊明、刘翔等人善于经营自己长处的事实，三句并列使用，排比直下，其文势犹如泄洪冲闸，自然且雄辩有力地引出了“只有善于经营自己的长处，才能收获精彩人生”的观点。

5. 立靶待破＋先破后立

请看 2004 年高考优秀作文《相信自己，也要相信他人》的开头语段：

有人说：“当局者迷，旁观者清。”于是相信，让别人来决定自己的一切。有人说：“只有自己才最了解自己。”于是闭目塞听，在错误的泥潭中越陷越深。相信自己与听取别人的意见看似是不可统一的矛盾双方，但二者都有统一的一面，它们正如我们的左膀右臂，缺一不可。在竞争激烈的今天，我们既要相信自己，又要相信别人。

这一语段先树立两个反面观点，为下文批驳作铺垫；接着顺手一针见血地指出这样做的危害。在“破”的基础上，旗帜鲜明地推出正面观点“我们既要相信自己，又要相信别人”。

本文原发表于《读写月报》2005 年第 4 期，有改动

五　点例——一种重要的论证方法

议论文中摆事实和讲道理两个方面，仿佛一只鸟的两只翅膀。两只翅膀都丰满有力，鸟才可以升空、自由翱翔，而其中有力的事实，可将作者要阐述的道理说得更具体，更深刻，可见，在议论文写作中，例证是一种有力的论证方法。但是，如果文中叙例过详，就会使语言失于啰唆，文章缺少厚重感与渗透力，因此，如何使文字简洁而内容充实，这是写好议论文的基础。本文就议论文事实论据的繁简处理、引导学生用好点例方面做些探索。

点例又叫简例，即一句话，或一个短语，甚至一个词就是一个典型事例。契诃夫说：“简洁是才能的姊妹。”运用点例证明观点，一方面可使笔墨经济，语言干脆，不拖泥带水，同时又可使文章避免空发议论之嫌。例如 1995 年上海高考语文试卷中《魂兮，归来》一文在论及“到底什么是人的魂”时有这样一段论述：

到底什么是人的魂？说白了，就是人的某种精神。“路漫漫其修远兮，吾将上下而求索”，这是屈老夫子的魂；“待从头，收拾旧山河，朝天阙”，这是岳大元帅的魂；“砍头不要紧，只要主义真”，这是共产党人夏明翰的魂；还有“把有的生命，投入到无限的为人民务中去”，这是雷锋的魂……正是这些魂凝聚成我们民族的魂，才使我们的民族涉过滚滚的历史长河，走向文明，走向昌盛。他们虽然死了，可他们的魂依然活着成为我们的脊梁。

这段文字中的“……，这是……魂”四个句子，就是四个点例。它笔墨兼济，恰到好处，有要言不烦的功效。

我指导学生使用点例时，为了便于掌握，主要把它分成以下几种类型：

1.排比式

点例文字精要，连续使用三个以上，会使文章气势陡增，提高说理效果。

例(1) 书是我们的精神支柱，它重塑了我的灵魂。当简·爱说“我们是平等的，我不是无感情的机器”，我懂得了作为女性的自尊；当裴多菲说“若为自由故，两者皆可抛”，我懂得了做人的价值；当孔子说“三人行必有我师焉”，我懂得谦虚的必要；当范仲淹说“天下之忧而忧，后天下之乐而乐”，我懂得了做人的责任。

文中所叙简·爱、裴多菲、孔子、范仲淹四句，即为四个点例。由于文章将四个点例并列连用，排笔直下，其文势犹如泄洪冲闸，使“书是我的精神支柱，它重塑了我的灵魂”这一观点突兀高起，强劲有力。

2. 假设式

议论文中用于例证的事例分为正反两个方面，在列举时，可从反面假设，加以推理叙述，以增添说理的力度。

例(2) 诗是诗人心灵真实感情的流露，诗的光彩是诗人思想情操光彩的折射。试问，屈原没有一片爱国的火热衷肠，能写出囊括宇宙的《天问》吗？杜甫如果没有忧国忧民的情怀，能够“笔落惊风雨，诗成泣鬼神”吗？同样，但丁如不参加反对教皇，要求独立的斗争，能写出《神曲》，成为第一位现代诗人吗？裴多菲如果本身不是勇士，能够用生命和鲜血谱写出剑与火的战歌吗？

上述中有关屈原、杜甫、但丁、裴多菲四个点例，从反面拓展表述，既加强了语段的气势，又强化了事例的论证力量。

当然，在运用假设式点例时也可反例正说。

例(3) 历史是一面镜子。假如当初商纣王能广开言路，察纳忠言，何至于落得个身败名裂，葬身火海的下场呢？假如西楚霸王虚心请教，善取忠言，何至于落得四面楚歌，自刎乌江的下场呢？

3. 对比式

木心曾说，“从前的日色变得慢，车、马、邮件都慢，一生只够爱一个人。”“从前的锁也好看，钥匙精美有样子，你锁了，人家就懂了”。不得不承认，往昔岁月静好。陆游唐婉晚年相遇沈园提诗赠情，以示叹惋；李清照抚古器沉思，做出《金石录》后段；朱自清深夜漫步荷塘，沉迷于幽暗灯火下的莲叶朵朵写下了《荷塘月色》……没有现代科技与生活方式的娱乐与便捷，仿佛人生多了太多如今没有的意趣。思绪与思考，多了太多如今难得离久重聚的惊喜与思念的急切……假如陆游、唐婉、李清照、朱自清生活在现代，“红酥手，黄藤酒”的佳句也许会被对话框里冷冰冰的聊天消息取代，李清照可能会直接打开《国家宝藏》而不是自己搜集史料，《荷塘月色》也许会被一张背景是荷塘的自拍取代……

4. 过程式

社会上某位领导在战争年代如何能吃苦，如何如何英勇，新中国成立以后又是如何如何地腐化堕落，像这样的具有过程式事例，可用“昔日的功臣……，而今却……”这样的模式代入中间，用简洁的短语表述即可。

5. 反诘式

例(4)　宇宙之大无奇不有，如果要在古今诗坛上找两个亵渎诗的小丑，也不是难事，秦桧、阮大钺直到汪精卫之流，何尝没有东涂西抹附庸过“风雅”呢？但他们那些东西在文学史的天平上究竟有多少分量？

例(4)在点到三个小丑时，用一个反问句“何尝没有东涂西抹附庸过‘风雅’呢？”，大大增强了文章的反诘语势，收到了很好的讽刺效果。

运用点例，可增添议论文语言的生动性、概括性、鲜明性，可充分展示学生开阔的视野、丰富的阅历，好处不少。但使用时还要注意以下几点：

1. 点例与繁例配合使用

相对点例而言，繁例可概述事例中人或事的主要过程和结果。文字相对多些。如果有的点例过简，简到只出现人名，一般可以这样用例：繁例用在前，点例用在后。这样使用，可使论据形成由“繁”到“简”的行文模式，这种论证方式既可让读者从繁例看到人或事对观点印证的必然性，又可使读者从点例的众多人或事中看到观点的普遍性。有了必然性和普遍性，观点自然牢不可破，无懈可击。

例(5)　我国现代文坛巨星茅盾先生，他一生为党为人民辛勤工作，写出了许多不朽之作，新中国成立前，他在国统区用手中的笔与国民党反动派做斗争。新中国成立后，他更加勤奋工作，尽情讴歌人民的新生活，他在临终之前，将自己节省下来的25万元稿费上交国家，献出一颗丹心。茅盾先生身体力行了“先天下之忧而忧，后天下之乐而乐”。他对待“忧”与“乐”的态度，孰“先”孰“后”，非常清楚。历史上这样的人太多了，孙中山、李大钊、周恩来……他们的英名都将水远刻在中华民族的史册上流芳千古，为后人称颂。

文中的茅盾事例属于繁例，孙中山、李大钊、周恩来属于点例。繁例内容对观点“先忧”“后乐”起具体的论证作用，再连用的几个点例扩大了论据容量，这就加强了观点的普遍性，从而使文章获得较为充分的说理效果。

2. 点例与泛例相结合

泛例指不具体点明个别人物，只是列举几种现象或几件事。相对点例而言，泛例容量大，概括力强。使用时，一般是点例用在前，泛例用在后。这样用例，可使事实论据形成由“点”到“面”的行文格局，“点”能反映事物本质的特殊性，“面”可以揭示事物本质的遍性，二者结合，“点”“面”相衬，相映成理。

例(6) 无用之事，并非真正没有用处，除了带给人精神上的欢愉，更可以培养一种生活态度，渴望不断上升，变得更高贵而真实。且不谈魏晋名士竹林饮酒，邺下放歌，采菊吟诗的潇洒“无用”；也不谈张充和“十分冷淡存知己，一曲微茫度此生”，习昆曲传文化等“无用”之事；单谈近代大学士金岳霖斗蛐蛐、养公鸡之憨态让人喜从中来。让山是山，让水是水，其治学之风尚广为流传。物质生活难以满足他们对人生多态的追求，有用与无用的交融方让这苍白人生多一份趣味。

上述文字运用例证时，先摆出魏晋名士竹林饮酒，邺下放歌，采菊吟诗的潇洒“无用”作为面例，然后举出“张冲和”与“金岳霖”两个点例。这样就巧妙地运用了“点”和“面”相结合的方法，以“点”带“面”，以“面”衬“点”，大大增强了文章的说理厚度，从而使“无用之事，并非真正没有用处，除了带给人精神上的欢愉，更可以培养一种生活态度，渴望不断上升，变得更高贵而真实”这一论点，雄辩有力地出现在读者面前。

3. 点例与说理相结合。

在篇幅有限的议论文中，点例用得好，可使论点得到有力的支撑。但是使用点例时，要注意其和总论点、分论点之间的关系，要和说理论证相结合，不要仅仅停留在论据的罗列上。前面所归纳的点例的几种类型，在第 2 到第 5 所举的例子中，有的通过改变句式，运用假设推论，有的借助固定的表达格式，都很好地注意论证中心，做到点例与说理糅为一体。在此，需强调的是排比式，在列举完一组事例后，或加以归纳、总结，或加以引申、拓展，以达材料观点的目的。如例(1)可在点例后加上“总之，每读完一本书，我就完成了一次生命的感悟，我的灵魂不断地得到洗礼。”

本文原发表于《现代语文》2001 年第 5 期，有改动

六 主人·情人·高人

——今天我们如何高效地教语文

语文之美美不胜收，鲁迅先生说：“音美以感耳，形美以感目，义美以感心。”

那么语文教学每节课如何做到音美、形美、义美的汉语文字结伴？语文教师如何自觉地引领学生在语言文字中徜徉，在咀嚼、品味过程中发现美、领悟美、赏析美？这些都引起我不断地思考，不断地叩问语文的天空：我们的语文课堂教学如何有效，今天我们如何做好语文老师……今择主要的梳理如下。

一、怎样的一节语文课才算“上好佳”？

结合各位名家的讲课以及学校听课，比如《氓》《念奴娇·赤壁怀古》《清兵卫与葫芦》等几节优质课感悟，我想一节好的语文课应该提炼为“清晰的”（结构上）、“灵动的”（教学情境）、“厚重的”（文化层面），同时在情感态度价值观方面具有“点亮”之功效，这种“点亮”如循循善诱的、水到渠成的，一如“羚羊挂角”。

此外，好的课型，给我们的启发还有很多，比如由内而外的解读、小组合作探究、诵读的深入、发散思维的点燃等等。还有，评委们多次提到中学语文课堂教学要有“六个意识”“四个设计”：六个意识——目标意识、主体意识、质量意识、设计意识、训练意识、文化意识，四个设计——教学目标设计、教学切入点设计、教学过程设计、训练设计。

二、怎样的语文老师形象才算“高大上”？

记得有句话说得好：“一个自我发展的老师是不能容忍自己的教学生命在年复一年、日复一日中走向枯萎的。”所以，我想一个卓越的语文人应该是主人形象、情人形象、高人形象，三位一体。具体说来：

（一）主人形象

曾经有一篇文章振聋发聩，就是《不要跪着教书》，我的语文我做主，新课程的理念也有“用教材教”而不是“教教材”。一名优秀的语文人首先要会独立思考，深入钻研，前后思连，上下贯通，形成自己独特的解读或认识，就能信心满满、从容不迫地做语文教学的主人。而不是成为教参和教辅资料的复印机、传声筒。这就要学会整合、关联和教学情境的创设，比如主题性听评课中郭淼老师讲《将进酒》时，引进《代寿山答孟少府移文书》中的“申管、晏之谈，谋帝王之术。奋其智能，愿为辅弼，使寰区大定，海县清一。事君之道成，荣亲之义毕，然后与陶朱、留侯，浮五湖，戏沧州，不足为难矣。”来谈李白的梦想，就非常有创意，对学生深下去读李白起到点亮的作用。孙静的主题性听评课设置，整合《荷塘月色》《荷塘风起》《说荷》三文中的写景片段，探究情景散文的阅读诀窍，效果甚佳。再比如我在讲《荷花淀》时，发现小说中以水生嫂为代表的女人们都没交代姓名，也没有肖像描写，作者这样写有何用意？我设置了“请为水生嫂命名”，学生积极性很高，纷纷取名，他们回答也挺有思维的高度的。然后又设置作业“请为水生嫂们写一段不少于150字的颁奖词。”比如高一(10)班管靖雯同学写道：“放下芦苇拿起枪，她用无私坚忍打退外敌；月夜夫妻的告别，她用理解送走丈夫。从此，她学习进步，奋勇抗敌。她是温柔的春风，呵护家中的孩子；她是静夜的流水，默默地支持着丈夫去战斗；她是坚固的铁甲，守护着家乡的和平，辛勤劳作，理解丈夫，照顾家人，奋起对敌，她让母性的光辉照亮人心；她让妻子的感情填满新房。她是穿梭在芦荡间的水生娘子军！”

（二）情人形象

语文不是无情物，感情燃烧易护花。一个卓越的语文人在讲台上，感情应该是饱满的，或豪放，或婉约，打动自己方可感染弟子。这叫作“精气神”。如此，才可以身体力行地告诉学生什么是风骨、什么是意气、什么是精神，给学生以心灵的震撼、无尽的思考，让学生享受文化的滋养、思维的锻炼、语言的熏陶。如此，语文学科的实用功能、道德功能、审美功能、发展功能，不会只流于空洞的口号，而是如崔玉彩老师交流时说的语文课堂应该是“很舒适的心灵的徜徉”。高三沃春霞的《咏物诗的鉴赏》，就予人以美的享受。

记得在北师大学习时，一位老师讲得好：“没有快乐，一切便烟消云散。”所以，语文应该是“开心”的，开心扉，开心智，开心境。语文可以打开了一人的心扉，使人从蒙昧走向智慧，拥有一颗丰富而有敏感的心，使人生有了厚度，宽度和广度，拥有了大的人生境界，大的人生怀抱。这些都需要老师做个情人形象。

（三）高人形象

我常想一位优秀的语文老师应该如古代的文人一样正直正义、光明磊落、光风霁月；比如即便被诛十族也不助弑君篡位的方孝孺，拍案而起的闻一多，宁可饿死也不领美国救济粮的朱自清，不慕名利、淡泊守静的钱钟书、杨绛……北师大的校训、启功先生的题字犹回荡在耳边：“学为人师，行为师范”。所以应该是个高人的形象，要塑造自我成为有担当，有学养，有审美力和思想力的人；一个高人的形象既要有文化眼光，又要有世界眼光。

语文应该是天空，高远而蔚蓝，语文是大地，广袤而深远，天圆而地方。语文教师教会学生的应该是脚踏大地仰望天空，让学生拥有社会责任感和使命感，这是语文崇高的功用。

七　一片深情遮隐忧

——读《再别康桥》

《再别康桥》是徐志摩的名篇，收入作者的自选集《猛虎集》。水灵灵的语言飘在柔曼的旋律中，营造出恍然如梦的意境。起音节之和谐、画面之优美、句节之匀称，令人赞叹激赏。徐志摩以夜莺般的歌唱，倾诉了对康桥的深切眷恋。如果联系写作背景，又分明能读出难言的苦涩。也就是说，作者克制了自己的感情，从而使作品呈现出清丽洒脱、深沉蕴藉的风格。

康桥即剑桥，1920 年，24 岁的徐志摩西渡英伦，来此求学，1922 年回国。在这两年间，他沉醉花月，广交名流，结识了不少良师益友，并开始了影响其一生的恋爱。所以，徐志摩对康桥有割舍不断的血肉之情。在散文《我所知道的康桥》中，他动情地写道："我的眼是康桥叫我睁，我的自我意识，是康桥给我胚胎的。"他在《猛虎集・序文》中也说，24 岁以前自己对诗的兴味远不如对相对论和民约论的兴味，是康桥文化的洗礼奠定了他的人生观和艺术观。作为诗人的徐志摩，诞生于斯，启蒙于斯，康桥是他的精神故园。

1928 年夏季的一个午后，徐志摩故地重游，流连入夜方才离去，3 个月后将此间心事写成此诗。一别六载，徐志摩已誉满天下，同时也成了生活风雨中的一条破船：父子反目，夫妇离心，加以文坛上的明枪暗箭，诗人焦头烂额，心力交瘁。提及这次欧游时，他说："我决定去外国时是我最难受的表示。"《猛虎集・序文》中也有类似的句子，"最近这几年的生活不仅平凡，简直到了枯窘的深处"，"诗灵的微小的翅膀尽他们在那里扑腾，还是没有力量带着整份的累赘往天外飞"，足见作者心情之苦。欧洲之行，是为了寻求精神荫庇。当诗人重归康桥，景物依旧，人事全非，他心头一定是悲喜交加，感慨万千。当这些感情挥洒成诗，却只是一腔柔情、一片纯美，这是徐志摩刻意追求的艺术境界。

作为新月诗派的代表诗人，徐志摩与闻一多一道，倡导"理性节制感情"的创作原则。他们认为，诗是抒情的艺术。但是，他们又不赞成感情的直接宣泄，而是要求激情经过艺术处理，幻化成具体可感内涵丰富的客观形象。他们受西方现代派尤其是象征主义影响，擅长把意象连缀成诗，诗风深邃，较郭沫若的火山喷发式的抒情大不相同，呈现出晶莹剔透的精致，这是新诗的一大进步。

《再别康桥》的意象都很美。“青荇”极富人情味，招招摇摇的姿态好似在欢迎游子的归来，给诗人一种亲切感。诗人写道：“在康河的柔波里，我甘心做一条水草！”这是何等深厚的依恋之情！关于“柳”和“清泉”的文字更见功力，婀娜多姿的垂柳，在夕阳的映照下，枝枝叶叶都闪着金光，诗人将其比作化妆的新娘，想象奇特，本体与喻体跨度很大，比喻却如此恰切，十分耐人寻味，或许不经意间泄露了潜藏于诗人灵魂深处的纯真恋情。至于柳影倒映康河，那种美更如镜花水月一样脱俗和非现实，让诗人心痴神迷也就容易理解了。对潭水的描写直接采取虚化之法：夕晖透过榆叶筛到清清的潭面，落在点点碧绿的浮萍间，光色斑斓，作者将其比作虹、喻为梦。诗人曾在榆阴下、潭水边读书、遐思，那日子真如虹、梦一般美好。由梦的比喻自然写到“寻梦”，这是诗人康桥生活横截面式的回忆，只是一个画面，也可以说是一个广义的意象，浪漫、自由、快乐。这个画面形象地诠释了上一节中的“梦”的内涵，赋予诗歌奇异的幻美，还与下节的情绪（落寞）形成对比，再三暗示着对康桥生活的怀念。

同样是一种艺术手段，格律化是《再别康桥》含蓄诗风的另一成因。此诗四行一节，每行字数大体相同，每句一般三顿，双句押韵，格律极为严整。诗行排列错落有致，且逐节换韵，造成严整中的变化感和波动感。语言浑然天成，读来自然轻盈，几乎看不出人工雕琢的痕迹，但对格律的讲求毕竟从客观上抑制了情感的自由释放，从而使诗歌流域深沉，给人一种掩饰不住的伤感。

本文原发表于《现代语文》2001年第9期，有改动

八　独抒性灵品自高

新课标认为，写作是个体认识的表达，人不相同，各如其面。在这种理念指导下写出的作文，必然呈现出原创的特点。因而，教师也要解放思想，鼓励学生“自由地表达、有个性地表达、有创意地表达，尽可能减少对写作的束缚，为学生提供广阔的写作空间”。一句话，多写抒发真情实感的性灵之作，是新课标对写作教学的要求。

那么，何谓性灵之作？

所谓性灵，就是心灵、心性。抒写性灵，以“性灵说”的发起者袁枚的解释，就是“诗是性情，近取诸身足矣”，意思是写诗作文不必弘德传道，只要写出自己的喜怒哀乐，写出自己的真性情就可以了。这类文字，描述的不是经国之大业，

也不发表宏深之议论，而是把写作引入最寻常、最普通的生活和感受世界中来，告别宏大叙事，以一种最直接的方式来表达对这种感受的喜好，是心灵的自然流露、心声的自由表达。比如很多人都喜爱的三毛。三毛作品只写自己的故事，篇篇有作者之“我”，一切从“我”出发，由“我”展开叙述，以“我”为中心，以“我”为归宿。作为作品叙述者的三毛，与作品中出现的三毛，以及实际生活中存在的三毛三位一体，使读者在阅读过程中对作品人物兴趣盎然，并把阅读评价直接导向作者本人。正是这种写实、写自我的特色，带来了三毛独特的文体形式。篇篇有我，独抒性灵，挥洒自如的率性之作，正是三毛的价值所在。又如沈从文，他一生都在吟唱湘西，吟唱边城凤凰，从他的作品中接触到了另一种人生。美与自由，就像涓涓流水，静静流淌。所以有人说，任何文章都应该是一种生命的体验，都应当是一种人生经验的表达。因为体验生命，文章才有灵魂；因为经验人生，思想才有根基。诗人林庚说：“性灵之作乃能传之久远。”学生的习作虽然不是为了流芳千古，至少要展现真我。其实，翻翻近几年的考场佳作，我们不难发现性灵之作的踪影。

在这些高分作文里，有的描述自己的梦想。比如2004年湖南考生《寄给十年后将出世的宝贝》片段：

“嗯，宝贝，我仿佛已听见你在说，妈妈，如果我对你讲悄悄话儿，你会看着我吗？你会对我笑出酒窝窝吗？你会温柔地捏着我的小手吗？我会笑着说，当然了，宝贝，因为我们是朋友嘛！在这儿，我们是民主平等的。我不会告诫你不许玩泥娃娃，不许弄脏衣服，不许在鸡蛋上画大花脸，不许在脸蛋上涂墨汁……我想我没有权力这么做，那是你的自由！

宝贝，你别皱着眉头噢，妈妈不会硬逼着你弹什么乱七八糟的古筝啊钢琴的——做个伟大的音乐家；也不会硬逼着你去学什么杂七杂八的水粉画啊国画啊——做个著名的齐白石！孩子，我会带你去拜访一位可爱的白发老爷爷——嗯，你可以叫他自然爷爷；你可以穿一件印有芭比娃娃的衣服，也可以只穿睡衣，可以牵着一只小纸马，可以一路上专踩泥水洼，就这样，我带着你去看小鱼畅游浅底，蚂蚁奔东奔西，蟋蟀激烈打架，蝴蝶翩跹花间，白鹤飞过蓝天……孩子，那是你思想行动的自由！”

考生一腔真情，对未来生活的向往，对自由的渴望，对现实生活中重重束缚的不满，透过灵动的文字散发出来，感人至深。沈从文说：“一个伟大的作品，总是表现人性最真切的欲望。”青春是多梦的季节，梦想使感情丰盈，使文字灵动，这些率真的文字，很容易引起读者的共鸣。

有的吟唱自己的忧伤。有一篇作文给我很大的震撼，它的题材是“成长之痛”。作者认识到，美源自心灵，过分地接近本真反而会使我们远离美。遗憾的是，成长恰恰是出卖天真获取成熟的过程，生命之初，我们曾将人生看得那么美，早年的我们曾经拥有那么多美丽的童话，在一天天长大，接近成人世界时，这些童话，梦想失落了。作者看过的一部日本电影。影片中，妈妈对男孩说，你要勤奋，恭谨，正直，神就会保佑你。男孩长大了，践行母亲的教诲，结果处处碰壁。于是，他就加入了黑社会，在黑帮火并中丧生。最后，作者满怀深情地写下这样的文字，“童年是一种信仰。我愿抛弃成熟，失却真相。我只想以一颗赤子之心，拥抱一个美丽的世界”。作为一个十六七岁的少年，考生对世界和人生认识的是如此深刻，相信那种洞彻骨髓的成长之痛，会灼伤每一个读了此文的人的心灵。饥者歌其食，劳者歌其事，可兴，可怨，那些发自少男少女敏感心灵的幽怨之声，是纯美的天籁之音，是动人的诗章。

有的摹写人间至情。近几年的考场佳作中，这类作文最多。诸如广泛流传的 2005 年江苏考生的《下辈子还做您的女儿》、2006 年湖北考生的《三生有幸遇上你》、2006 年上海考生《我想握住你的手》等，都是这方面的典范。以 2005 广东考生《芬香永存》片段为例：

“那轻轻摇摆的柳絮像是你飘逸的长发；那闪闪的星星像是你明亮的眼睛；那天边的一抹红霞像是你温柔的唇；那霏霏的细雨像是女儿对妈妈您无尽的思念。

妈，你走后我变乖了。为了纪念您，我变得勤快多了，把屋子扫得干干净净；把物品放得整整齐齐；把家具擦得闪闪发亮。一切都像您从前为家里做的一样，就像您从未离开；以前您爱唠叨我乱放东西，说女孩子怎么会有这样的坏习惯，得改掉。每次我总是向你嘟起嘴巴，撒娇说有妈在我怕什么。您在世的时候怎么也没办法改掉这坏习惯，总爱依赖您，现在您走了，我居然就把这坏习惯改掉了，要是您看到我变得这么乖，该有多高兴啊，是吗，妈？我真的很希望您能听到，为了纪念您我改掉了。

妈，您走后我更关心妹妹了。为了纪念您，我对妹妹就像您从前待她那样温柔，我时常检查妹妹的作业、考勤情况等，您放心好了，妹妹也很听话，我们都长大了，不会像以前那样总爱发脾气，动不动就吵嘴惹您心烦，也许您不知道，连邻家的九大娘都四处夸我们两姐妹听话懂事，还说要她的二狗娃以我俩为榜样别再老跟他小弟打架。妈，您听到了吗？为了纪念您，我变得更像姐姐。”

如泣如诉的文字，读来令人动容。中学生的阅历并不丰富，人生道路多为坦途，亲情就成了他们作文素材库中取之不尽的宝藏。老师因势利导，充分发掘亲情宝藏的潜在价值，在写作中引导学生学会感恩，培养责任心，不失为聪明之选。

有的抒写人生感悟。例如 2005 年湖北考生的作文《人生与书法》，作者从练书法的经历中悟出"人生如书法，须入乎其内，才有生气；须出乎其外，方有高致"的道理，堪称新奇。2006 年山东考生的《窗棂边的栀子花》，作者由生命中我们常常忽略窗棂边的栀子花，而去徒然想象邻家花园中的花一定更为馥郁芬芳这一寻常生活现象，经过一番思考，悟出要"正视自己的生命，欣赏自己的命运，纵然命途多舛也要淡然，坦然。历史的河流中，没有不受伤的船。多希望明早醒来，你可以面带微笑，去嗅一嗅窗棂上的栀子花，人面与栀子花交相辉映，或许会构成这世界上最美丽的风景"的哲思，妙手偶得。留心处处皆学问，引领学生细心感悟生命中的一枝一叶，都会激发智慧的火花，进而写出睿智新颖的作品。

可见，性灵之作可表现的内容很广：感悟人生、人间至情、浪漫情怀、神解精识、读书交友、赏心乐事、奇人异事等等，无不可以入文。在这块园地上笔耕，可以大有作为。

那么，日常教学中如何引导学生写性灵之作呢？

多读，读性灵之作。一如写作课上最好有范文指路一样，要想指导学生写性灵之作，一定要让学生读性灵之作，让性灵之作的概念在他们的心灵扎根。周作人、梁实秋的作品历来被称为性灵之作的典范，花鸟虫鱼，琴棋书画，旁征博引，文字间洋溢着作者享受生活的情趣，《乌篷船》《故乡的野菜》《槐园梦忆》都可向学生介绍。冰心、琦君，以温婉细腻的心灵去体味生命的点点滴滴，《问竹》《桂花雨》《三更有梦书当枕》，学生也会很喜欢；沈从文、汪曾祺，以超越时空的慧眼打量这个世界，其作品中流露出乐天喜命的悲悯，《边城》《湘西》《大淖记事》《受戒》，这些洋溢着浓郁地方风情的作品，要让学生多读。外国作家中，曾影响了中国一代作家的玛格丽特·杜拉斯，终其一生，都在吟唱她的痴情梦想和绝望，文字极具震撼力，可以给学生推荐。她的代表作《悠悠此情》，文字精美，意绪深沉，结构奇特，不可不读。村上春树的《挪威的森林》，风靡全球，写尽了年轻人对生活的渴望，读之自会久久难忘。读多了，学生的眼界就高了，作品的境界自然也水涨船高。

多悟。引导学生做生活中的有心人，体悟自然，体悟生活，体悟文化，作文自然就有了源头活水。鲁教版教材对此已做了有益的尝试，在一些单元的写作活动设计中，有意识的强化了这几方面的训练，我们在日常教学中要深入领会。

多写，写随性作文，多练笔，自由抒写，自由命题，周记式最好。我手写我心、我文抒我情。要让学生放开手脚，自由写作。"夫缀文者情动而辞发，观文者批文而入情"，让他们"有事而记""有感而发""有情而作"，感情真挚，内容丰满的作文自可期待了。

总之，我们要注意引导学生的写作向写作的本原回归，向感性回归。让我们以辛勤的汗水，润开朵朵带着生活露水的性灵之作！

九　经典伴随人生路

我常常鼓励学生，努力，努力，考北大，考清华，考哈佛。哈佛大学很看重阅读，它有句校训："人无法选择自然的故乡，但你可以选择心灵的故乡，与书籍为伴，让心灵在一次次的洗礼中得到升华。"博尔赫斯眼睛瞎了，嘴巴却在深情地唠叨："我心里一直在暗暗设想，天堂应该是图书馆的模样。"博尔赫斯，爱默生，蒙田，苏童，都认为读书是一种幸福。那么，就让我们告诉学生，学海无涯，就读经典吧。这儿，经典狭义地理解为小说。余华说："经典并不意味着完美，而是意味着忠诚。""我们只能有一次生命，而书，让更多的生命展现在我们面前，就如我们活过了多次。"

那么，我们该如何阅读经典呢？

一般地，我们读小说，往往缘于它的故事性。诚然，小说离不开故事性，但是，如果认为小说就是讲故事，小说的精彩程度取决于故事的精彩程度，阅读就陷入了误区。

从故事的角度理解经典流于肤浅。用一个完整的故事支撑小说，是小说的传统，而不是它的终极意义。故事只是一个载体，只是作者的叙述方式，他的用意在内涵，而非故事本身。《基督山伯爵》《射雕英雄传》情节曲折，引人入胜，都是名著；但在追求作品意义的学者眼中，它们只是二流作品。所以，故事是血肉，意义才是它的灵魂。一味关注故事性，阅读就徘徊在表层，探寻经典的文学意义，才能抵达阅读的高境界。

经典充满魅力，每部都不可替代。而每个人在阅读的过程中，都有其独特体验。阅读经典，不必急于解释，要先把自己摆进去，以自己的人生经验感受小说中的世界，遭遇作品中的人生。因为，经典总是以某种特殊形式凝固了作者的人生经验，这些经验我们自己也有，但是我们表达不出，或是找不到合适的表达方式。我们发现，当我们阅读经典时，感觉我们对现实世界的许许多多碎片化的体验被整合为一个有意义的整体，通过阅读，我们比其他任何时候更能认识自己的生活、民族的生存甚至人类的存在。是经典，重塑了我们与生活、与世界的联系，赋予我们观察生活、体验生命的眼。经典即人生，读经典，就是读世界，读生活。

传统的小说，通过典型的人物、典型的社会生活环境和完整的故事情节，生动反映现实生活。我们常常从小说三要素入手分析作品。运用艺术概括手法塑造典型性格，是传统小说的主要特征。人物塑造是小说创作的核心任务。情节的设置和环境的描写，都服务于人物形象的塑造。情节是人物性格的发展史，环境是人物和情节展开的舞台。三者是一个不可割裂的有机整体。

我想着重谈谈现代经典的阅读。现代小说已不专注于人物形象的塑造，情节趋于淡化，但表现手法创新，阅读时宜特别留意。

意识流。随着人的意识流动，通过自由联想组织故事，故事的安排和情节的衔接不受时空或逻辑的制约，表现为时间空间的跳跃与多变。英国女作家弗吉尼亚·沃尔夫的名作《墙上的斑点》，展示的就不是一个外部事件，而是情感、联想和想象的世界。没有什么连贯的情节，只是围绕主人公看到的墙上的一个斑点展开的意识流动，此一意识和彼一意识间没有理性逻辑关联，通篇充斥着瞬间的印象。灵动而新鲜。

法国女作家玛格丽特·杜拉斯的《悠悠此情》，最是这类小说中的名篇。以十五岁法国少女和中国阔少的跨国恋情为主线，意识如烟花绽放，流动的回忆中，细细倾诉着作者早年在印度支那的那些生活片段，说她十五岁半时的容貌，她的垂膝的长发，她的帽子，她的鞋，她的腰带，她的学习……主干粗壮，满树繁花，一路读去，美不胜收。

象征。侧重以暗示方式寄寓审美意蕴，无论内容描写客观现实还是主观感受，都呈现出超出具体、个别的抽象、概括和朦胧。美国作家海明威的《老人与海》，人物情节看似简单，但主人公、大海、马林鱼、鲨鱼乃至那个少年，都有丰富的象征性，因而读来耐人寻味。阿根廷作家博尔赫斯的《交叉小径的花园》，小径无限交叉的花园就象征着作者对时间，对人生，对历史的认识，它们就像迷宫，让人炫惑。

写意。本来是水墨山水的技法，但借过来形容一些本土作家的作品风格很确切。他们以沈从文、汪曾祺为代表，作品散文化，别具风采。小说人物性格单一，情节乏善可陈，却有大量的风物描写。初读之下，我们会感到这些描写与人物、情节关系不大，而且使小说拖沓、散漫，缺乏统一的中心。但是，如果去掉了这些描写，小说又索然无味。其实，这些小说家深受中国古典文学特别是山水诗田园诗的影响，作品有种蕴藉之美。潜心去读，你会发现，那些有意境的风物描写是小说中最有魅力的部分，写意小说原来是最有中国味的小说。比如沈从文的《边城》，由风物描写开始，适时引入一两个人物，然后再来一些描写，人物始终生活在诗意的自然中，生活在淳朴而富有地域色彩的民风里。作者的笔法很内敛，观点蕴含于风土人情的描绘中，很清雅，很恬淡。经由“写意”的阅读，我们还注意到,这类小说中的人物的性格几乎没有发展变化,所以,他们可以看作是一种“类”的缩影,一种意象或象征。

需要强调的一点是,无论读传统经典还是现代名篇,都要了解的作者的身世和作品的写作背景,知人论世是重要的,这样可以准确把握作品主旨。还是说《边城》吧。作家本人在创作《边城》时说过:“我要表现的本是一种‘人生的形式’,一种优美、健康、自然而又不悖乎人性的人生形式。”这是一种意绪深沉的美好理想。他描写的绝对不是现实生活。所以建议学生阅读《边城》时读读他前一年写的《从文自传》。从这本长篇传记中,我们知道,那个时代的湘西血雨腥风,落后蛮荒,绝不是小说里的桃花源。小说中的人事风物,都是作者的美梦,是沈从文对美好人间、美好社会、美好人和人关系的殷殷期盼。

经典,让我们在享受阅读快乐的同时,也会对生命的意义,世界的本质进行严肃的拷问。要引导学生认真想一想:这辈子,哪部经典真正属于自己? 无论人生之旅多漫长,与经典为伍吧。不要仅仅沉溺于故事的荡气回肠,要思考,要探寻,让永恒的经典,引领我们灵魂的上升!

十　读书与人生

——与青年教师谈读书

各位同仁,大家好。大家都是中文专业的专才,而且接受的又是最前沿文学的熏陶,不敢在大家面前班门弄斧。不过,借这个机会和大家交流一下读书的心得,还是很荣幸的事。

我们的生命珍藏中有许许多多美好的回忆,阅读就是其中之一。博尔赫斯的眼睛瞎了,他说:“我心里一直在暗暗设想,天堂应该是图书馆的模样。”爱默生也打过很好的比方:图书馆是一座奇妙的珍藏室,人类最好的精灵好像中了魔法似的沉睡其间,只要我们将书本打开,这些神秘而美丽的精灵就会全部苏醒。

读大学时,多数日子里,我和很多同学一样,背上书包,水壶,去图书馆的阅览室占座位,从书架抽出自己喜欢的小说,一读就是半天。阅览室里都是人,但大家都很安静,静静地看自己的书,那种安静很令人怀念。我常常旷课去阅览室,我不喜欢那些教授在讲台上胡煽。很多小说都是那时候读的。

和那个年代许多做着英雄梦的年轻人一样,我爱读战争题材的小说,特别是俄苏文学。托尔斯泰和肖洛霍夫让我激动。为了读《静静的顿河》,我破天荒地在宿舍里装了床头灯,夜以继日地读了两个礼拜,眼睛都痛了。冬天,历山剧院的放像厅放映《静静的顿河》,黑白片,没有暖气,腿都冻直了。看完已是午夜,瑟瑟缩缩地回来,校门早关了,再翻院墙过去。

我们的生活中有这样那样的习惯,逛书店是最有价值的一种,值得长久保留。在九中的几次集备后,我陪着于志芹去淘书,发现张伟老师、黄永老师,都要去中山路上的汉京书店去逛一逛,令人感动。现在,我偶尔去济南,去北京,会会我的同窗好友,一个必不可少的项目就是逛书店。我们站在一架一架的图书前面,认真翻阅,就像当年的那些好多好多的礼拜天。在书店里,我们似乎又回到过往,又找回了同学少年的金色年华。

有人说,读书是一种生活方式。我同意。一位开电脑公司的同学,曾经很动情地说,我讨厌忙忙碌碌地跑生意了,如果能有一个小书房,躲在里面整天读书就好了。为了生活,人太不自由了。我也喜欢酒,喜欢和朋友在酒店小酌的温馨氛围。我想,开家酒馆一定很好玩。比教学好玩。一位同学是搞美术的,他说,你应该开家书店。是啊,对读书人来说,读书本身就是一种很好的生活。我们虽然在教书,然而过多的纷扰却使我们少有闲暇来读自己喜欢的书。记得在办公室里,毛茂说过这样的话,想开个书吧,读自己要读的书。客人来了,也不理他,随意阅读好了,读得满意,随意向储钱罐投枚硬币。话是说着玩的,不过这种想法很有诗意,这种自由的生活方式令人神往。

多数时候,我读书只是读书,似乎没有什么目的,也许读书本身就是目的。手头上有什么就读什么。我有一帮爱读书的同学,彼此影响。我原来不读周作人,梁实秋,林语堂,一个同学喜欢,经常谈起,我试着读读,也就读进去了。一个同学要考哲学系的研究生,整天钻研《周易》,我跟着读了一阵,最终不知所云。还有一位同学是报社的,他热衷于佛学,甚至给自己的儿子取名叫悟。每次见面都向我推销他的那些佛经,不过我是个俗人,虽然喜欢弘一法师,最终和佛无缘。不过一来二去,拉拉杂杂读了不少书。

的确,读书是一份机缘。就像有些人对我们很重要一样,有些书对我们同样重要,而且无须理由。高一时,我买了本《诺贝尔文学获奖作家作品选》,书里有一个短篇《伊豆的歌女》,文字纯真,灵秀,从此爱读川端康成;1988年,我在山师图书馆的阅览室读到了《情人》,那是一本法国中篇小说集,紫色的封面,左上角一枚蓝色的太阳,我觉得这个封面很合适,就像在亚热带阳光照耀下闭上眼睛后太阳留在视网膜上的印象。小说的开头是这样的:我已经老了。一声叹息,直接洞穿我的心房。这是个意识流的中篇,我读乔伊斯伍尔芙普鲁斯特这些意识流名家很吃力,但杜拉斯却如风行水上。她细细倾诉着作者早年在印度支那的生活片段,说她十五岁半时的容貌,她的垂膝的长发,她的帽子,她的鞋,她的腰带，她的学习，主线是和中国阔少落入窠臼的恋爱，主干粗壮，满树繁花，一路读去，美不胜收。老子说，信言不美。《情人》却打破了这个律例。它那真实无比却又优雅无比的叙述感人肺腑。从那爱读杜拉斯，卫慧，棉棉和安妮宝贝都是她的门徒；1990年，我逛书店时，发现了村上春树的《挪威的森林》，那是这本书在国内的最早版本，是漓江出版社印的，马述祯译的。那个编者有问题，他大概觉得书的内容有点三级，所以把封面设计得有几分低俗，我由于喜欢日本文学，还是看了看。楔子部分就把我吸引住了，语言像诗一样美。（引原文），渡边回忆直子的过程细腻无比，感人至深。我觉得渡边就像《红楼梦》中的宝玉，对女孩有一种发自内心的喜爱。我从此爱读村上春树。我读过很多名著，那多是老师介绍或已成定论的，而这三个人，却是我自己发现的。正是这三个人，颠覆了我长久以来的阅读理念，原来，我读书或多或少都重"道"，这当然和学校教育有关。读了这三个人的作品以后，我知道除了"善"之外，真和美的完美结合更令人迷醉，因为随着年龄的增长，我更觉得"善"的说教性太强，不自然，甚至虚伪。

生活中，我应该属于那种大大咧咧的人，对好些事并不在意，对书也是如此，我买了好多书，有同学去我那，看着好就拿走了，我也不在乎。对这几个人的作品却是例外，我很珍重。我的抽屉总是不上锁，某年暑假里，我放在抽屉里的1990年版的《挪威的森林》给人拿走了，我很郁闷。后来在学校的图书室发现了它，已经盖上学校的公章，我指着扉页上我的签名，问管理员是怎么回事。她说，某位老师把学校的书弄丢了，拿它来抵挡。结局当然是物归原主。我感到属于我的宝贝别人拿不去，也庆幸那位仁兄没眼光。还有一次，我在旧书摊上见到了88年版的《情人》，一瞬间，我心中涌起一股莫名的柔情，似乎见到了久违的故人。我不还价，毫不犹豫地买了下来。

我常常想，我早年读的好多书都忘了，不再记起，似乎也没用了。到底哪些书值得重读，哪些书真正属于自己？初读川端康成是在高一，直到现在我还爱读《伊豆的歌女》，它的纯真深入人心。现在，川端和歌女走过的路线已经成了伊豆岛上的一条黄金旅游线，每年，有那么多的少男少女沿着他们的足迹行走，莫言访问日本时，专门沿着这条线路走了一糟。我在大学毕业时，递交了一个毕业论文题目《川端康成小说研究》，那时我已经读了川端的好多作品。我的指导老师是高万隆老师。他笑着对我说，这题目太大了，能不能小一点。我就选了《雪国》，川端的代表作。高老师说题目还是太大。他和我谈了一阵，基于《雪国》古典美和现代派完美结合的特点，我最后定下的题目是《浅析雪国的现代派特色》，此后的几个月里，我反复读作品，查资料，有些资料不对本科生出借，甚至还要托人帮忙，拖到最后，终于马马虎虎交了差，自己很受伤，感到大学四年浪费了太多的时光。老师安慰我说，很好了，成绩当然是优秀。我很惭愧。工作后，有一次，教师系统搞了个征文活动，我有感于写毕业论文的经历，写了篇《小，再小》，获得二等奖。还是读川端，一篇《我在美丽的日本》，川端在诺贝尔文学奖颁奖盛会上的答谢词，我高中时读不懂，写毕业论文时还是一片茫然，在工作数年后的一个周末却豁然开朗。我怵然心惊，领悟到是工作后平淡如水的日子让我读懂了这篇平淡自然的散文。我把这种感受写下来，取名为《十年读一文》，发表在《新作家》杂志上。引领我最早喜爱川端的《伊豆的歌女》，长期以来，可意会到它的美，却说不出所以然，特别是它每头没尾的结构，颇费思量。也是多年以后，我才意识到，它的迷人之处正是那份纯情。几代导演动用几代人的青春偶像一次次地重拍这部作品，总是不尽人意，只因为这种情感只可以感知却不可以触摸，当内心的完美定格为某一具体的形象，魅力荡然无存。又因为它描摹的只是一段美丽的路遇，不经意间开始，迷惘处结束，所以它没头没尾的结构才浑然天成。旧书不厌百回读，真是至理名言。

这些不经意地阅读对我的教学很重要。我想，无论你把一个文本在教学实践中作怎样的处理，对文本的阐释是老师要做的最基本的工作。和文本相关的资料书籍读多了，你对它的阐释就会更准确全面和深刻，而且有趣。我们常常抱怨，某篇课文很差劲，没意思。仔细想想，我们肯定没读懂，有些知识我们欠缺，或者说我们的生活阅历不够，和文本缺乏共同的趣味，形不成交流，谈不上心领神会，更难以阐释。去年，第六届语文报杯全国中青年教师课堂教学大赛在沈阳举行，有一堂金牌课很精彩，授课教师是南开附中的程滨，他讲的是《离骚》。《离骚》多难讲啊，他却把这节课处理得兴味盎然，成功的关键就是他读书多，对教材阐释到位。他的课件很质朴，没有图片。他的课也一样质朴。从对标题含义的考证，到朗读时的叶韵，对字词的解释，手法的分析，旁征博引，令人赞叹。比如对“朕”字的解释。他说，“朕”字在先秦并不是皇帝的专利，谁都可以用。我们要是生活在先秦，今天早上下雨，你刚出家门，熟人问你，下雨天，干什么去？你可以答，朕上语文课去。满堂欢然。分析香草美人的艺术手法时，对屈原为什么自比美人，引用了《周易》上的一句话：天尊地卑，乾坤定矣。由此推断出男尊女卑，君尊臣卑，父尊子卑的对应关系，既然楚王是尊，则自己为卑，所以可以自比美人。听这样的课，真是大开眼界。

反躬自问，我当然没有程滨老师的博学专业，但在自己的课上，我还是力图用自己了解的知识使课堂变得生动浅显，可以把学生从不注意处引向深入。学《再别康桥》，“波光里的艳影”一句，就做了深入处理。影子是一种象征，象征着一种美好的但是不可拥有的幻美。一如古典文学中镜花水月的联想，川端康成在《雪国》里一次次对影子的描述，我也介绍给学生，如此，学生可以从简单的诗句里深切体会到徐志摩深藏内心的隐痛。讲《为了忘却的记念》，给学生介绍白莽，用他同时代的两位文豪郭沫若阿英译的裴多菲的《自由与爱情》与白莽的译文相比，郭沫若：生命是第一可宝贵的，但是如果为了爱情，我可以抛弃生命；爱情是第一可宝贵的，但是如果为了自由，我可以抛弃爱情。兴万生：自由与爱情！我都为之倾心。为了爱情，我宁愿牺牲生命，为了自由，我宁愿牺牲爱情。很明显，白莽的译文典雅传神，朗朗上口，折射出才华的不可限量。如果还在，必将会对现代文学做出更大的贡献。介绍柔石，介绍他的《二月》，介绍作品文字的精美，也许只有沈从文和杨振声可以与之媲美；讲新中国成立后孙道临主演的《早春二月》在国际电影节上获大奖，让学生领略柔石的才华。这样，学生在感叹作家英年早逝的同时，自然痛恨杀害他们的国民党反动派，也理解了鲁迅悲愤的心情。学《兰亭集序》的时候，由兰亭修禊，联系到杜甫诗里的长安女子修禊，明代宋濂的桃花涧修禊，让人体会这个风俗的年代久远，再联系印度的恒河沐浴，基督徒的洗礼，从横向体会人类对幸福的共同祈愿。学第二段时，学生对静躁不同的生活方式可能难以理解，就给他们讲讲晋代的名士风流，主持人手执拂尘和朋友辩论，讲讲竹林七贤之一的刘伶全裸喝酒，还说自己崇尚自然，以天地做房子，房子做裤子，说客人钻到自己的裤子里了。学生就明白什么叫放浪形骸，不拘礼法了。对“死生亦大矣”的感叹，可以引导学生联系哈姆雷特的名言“To be or not to be，that is a question”，学生可以在辽阔的时空中把握作品的精神，效果很好。

当然，读书对教学的意义并不局限于文本阐释，它可以影响到教学设计各个环节的质量。我曾经设计过这样的几个导语。学生进入高中后的第一课《劝学》。同是儒家的代表人物，孟子认为，人性本善，人世上太多欲望使人目迷五色，灵魂步入歧途，如何才能守住与生俱来的善，只有学习。荀子却认为，人性本恶。刚出生时，人和其他动物没什么区别，自私野蛮，弱肉强食，没有道德感。怎么才能使人向善，也要通过学习。学生觉得眼界开阔，很新鲜。1984 年，哥伦比亚作家加西亚马尔克斯凭《百年孤独》获诺贝尔文学奖，颁奖典礼上，他曾作过热情洋溢的演讲，《祝福》的导语就取自其中，“我们呼唤一种乌托邦式的未来，到那时，幸福将成为现实，爱情将成为可能，没有谁来决定我们生存或死亡的方式！”言外之意，在殖民者和独裁者的双重压榨下，灾难深重的拉丁美洲人民没有幸福，没有爱情，他们怎么活着，怎么死去，自己做不了主。这样的感叹，也适合半封建半殖民地的中国。这种意绪深沉的导语，会给学生深深的震撼。

《项脊轩志》，我用了《蝴蝶梦》的作者达夫妮回忆早年时光的话："在我们家老屋的每一片蛛网上面，都悬挂着一段童年的时光；在我们家老屋的每一个角落里，都躲藏着一个过去的故事"，老屋的话题，迅速把学生导入归有光散文的情境中。

还有课外拓展训练。还是说《再别康桥》，很多老师处理这个环节是用的是徐志摩的名作《沙扬娜拉》，最是那一低头的温柔，我用的是林徽因的《你是人间的四月天》，我觉得，从新诗三美的角度分析，二者有太多的相似点，用来对学生进行迁移训练很合适。还是《祝福》，在讲完了除夕的风飞雪舞，爆竹声声，反衬了祥林嫂之死的悲惨后，我把这个著名的结尾和红楼梦中的黛玉焚稿与宝玉婚礼同步相比较，使学生充分领略了反衬手法的妙用，还进一步做了这样的训练。苏联导演瓦西里耶夫拍摄《夏伯阳》时，结尾是夏伯阳渡顿河突围时被白匪军的枪弹击中不幸牺牲的镜头。让学生思考导演会选择哪一种。编剧有两种设计，难以取舍。一种是画面上顿河水浊浪滔滔，音乐雄壮，夏伯阳奋力游水，枪响处，英雄沉入水底，银幕上只有愤怒的顿河水依旧呼啸。另一种处理是顿河上风平浪静，夏伯阳奋力游水，没有配乐，枪响处，他沉入水底，银幕上只有顿河水在无声流淌。多数学生选了后一种。这也正是瓦西里耶夫的选择。他解释说，第一组镜头中的风浪可以衬托夏伯阳的英雄形象。但第二组镜头中的景物更能反映主题。画面静悄悄的，突出一种紧张感，人们在为夏伯阳命运担忧的危急时刻，那声枪响就像响在观众的心头，而后画面上无声奔流的顿河水的处理，会有此时无声胜有声的艺术效果。更重要的，导演认为，风急浪大，会给人一种误解，即使白匪不开枪，夏伯阳也可能被淹死。而风平浪静，观众就明白，夏伯阳很容易游到对岸，是白匪打死了红军英雄，这样会激起人们对白匪的仇恨。这样的拓展环节的设计，让学生明白艺术手法的使用一定要为了突出主题的道理。而这样设计的灵感无疑来自平日阅读的积累。

老师不可能对教材中的所有文本感兴趣，不感兴趣的课上起来很勉强，教学效果大打折扣，在符合教学大纲的前提下，置换就成了聪明之选。我以前曾参加过一个教改试验，对教材置换有很深的体会。我们删去教材中那些说教性太强、艺术性弱的文本，代之以文质兼美，更接近学生欣赏水平的作品，效果很好。当时，我们引入到语文课堂上的文本有，古典文学作品《诗经》中的《关雎》《蒹葭》《桃夭》，《楚辞·九歌》中的《山鬼》《湘君》《相夫人》《少司命》《礼魂》，《滕王阁序》，前后《赤壁赋》及一些唐诗宋词；小说有《交叉小径的花园》《伊豆的歌女》《茵梦湖》《一个人的遭遇》《二月》《金锁记》《边城》《挪威的森林》的楔子，《情人》，散文《我所知道的康桥》罗兰散文琦君散文以及一些中外的现代诗歌。对此，一些老教师看不惯，颇有微词。我记得校长找我，了解情况。一次是我们组织学生看《泰坦尼克号》，另一次是印发小说《情人》。这是一篇有世界影响的作品，梁家辉正是主演了这部电影成了国际巨星。作者杜拉丝因此被视为法国的国宝。校长是教数学出身的，但很通达，了解了情况后还是很支持我们的课改。学生的反应很热烈，他们在享受了一道道文学大餐后，文学素养显著提高，尤其表现在写作上，作文水平明显提高，很多学生在各级文学刊物上发表了习作。好些考上学的学生和我见到我，总是说起我在他们高中阶段介绍给他们的作品，他们为此深感自豪。年前，一个学生来 11 中考研，顺道看看老师，送给我一盘保罗西蒙的 CD，她告诉我，上大学至今，她一直都酷爱爵士乐，正是源自《挪威的森林》中几个主人公对披头士乐队的喜爱。可见，影响是多么重要啊。安德烈・纪德说："影响不创造任何东西，它只是唤醒。"一个被唤醒的人，他和文学的距离是最近的。而老师，只是通过自己的阐释放大了这种唤醒而已。

三更有梦书当枕。很多人都说，读书是一种幸福。它可以让生命在诗意中醒着。我们是教师，比起其他的人，更容易享受到这份幸福，领略到这份诗情。最后，我把哈佛大学的校训送给大家，与大家共勉：人无法选择自然的故乡，但你可以选择心灵的故乡，与书籍为伴，让心灵在一次次的洗礼中得到升华。

谢谢大家。

十一　十年读一文

"诗是酒，散文是水。"这是一位同事的口头禅，言外之意，自然是说散文不及诗的情浓，韵味足。这位同事平素最爱诗艺，也小有所成，厚诗而薄散文，当在情理中。不过，我读懂了川端康成的散文《我在美丽的日本》后，倒愿意把这话作为给散文的赞语了：水一样的清淡、宁静，正是散文的本味，也是它的魅力所在吧。

第一次接触这篇散文，还是在十年前，那时候，我十六七岁，是个中学生，爱读的是诗，是小说，尤其偏爱文笔优美的抒情小说。川端康成的成名作《伊豆的歌女》，我曾一次又一次地手录，每次都陶醉在浓郁的青春气息中。爱屋及乌，等我在新华书店里发现了川端的文集《古都・雪国》，便毫不犹豫地买了下来。在这个集子里，除了川端获诺贝尔奖的两部代表作《古都》和《雪国》，还收录了他的散文《我在美丽的日本》，我读了那两部小说，觉得不如《伊豆的歌女》动人，又去读散文，却难以卒读，什么禅师呀，上人呀，没劲，所以只记住了开头的和歌：

"春花秋月杜鹃夏，冬雪皑皑寒意加。"

此后的数年间，我又读了不少抒情小说，斯托姆的《茵梦湖》，杜拉丝的《情人》，赫斯登的《断梦》……都让我心醉神迷，而对川端的喜爱，却始终不减，到了一九八九年，我已经读到了大四，该写毕业论文了，我选了川端康成的小说研究，指导教师是山师讲授东方文学的高万隆先生，当时我虽读了川端的好多作品，但要作起论文来，依然困难重重，没法子，我只得静下心来，细细阅读川端的文章，其中就有《我在美丽的日本》。然而再三咀嚼，终不能从禅宗、花道、茶道中品出日本的"美丽"来。后来，论文交上了，先生说挺好，我真感激先生对我的鼓励。

写毕业论文的情景历历在目，我已经有了十多年教龄了。十年间，从高一到高三，又回过头来重新开始，依旧爱读抒情小说。

一个周末的下午，我独坐在空寂寂的办公室里，打开《川端康成作品选》，又慢慢读起了《我在美丽的日本》。

读了道元的和歌，又读了明惠的咏月诗，读完了"诗歌"，又读"禅宗"，读"茶道"，接下来就插花、绘画……岛国的宗教艺术史，文化、习俗，一页页展现给我，仿佛川端老人以平淡的语调，一一向我诉说。我在自失的境界中，不觉读完了全文。回过神来时，夕阳的最后一缕金辉正从窗台上那盆龙舌兰的叶片上渐渐褪去。

郁达夫说过，小品文可爱的地方，就在它的细，清，真。周作人也说，散文要写得"和平冲淡"才好。《我在美丽的日本》正有这些妙处：不铺陈，不抒情，字里行间流淌的情愫，无悲无喜，只是清纯、沉静和通脱。文中讲到俳句时，川端说道："日本人常取四季中最心爱的四种景物的代表，与其说是漫不经心倒不如说是特意堆砌在一起，以表现日本的精神。"真是有见地的话。体贴风月的俳句中蕴含的崇尚自然的精神，也表现在日本文化的其他方面，清静和寂的茶道，从一枝蓓蕾上悟道的插花，"能画一枝风有声"的绘画，无不从单纯中求丰富，自清淡处觅雅逸，这正是日本的精神，日本的美。川端作此文时，已六十有八，自然坚实。这种神韵，对于一个做梦的少年，对于一个沉浸在浪漫情调中的大学生，当然是不可理解了，我现在能理解了，全乃岁月之功。

从初读此文至如今，十年光阴恍若一梦，我居然渐近中年了，我已经可以面对平淡了。是生活让我爱上了水味的散文，让我读懂了《我在美丽的日本》。

本文原发表于《山东师大报》2004 年 5 月 26 日

第二节　深度学语文教学探究之下水范文

一　慢慢走，看一路春暖花开

快，现代社会的符号。

快餐、快递、快车。旅行是飞机高铁；上网是极速体验；恋爱是闪婚；孩子们也争分夺秒，唯恐输在起跑线。一位企业老总说，快跑，快跑，不要回头。快节奏、高效率成为现代人的人生关键词。

疾行，我们在人世间匆匆行走。疾行中，冷却了多少热情，稀释了多少温馨，失落了多少美梦。安东尼奥尼的电影《云上的日子》里有句台词：人们走得太快了，把灵魂都弄丢了。所以，慢些走吧，让我们慢慢欣赏，诗意地栖居在大地上。

其实，慢是一种优雅。

蝴蝶在花丛翩跹，鳐鱼在大海遨游，天鹅在湖泊滑行，白云在皓空徜徉……慢是它们优雅的姿态；人们的生活方式也是如此，赏花悟道，燃香夜读，月下抚琴，晤雪手谈，优雅离不开慢。闲来沏茶，看杯中叶片沉浮，遐思悠远，“闲梦江南梅熟日，夜船吹笛雨潇潇，人语驿边桥”，正是慢茶的意境。

其实慢，也是一种悠然。

任红尘滚滚，我自气定神闲。陶潜，弃庙堂之高，择江湖之远，赏山岚夕照，伴流云飞鸟，采菊东篱下，悠然见南山，晨兴理荒秽，带月荷锄归，他在缓慢的生活中，找到了自己的桃花源；张志和，在白鹭翩飞的江南三月，临桃花流水，钓鲜肥鳜鱼，绝尘想，去俗虑，青箬笠，绿蓑衣，斜风细雨不须归；韦庄，春水碧于天，画船听雨眠；孟浩然，寄情山水，听夜来风雨声，细数落花。

慢，更是一份智慧。

行至水穷处，坐看云起时。面对生命的逆境，以慢处之，可谓豁达。官场云谲波诡，苏东坡放下一切，吟啸徐行，一蓑烟雨任平生，也无风雨也无晴；受诬罢官，郑板桥万事看开，写取一枝清瘦竹，秋风江上作钓竿，无怨无悔；科场失意，唐寅拂袖而去，闲来写就青山卖，不使人间造孽钱，多么潇洒！这些智者，苦海求度，慢作航船；慢更是智慧。

大智闲闲，小智间间；生活像琢玉，慢方能致远。请停一停，等待灵魂的脚步。昼闲人寂，听数声鸟语悠扬；夜静天高，看一片云光舒卷。在悠闲中，以慢心情，品味生活的情趣，感悟生命的真谛。

人生之路上，请慢慢走，慢慢欣赏，看一路春暖花开。

校公开课《升格作文训练指导》教师下水文

附录作文题目：

阅读下面的材料，根据要求写一篇不少于800字的文章。

2014年是农历甲午马年，快马加鞭是常说的话语。

楠木，木质坚硬，木材名贵，生长缓慢，成为栋梁材要上百年。

20世纪民国时期去趟欧洲，坐轮船得花一个月的时间。在途中可以阅读，写家书，思乡……，精神生活丰富多彩。

高铁，速度至少达到250千米/小时，为人们的出行带来便捷。可是，一些发达国家的老百姓拒绝高铁，也没见得人家的日子过得有多难受。

要求：①选准角度，自定点意：②自拟题目；③除诗歌外，文体不限，文体特征鲜明；④不要脱离材料内容及含意的范围。

要求：不限文体，自拟题目，写一篇800以上的文章。

二　永远的史铁生

2010年的最后一天的凌晨，你走了，悄悄地，带着微笑安详地走了。也许应该为你高兴：因为你曾多么渴望成为秋日窗外那“唰唰拉拉”飘落的幸福黄叶；因为你曾在《轻轻地走与轻轻地来》中反复表白“死神就坐在门外的过道里，一夜一夜地耐心等我，不知什么时候会站起来说，嘿，走吧。我想那必是不由分说的”。是的，你一直认为死是一个必然会降临的节日。

但是，铁生先生，2010年31日3时46分，其时距2011年新年钟声敲响还有不到21时。大家都在欢度元旦，但我怎么调整不好自己的心情，回到办公室，一遍一遍听着你的《我与地坛》录音片段，一次次在心里重放你的蒙太奇：那个在遥远的清平湾下乡插队，怀抱绵羊头系白毛巾的朴实腼腆少年；那个在地坛里古柏下苦苦思索的残疾青年；那个七年来一直坚持摇着轮椅在街道工厂做临时工的沉默强者；那个常年受尿毒症折磨，每周要去做透析的钢铁汉子；那个多次表示，只要自己身上还有一件对别人有用的器官，那么当他离开人世时，就一定毫无保留捐赠他人的仁厚之士；那个在文坛上用文字洗净了自己，也涤荡着别人灵魂的干净作家。

铁生先生，最喜欢读的是你的《我的遥远的清平湾》《我与地坛》《秋天的怀念》《合欢树》……你的文字清雅空灵，就像一首略带感伤的乐曲萦绕在心头，久久挥之不去；你的思想沉静澄澈，那种涅槃后的洒脱会开启每一位慧心读者久闭的心扉。沧浪之水清兮，可以濯我心。铁生先生，元旦了，去和妈妈团聚吗，走得这么匆忙？只在人间留下这些透明唯美的文字，供爱你的人永远思念、瞻仰！

“让历史像铁一样地生长”，铁生先生，当上帝冷不丁地抛给你一片坚硬的荒原，你通过冷静地思考，竟然开垦成蓊蓊郁郁的绿洲。在思想的原野里，你用残缺的身体，道出了最为健全而丰满的思想；你体验到的是生命的苦难，表达出的却是存在的明朗和欢乐；你睿智的言辞，照亮的反而是我们健全人日益幽暗的内心。记得你曾多次自嘲，“职业生病，业余写作”；你曾多次鼓励读者“人的命就像这琴弦，拉紧了才能弹好，弹好了就够了。”

你挚爱自己的母亲，常常摇着轮椅在园中慢慢走，从雾罩的清晨到骄阳高悬的白昼，然后是鸟儿归巢的傍晚，反反复复只想着一件事：可是母亲已经不在了。然后坐起来，心神恍惚，呆呆地直坐到古祭坛上落满黑暗然后再渐渐浮起月光。我常想：中国有多少作品辗转反侧思念的是“窈窕淑女”，又有多少诗文咏叹的是“一日不见如隔三秋”的“佳人”；而你的文字思念的永远是亲情，那种弥天的悲怆与挚爱，会打湿了每一位母亲的心。一个如此挚爱自己母亲的孩子，想必会给世间带来浓浓的暖意与沉甸甸的担当。

铁生先生，你一直从容地弹奏着强劲的《英雄》乐章，连你的离去也是一曲叩人心扉的生命绝唱。2010 年最后一天，在华北平原清晨第一缕阳光透出之前，救护车载着你捐献的肝脏，向天津武警医院飞驰而去，一位等待肝移植手术的病人获得了一份最好的新年礼物。这精彩的谢幕，接通生死，轮回悲喜，是“新生者”的节日。你曾说，当葬礼的号角吹响之时，牵牛花已初绽；你还说太阳每时每刻都是夕阳也都是旭日。个中的禅意洗礼着后人，因为就在随后一片一片的感动声中，我分明看到无数人在成长。

铁生先生，你给予我们健全人太多隽永的体悟。记得你曾说：“如果可能，我就种两棵树：一棵合欢，纪念母亲；一棵海棠，纪念我的奶奶”，我想还要在她们旁边种上一棵柏树，一棵老柏树一如地坛中的那棵，来纪念你。你生时坐着，死后却高高地站立，恰如一株历尽沧桑而又枝繁叶茂的老柏树，让人满眼都是一个字：美！

大音希声，大象无形啊。铁生先生，天堂之路，走好！

本文为 2012 年执教青岛市公开课《走近经典，感悟铁生》教师下水文

三　让生命价值在爱的工作中绽放

“泛爱众，而亲人”，每个读过《弟子规》的人，都会记住这平易而真诚的话语。材料中这些店员们，就是充满爱心的人。他们诚信经营，大度待人，很好地阐释了仁爱之德；书店 24 小时不打烊，传递着温暖的人文情怀。无论进来的人是来买书，看书，或是休息，店员们都很高兴，因为他们觉得自己的工作是有意义的。

美国心理学家马斯洛提出我们工作是为了满足五种重要的生活需求，五种需求渐次上升，最低一种是为了生存，最高一层是自我实现。这最高的层次，就是感觉自己重要，为这个世界带来了有用的东西。毕淑敏曾说：“人生是没有意义的，但你要为之确立一个意义。”比如传递仁爱。

其实，早在中国古代，哲人们就重视仁爱的推广，重视生命价值和工作的意义。孔子说，仁者爱人。孟子提倡，“老吾老，以及人之老；幼吾幼，以及人之幼”。墨子主张兼爱。王阳明认为：“圣人之心，以天地万物为一体，凡有血气，皆是昆弟赤子之亲。”他们一生劳碌，勤勉努力，播撒爱心，实现了生命的价值。

我们熟知的范仲淹，无论居庙堂之高还是处江湖之远，皆能宠辱不惊，先天下之忧而忧，后天下之乐而乐；苏子瞻才高于世，众小摧之，他却筑苏堤于西湖，养弃婴于密州，传圣贤于天涯，旷达仁厚；还有柳子厚释奴潇湘，韩退之斥鳄潮州，左宗棠植树天山，林则徐凿井伊利：他们身体力行，造福百姓，一团仁爱，赢得自我生命的丰盈与后辈的敬仰。

让生命价值在爱的工作中绽放。不仅是中华民族的传统价值观，也是世界普遍认可的人生态度。《圣经》劝谕信徒，“为千万人存留慈爱”，“慈爱和诚实，彼此相遇。公义和平安，彼此相亲”。佛教也劝人向善，悲为拔苦，慈是与乐。

或许有人说，这是一个仁爱缺失的时代，物质越丰富，心灵越空虚；经验越理性，灵魂越漠然。但是，看看耶鲁村干部秦玥飞吧，在殿堂和田垄之间，他选择后者，脚踏泥泞，俯首躬行；看看山村教师支月英吧，36 年来，坚守在偏远的山村讲台;从“支姐姐”到“支妈妈”,绚烂了两代人的童年;还有红丝带学校校长郭小平、妙手仁心的骨科医生梁益建……这些感动中国的人物,是翱翔在尘世中的天使,一路走来一路歌,播撒爱的花雨,他们让传统道德中的仁爱在当下闪光。因此,习总书记在很多场合都提出:要深入挖掘中华优秀传统文化讲仁爱、重民本、守诚信、尚和合、求大同的时代价值。

德者先行,从者必众。我们要学习这些店员,摆脱社会上只追求一己之私的庸俗,让古道热肠融化浮世冷漠,让温暖流转人间。阿根廷作家博尔赫斯曾说,“天堂应该是图书馆的模样”,而我想说24小时不打烊书店就是天堂的模样,而里面的店员就是天使。他们的生命价值在爱的工作中绽放。

2017山东高考下水文,发表在《半岛都市报》2017年6月8日

附录:2017年山东卷作文题

阅读下面的材料,根据自己的感悟和联想,写一篇不少于800字的文章。(60分)

某书店开启24小时经营模式。两年来,每到深夜,当大部分顾客离去,有一些人却走进书店。他们中有喜欢夜读的市民,有自习的大学生,有外来务工人员,也有流浪者和拾荒者。书店从来不驱赶任何人,工作人员说:“有些人经常看着看着就睡着了,但他们只要来看书,哪怕只看一眼,只看一行,都是我们的读者;甚至有的人只是进来休息,我们也觉得自己的工作是有意义的。”

要求:①选好角度,自拟立意;②自拟题目;③除诗歌外,文体不限;④问题特征明显。

四　又听《月河》

今年秋季的一个傍晚,我从四号楼的教室出来,沿着琴键般的楼梯盘旋而下,楼顶的扬声器正播放着悠扬的轻音乐。下到二楼时,曲子换了,非常熟悉、亲切的旋律,然而,就像《挪威的森林》中渡边不能马上忆起直子的容颜,《追忆似水年华》里马赛尔一时搞不懂小玛德兰点心的甜味意味着什么,我也竟然想不起这支乐曲的名字了。

步出楼外,天色尚亮,我在花园里坐下,扬声器停止了播放。一片静寂中,我一遍又一遍用口哨低声吹着那支曲子。渐渐地,感觉来了,顺着音高的蜿蜒

起伏，我的回忆越走越远，一扇门开了，我仿佛看到了电影屏幕上曼哈顿街头的繁华市景，看到了雍容典雅的蒂凡涅，看到了端庄秀丽的赫本。赫本坐在窗台上，抱着吉他且弹且唱，她唱的正是那支曲子，它的名字叫《月河》。

初听《月河》的时候，我还是个学生，有台星球牌收录机，单卡，银色的金属外壳，很重，不过音响效果特棒，放打击乐时，在机身上放一杯水，音量调至最大时，茶杯会随着音乐的节奏跳舞。记不得多少个午后，我待在收录机旁收听省调频台长达数小时的立体声音乐节目，有事没事时，总爱跑音像店，恨不得把所有可心的音乐带统统据为己有，粗略算算，我拥有的音乐带不下百盒吧。在那台收录机旁，我荒废了多少美好的时光！

同舍的弟兄们大都爱听歌，都有他们崇拜的歌星：常宽、费翔、周峰等。我不一样，我只爱听纯粹的曲子，我很少听严肃的乐曲，比如萨拉萨蒂的《流浪者》，尽管尾声灿烂，我还是感觉压抑。贝多芬、李斯特的交响乐我也欣赏不了，我缺乏足够的知识，也驾驭不了庞大雄伟的结构，我爱听，只是水灵灵的轻音乐。

《青山的回忆》《红舞池》《月光》《万水千山隔不断》《庄园之梦》《雪绒花》《心灵的倾诉》……都是我常听的曲子，大型的只有《梁祝》，我总把它归为轻音乐，缠绵的主题，优美的旋律，每次听它，总令人心灵低回。

保罗・莫里哀乐队演奏的轻音乐是我的钟爱，它轻灵却略带颓废的现代气息，让我着迷。那首《咏叹调》最让人沉醉。这曲子最宜于清风细吟，小雨淅沥的黄昏：慵懒的萨克斯，伴着醉眼迷离的爵士鼓点，营造出茫然惝恍的意境。听到它，就有迷失的感觉，仿佛是在无尽的森林里走，金色的落叶纷飞如蝶，飘落如雨。这种境界有股宿命的味道，它大概与我生命中的某些因子契合，只是我没有发现或表达不出而已。

那阵子，我常听《月河》。它是好莱坞电影《蒂凡涅的早餐》中的插曲，凯瑟琳・赫本是该片的女主角，《月河》正是由她配唱的，改编成轻音乐后，依然很受欢迎。配器不同，演奏效果就有差异。我听过用长笛吹奏的《月河》，使人起疏柳凉月的联想；听过用吉他弹奏的《月河》，活泼明快，洋溢着春天的气息。而有一次，我听何占豪用电子合成器演奏《月河》，音域宽广，音色华美，伴着电声模拟的汩汩水声，立体的音符团团涌出，扑面而来，渲染出激昂热烈的意境。

听《月河》，我就想起影片中的一个镜头：赫本站在蒂凡涅——曼哈顿一家豪华珠宝店——门外。多年以后，我还记得这个镜头，它是个象征，揭示了一种生存状态。我觉得站在蒂凡涅门外的赫本就是我，我只是立在一扇门外。

我接受不了詹姆斯・拉斯特乐队的风格，但他们演奏的《天堂鸟》却是例外，这支乐曲代表了我对音乐的理解：音乐，是来自天堂的梵音，能纯洁人的灵魂，使人于十丈红尘中超凡脱俗。村上春树说："跳！跳！跳！"在不由自主地旋转中，我们失落了多少美丽的情怀。但是，音乐是不该被疏远的，更不该遭遗忘，我们应该珍存那些淡雅的梦，让音乐之花绽放在人生旅程。

那天晚上，我坐在花园里，看圆圆的月亮升上碧空，心中泛起一阵阵潮湿。赫本略带沙哑的甜蜜嗓音，又一次荡起心湖：

啊，月亮河
你多明亮，你多宽广
带着梦幻，带着忧伤
无论我流向何方
我与你同往
让我们沐浴清风，追踪彩虹
看世界好风光

本文原发表于《语文月刊》2006 年 9 月

附录：

清水芙蓉　香远益清

——赏读《又听月河》

冲一壶淡茶，在吉他淡淡的旋律中，再一次赏读榴莲先生的《又听月河》，我的心被干净的文字轻轻地敲打着。郁达夫说，小品文可爱的地方，就在它的细，清，真。细要细到能看见花下落蕊。清要不浓不烈不混不浊，真要性情洒脱不蔓不枝。我想没有什么语言比这三个字更能诠释这篇散文的特点了。

一细，《核舟记》里描述精湛的雕刻技艺可以做到："细若蚊足，勾画了了。"本文作者对音乐的喜爱也渗透到每一个细节里，因此描绘起来格外细腻，比如扬声器里播放着音乐，在此背景下，楼梯像琴键一般。只有热爱音乐的人才会有这样的比喻吧。"放打击乐时，在机身上放一杯水，音量调至最大时，茶杯会随着音乐的节奏跳舞""我待在收录机旁收听省调频台长达数小时的立体声音乐节目""有事没事时，总爱跑音像店，恨不得把所有可心的音乐带统统据为己有"。这些微小的细节刻画恐怕每一位有过痴迷经历的人都会会心一笑。谁没有过年轻的时候呢，年轻时我们可以从为数不多的伙食费里省出有限的几元钱，只为了买一盘自己喜欢的磁带。我们可以为了某位喜欢的摇滚明星、某一场刻骨铭心的电影深夜排队购票。但本文作者刻画入微的描写并不仅止于此。

“赫本站在蒂凡涅——曼哈顿一家豪华珠宝店门外。多年以后，我还记得这个镜头，它是个象征，揭示了一种生存状态。我觉得站在蒂凡涅门外的赫本就是我，我只是立在一扇门外”，细节被定了格并赋予一定含义。这扇门是什么呢？作者没有给出答案，也许正如《阿甘正传》里那句著名的台词所说的吧“人生就像一盒巧克力，如果不尝一尝，永远没有人知道下一颗的味道是什么”。每个人都有自己喜欢的味道，都有挡在梦想前面的一扇门，就让读者自己去想象吧。

二清，一般说来味道浓烈的菜肴比较好烹制，反之则不然。但无论是菜肴还是散文，清淡给人的回味较一般文章要悠长一些。周作人说，散文要写得“和平冲淡”才好。但“和平冲淡”要的是个火候。太淡了，味如白开水，味同嚼蜡；太浓了又容易变成俗脂艳粉，失了雅致。所以李白作诗力求“清水出芙蓉，天然去雕饰”，足见“清”是绚烂之后的返璞归真。无论保罗·莫里哀乐队演奏的《咏叹调》还是流行街市的《万水千山总是情》，作者喜欢的都是没有歌词的轻音乐。因而文章的纹路一直都是淡淡的，但是细细品味，素朴的花纹里渗出些许雅致。“这曲子最宜于清风细吟，小雨淅沥的黄昏：慵懒的萨克斯，伴着醉眼迷离的爵士鼓点，营造出茫然惝恍的意境。听到它，就有迷失的感觉，仿佛是在无尽的森林里走，金色的落叶纷飞如蝶，飘落如雨”语言清幽空灵，意境深远。朱自清在《荷塘月色》中写下过这样一段文字，“月光如流水一般，静静地泻在这一片叶子和花上，薄薄的轻雾浮起在荷塘里。叶子和花仿佛在牛乳中洗过一样，又像笼着轻纱的梦”。两者并读，一时竟然以为这是天籁之音下凡到人间作了轻扬地飞天，飘逸而清秀。

三真，“长笛吹奏的，使人想起疏柳凉月”“吉他弹奏的，洋溢着春天的气息”“电子合成器演奏的，激昂而热烈”。我们从文中看到作者的情感非常细腻。但是对音乐的喜爱却直言不讳，甚至，因为懂得，心中生出慈悲来，“在不由自主地旋转中，我们失落了多少美丽的情怀。但是，音乐是不该被疏远的，更不该遭遗忘，我们应该珍存那些淡雅的梦，让音乐之花绽放在人生旅程”。文章主题从这里得到升华，作者由开头的委婉含蓄到用直接呼告的手法发出强烈的呐喊——拥抱音乐，用音乐净化生命——激情而热烈。

青岛班主任名师曹春梅

五　鸢都里的十笏园

秋雨绵绵。来山东潍坊的第三天，我去胡家牌坊，寻访十笏园。

胡家牌坊是一条古街，49 号民居就是十笏园。十笏园是清代丁姓乡绅的私宅，也是潍坊硕果仅存的古迹了，占地仅两千平方米，但庭院深深，屋宇众多，亭台楼榭，气象不凡，号称鲁东明珠。

入得门来，临街一排老屋就是十笏草堂，七檩三开间，无廊硬山顶，堂屋内悬挂着清代金石学家陈介祺手书的匾额"无数青山拜草庐"。立在堂前，十笏园规整的建筑格局一目了然，左中右三条线非常分明。左边是假山，山后碧云斋，不对游客开放。右首一棵高大的柿树，乌干虬枝，稀疏的圆叶间果实累累，仿佛满树的红灯笼，挂着晶莹的雨滴，煞是喜人，树下就是人称"园中园"的西厢。由北向南，依次是静如山房、秋声馆、深柳读书堂、诵芬书屋和小书巢，各自成院落。静如山房个秋声馆是客房，如今，前者用来展示晚清至民国的潍坊女装，这些古装亮色尽褪，空荡荡地挂在墙上，特别是一件长长的旗袍，原本是灿烂的绯红，眼前是腐朽的惨白，让人产生绮丽诡异的幻想。秋声馆里陈列着潍坊三绝：潍坊风筝、高密剪纸、杨家埠年画。年画上那些胖娃娃的笑脸，让我想起熟透的红柿子。小书巢处也有一株老柿树，一样红果满枝，和前院那棵遥相呼应，折射出布局的严谨。

自诵芬书屋折而向东，南北中轴线上乃是十笏园的建筑主体，中心两座楼房依塘而筑，前方靠西为春雨楼，两层三开间，七檩，庑殿式，楼门报厦出廊，辅以坐登围栏。楼名为清朝状元曹鸿勋所题，取放翁"小楼一夜听春雨，明朝深巷卖杏花"诗意，雨天登楼，别有一番情致，可惜二楼也不开放。后面的砚香楼是明代建筑，两层，五檩两开间，设有月台、栏杆，这儿是主人的藏书读书之所。李贺有诗云："纱帷昼暖墨花春，轻沤漂沫松麝重。"意思是，白日里书房温暖如春，研墨写字，墨汁泛起泡沫，墨香四溢。站在楼上，凭栏望去，前院风景尽收眼底。金秋时节，楼外榴红柳绿，丹桂飘香；池中喷泉如涌，红鲤成群。塘水清澈，老莲紫菱，散布水间。池畔假山悉以太湖石切成，水帘洞，小瀑布，孤松挺立，绿藤垂翠，虽出人工，宛若天然。又加曲桥回廊，众多亭榭，自是园中华彩所在。此处题联甚丰，俱是名家手笔，除曹鸿勋外，尚有桂馥、董其昌、文徵明、金农、郑板桥的墨宝。四照亭上题的是："清风明月本无价，近水远山皆有情。"蔚秀亭的柱联为："山亭山绝顶，独得夕阳多。"稳如舟亭、小沧浪亭、漪岚亭等各处皆有，不一而足，吟风弄月，一派田园分光。

砚香楼后，静悄悄的几处院落和其他建筑一样，青砖碧瓦，古色古香，院墙上斑驳陆离，瓦楞间杂草丛生，流露出悠远的古意，这儿是郑板桥专题陈列室，包括郑板桥的生平介绍、碑刻、书画拓本及后人的研究论文，很全面。生平介绍部分有郑板桥的画像和塑像，画像的标题为《郑板桥先生行吟图》，画中人微胖，稍稍袒胸，昂首傲视，我觉得不像。传说郑板桥性情落拓，不拘小节，人多目为狂士，画家大概受了这种说法的影响，但郑板桥毕竟不是李白，不是苏轼，更不是唐伯虎，所以不该是一副狂态。那尊塑像妙极了，艺术家参透了郑板桥的精神。黑黑的材质，似乎是他一生忧苦的凝聚，又是那样瘦，又黑又瘦，头颅微微扬起，目光内敛，满额皱纹，加上薄薄嘴角的深深纹路，一副饱经沧桑而又悲天悯人的模样。郑板桥十年仕途，七载留在了潍城。他是个好官，修城之水，赈灾济贫，为老百姓做了不少好事，也因此触怒豪强，罢官归故里。碑廊上有他的书法石刻，正是熟悉的六分半体，乍看歪歪扭扭，乱砖铺地，细细读来，却又竹枝兰叶，自有一股逼人的清正之气。西墙上的一副对联体现了他克己之严："慧里聪明长奋跃，静中滋味自甜腴。""小书斋""静轩"这些手迹正是和这种精神照应。还应由一幅，传达出他为官时爱民如子的情怀，此处没有，但我分明感到它的存在："衙斋卧听萧萧竹，疑是民间疾苦声。"

潍坊出过不少名人，其中不乏显贵，然而似乎只有郑板桥这位七品官让后人念念不忘。有了郑板桥，潍坊的历史就有了注脚；有了郑板桥，十笏园便在风花雪月的浮华之外，有了沉甸甸的分量。

出园之际，我在老柿树下驻足回望，秋雨落在我的头上，又像落在我的心里，我感到，那个寂静的庭院，给了我一次灵魂的洗礼。

本文原发表于《青岛日报》2006 年 9 月 8 日

六　最爱福山路

海大有座八关山，绕山福山路。因为喜欢沈从文，闲来无事，总爱爬爬八关山，走走福山路。

和岛城的许多山一样，八关山并不高，海拔只有 68 米，但是由于和大海近在咫尺，驻足山巅，目力所及，境界开阔。除了延伸脚下的古木掩映下的海大校园，举目四望，蓝蓝的天宇下，红红蘑菇顶的信号山，信号山腰的提督府，京山，榉林山，小鱼山，中山公园，百花苑，汇泉湾，青岛湾，汇泉湾尽头的太平角，青岛湾里的栈桥，小青岛，大海的蓝波，蓝波间的点点航船，都在视野中，美不胜收。

山上都是树。栎树，红枫，青朴，松柏，梧桐，楞树，还有许多叫不上名字的树，最多是洋槐，这些树密密地长在山石间，又那么茂盛，把路都挤没了。树下是密密的花草。高高的波斯菊，忘忧草，蒲公英，伏地的爬山虎，鸭跖草，吸足了海滨湿润的空气，枝茎粗壮，叶片肥绿。山上没有人工修剪的痕迹，一片自然的植物乐园。不时有花喜鹊和麻雀落在地上，跳来跳去。

福山路像一条浅黑色的绸带飘在山腰，这是一条很幽静的路，小公交220，来往的小车，都悄悄滑过。吹过树梢上的风，风中花喜鹊的叫声，告诉你这儿有多静。冇满山坡的老树间，错落分布着许多老房子，多是殖民地时期留下的西式建筑。和八关山顶一样，漫步福山路，满眼都是树，大大小小，高高矮矮，粗粗细细，到处都是。春天过后，洋槐花就开了，整个五月里，福山路都浸在甜甜的花香里，五月底六月初，花儿不断掉落，空中飞满薄薄的花片，路两边落满纯白的花瓣，像厚厚的雪。老房子里的住户们都很有情趣，他们在院子里，围墙边植上各式各样的花，你可以看到满墙满墙的蔷薇，簇簇的花头把红里透黑的石墙妆作了花墙，还有一架一架的紫藤、忍冬、木香、凌霄和杜鹃。爬山虎很多，人家的墙壁上，作为房屋背景的山崖上，生着厚厚的爬山虎，郁郁葱葱，古意盎然；树上也是，树干树枝上全是，树们像是穿了墨绿衣裳的草人，有的老树都给缠死了，就那么静静地站在那儿。人们提及老青岛，总爱说"碧海蓝天，红瓦绿树"，指的就是这些最有味道的地方。

沈从文的故居在福山路3号，与剧作家洪深比邻。路对过本来还有吴伯箫的旧居，可惜拆掉了。不远处，沿着福山支路那条石子缝里长满茇茇草的"波螺油子"，经过康有为的天游园，就到了波光潋滟的汇泉湾。福山路3号是一栋两层的小洋楼，院子里有两棵梧桐树，让人联想起沈从文满是吊脚楼的故乡凤凰。楼前楼后的老洋槐上，参差的枝丫间喜鹊搭了四个窝。

1931年，由于徐志摩的推荐，应山大（海大前身）校长杨振声之邀，沈从文来青教书，讲授《小说史》和《散文写作》。他住在这幢优美的欧式建筑里，给自己的居室取了个雅号"窄而霉斋"，以纪念当年在北平银闸胡同住过的"窄而霉小斋"，纪念那段不堪回首的北漂岁月。他在这里住得相当愉快。他描述道，"住在福山路3号，出门直下即是公园。这是大学的教师宿舍，并不怎么大，小得只容12人。我到时，刚粉刷过，楼前花园里花木尚未栽好，到处是瓦砾，只在人行甬道两旁有三四丛珍珠梅，剪成蘑菇形树顶，开放出一缕缕细碎的花朵，增加了院中清韵风光"。"每天都有机会到附近山上或距离不及一里的大海边去，看看远近云影天光的变化，接受一种对我生命具有重要启发性的教育"。"海既那么宽泛，无涯无际，我对人生远景凝眸的机会便多了些。海边既那么寂寞，它培养了我的孤独心情，海放大了我的感情和希望，且放大了我的人格。"

在青岛的日子是沈从文创作的高峰期。福山路的梧桐树下，中山公园的樱花丛中，一浴的沙滩上，都曾留下他苦苦求索的身影。三年间，他身居斗室，一连写了3部中篇、20多个短篇，写了《从文自传》等三部传记。那些日子，他白天上课，夜晚写作，每天只睡两三个小时，他是多么勤奋啊。

1933 年夏天，他和杨振声、闻一多、梁实秋等人同游崂山。在北九水，在带着大海潮湿气味和草木香味的微风里，沈从文遇到了一个穿孝服的美丽女孩，女孩从河里舀了一舀水，摆船走了。此情此景勾起了他 17 年前在湘西县城里看到的一个温柔的姑娘，两个女孩就这样叠合着存在于他的心中，勾起他绮丽的幻想，一年后，他在北平写出了不朽名著《边城》，女孩的形象就成了作品中的翠翠。

沈从文的生命充满了传奇色彩，经受过血与火的洗礼，饱尝过世情的冷暖和奋斗的艰辛，但他始终以一种至善的愿望，设想一个美好的人间。我们读他的作品，文字那么水性，带着山花野草的清芬，平和而圆融，理想化的描述中荡漾着脉脉的温情，每每让我们的内心泛起温柔。张充和评价他"星斗其文，赤子其人"，实在恰切。在那个风云激荡的年代，这种超越阶级阵营的作品是不合时宜的，所以梁实秋晚年在西雅图写的《忆沈从文》中说，他是"不肯随波逐流的人"。

斯人已去，精神长留。漫步福山路，看着那些树，那些花，听着耳边的风声鸟鸣，似乎还能感受到沈从文的执着，从容与淡定，还能真切感受到他特立独行的品格，感到伟人不远。于是，在满目明丽的山光水色的愉悦中，心底又收获了一份沉甸甸的生命感动。

福山路的那一头，八关山麓的鱼山路 33 号，是大师梁实秋当年的栖居之所。房子近旁有两棵老石榴树，疙疙瘩瘩的树身，一见难忘。还有一个小小的丁香花园，很是风雅。

七　仁厚之心，山高水长

1989 年，我读大四。下学期开学后，我们似乎只有两件事可做；撰写毕业论文和实习。我们班的同学分成若干实习小组，我和孙燕、郝红她们分在一组，带队的是曹明海老师。

曹老师给我们开过中学语文教学法课程。联系我们以后的工作，这门课的针对性很强。我对好多课缺乏热情，我感兴趣的是文学作品：诗歌、散文、小说。特别是小说。我常常逃课，逃到图书楼的阅览室，读川端康成，读玛格丽物·杜拉斯，读米兰·昆德拉，可是曹老师的课我没逃过，原因是他讲课情文并茂，风格优雅，文学味十足。春天里，我总是背着绿色的军用书包，穿过开满洁白丁香花的校园（我喜欢山师的环境），去文史楼的教室，听曹老师讲课。

曹老师那时是三四十岁的中年人，爱穿一身深蓝色的中山装，平时话不多，整天笑嘻嘻的，很随和。他不止一次告诫我们，在教学实践要从本体论出发、以人为本，关照学生的个性，培养学生的人文情怀。曹老师从早到晚烟不离手，而且要饮好多茶水，给我的印象特别深。他给我们讲理论，中间带领我们去师大附中听过几次课其中一次是一位头发花白的老教师讲授巴金先生的散文《灯》，条分缕析，板书，工整。我觉得他很板，没激情，曹老师却说，你们看，他多认真啊，你们以后也要像他这样敬业才好。

我们实习的学校是工业机械学校，离我们学校近得很，两站路的功夫，校园绿化得也很好，高大的塔松，秀丽的夹竹桃，繁茂的木香，柔曼的蔷薇遍布校园。那些日子，曹老师领我们见指导老师，陪我们听课，饶有兴致地看我们在学生作文簿上写的批语和我们一起探讨要讲授的课程，总是微笑着，抽着烟，不紧不慢，优哉游哉的样子中寄托着期望……

时间过得多快啊，15 年转瞬即逝，我还记得校园里飘荡的馥郁的丁香花的芬芳，我还记得实习时的那些日子。这期间，曹老师写了不少书，获了不少奖，早已经是博导了。替老师高兴的同时，自己深感惭愧，因为我生性浮躁，不能如老师那样品味寂寞，遨游学海。不过，从教以来，我对学生一片赤诚，尊重他们的人格，从不讽刺挖苦他们中的任何一个，而且，自觉大事上不糊涂，也不在那些鸡虫小事上和人争斗，足见老师的仁厚之心，淡泊情怀，流风所至，已使我深深受益。

本文原发表于《临沂日报》2004 年 12 月 4 日

八　长大了坐火车

上幼儿园的儿子要我给画张火车，我边画边讲："瞧，这是我们自己的光号列车，乳白色，长长的，像巨大的海豚一样，可快了，呜——"讲着讲着，我不禁沉入回忆之中，想到奶奶、父亲和我自己。

小时候，坐火车是我的梦。家乡离陇海线三十里，顺风的日子，听得到火车的汽笛声。汽笛声有的尖利细长，有的粗壮洪亮，乡亲们戏谑地称之为"猪车"或"牛车"。如果正吃饭，火车叫声传来，家里人就会停下竹筷，凝神静听，然后，火车就成了饭桌上的话题。奶奶会讲起她见到的火车，父亲也会说起他坐火车的事。

奶奶是铁道边长大的，她多次见过火车，却没坐过火车。她的老家在滕州，至于住哪条街，父母是谁，自己姓什么，全不记得了。她只记得，自己和一群乞儿沿铁路流浪，一路向南，经徐州再折而向东，最后到了郯城，被开茶馆的干娘收留。她见过鬼子，见过衙门杀"马子"，砍掉的人头挂在黑色的城墙上，就像电影里的故事。可奶奶说，那全是真的。于是，奶奶的故事就幻成了记忆中的电影镜头：一群衣衫褴褛的流浪儿，嬉笑着在铁路线上奔跑，其中一个头发莲松、手脸肮脏的女孩子，就是奶奶，他们身后的背景，是长长的铁轨，高高的天，还有铁路两旁连天的衰草……

父亲坐过火车。父亲第一次坐火车时才十来岁。那年疯传西安的姜多贵多贵。他就和村上几个人一道，每人背上一口袋生姜步行到新沂车站，挤上了西行的列车，数日后到了西安。故事的结局是他们赔了，差点买不起回程的车票。第一次坐火车出远门给他的最深印象就是饿。讲到这儿，奶奶打趣说："饿死贩姜的饿不死卖蒜的。"见我满脸疑惑，就解释道："姜怎么做也是辣，不撑肚；蒜烧熟后就不辣了，可以当饭吃。"奶奶还不止一次地对我形容过火车：几十节车盒子，拖得老长老长，几十丈长，火车经过时，山摇地动，喷出的白烟成了云。她总是对出神的我说："长大了，你要坐火车，去北京、上海。"于是我便常常想：长大了，坐火车。

一九八六年，我平生第一次坐火车，是那种常见的绿色普快客车。那年我考上了大学，凭通知书买了半价的学生车票。火车逆行于奶奶当年流浪的铁道线上，从新沂站起，过瓦窑、草桥，运河……一直向西。车窗外的玉米地、高粱地，大豆地次第闪过，这是一条多么远多么单调的路啊。有时，我也观察车厢里的乘客，其中一些小贩，有的挑两箩筐鸡蛋，有的背一袋杂粮，还有一个看着两个水桶，桶里全是活鱼，我想，父亲当年也是这个样子吧！

车到胶州站时已是夜间，我扒着车窗向外看，除了站台上候车室里的灯火和幢幢的人影，什么也看不见。此时，奶奶已不在人世了，想想奶奶苦命的童年，以及她生前对我的期待，泪水止不住潸潸而下。假如真有所谓灵魂奶奶知道我坐火车经过她的故乡，九泉之下，一定会展露笑颜的。

现在，坐火车对我对家人都不是什么稀罕事了，但基于三代人和火车的联系，我对这种庞大的交通工具总有异样的情感。碰上出远门我还是愿意乘火车。我喜欢在长长的等车时间里，歪在候车室的长椅上打盹；喜欢在站台上焦急地张望，盼着要乘的那次列车；喜欢上车时的拥挤；喜欢看车厢里四方旅人的脸；喜欢听他们天南地北的乡音……

从沉思中回过神来，我拍拍儿子的头，说："长大了，你就坐光号列车，上北大。"

本文原发表于《今日郯城》2000 年 2 月 25 日

九　游陶然亭记

去年夏天我去北京时，浏览了陶然亭。

陶然亭虽为我国四大名亭之一，其实并没有亭，不过是座四合院，和老城里的毫无二致：十几间小屋缩成长方形，青砖黑瓦透着古意。那天，我站在天井里，不见第二个游人，只有矮而瘦小的陶然亭静默地站在午后的斜阳里，斑驳的碑文倾诉着它的年代久远，多数房间都上了锁，开着的也没甚可看，四壁空空，不见昔人的题咏，倒是楹柱上的两副对联卓然不群。

一副是沈东田的：

慧眼光中，开半亩红莲碧沼；
烟花象外，坐一堂白月清风。

另一副是翁方纲的：

烟笼古寺无人到，
树倚深堂有人来。

陶然亭是康熙三十四年工部郎中汪藻督建的一座寺院，取白乐天诗“更待菊黄家酿熟，与君一醉一陶然”之义而名之。沈、翁二人分别是康熙、乾隆年间的进士，生活年代与建亭人相近，因此题联不仅能反映彼时的景观特点，精神也当最合建亭之意，今日读来，仍可感受到那种超然脱俗之气。

东厢的北墙上，刻着谭嗣同的《重到陶然亭记》，浏览一番，便觉与前人风格迥然有异。文中说，幼年时他和堂兄在陶然亭读书，此处“人少鬼多”，到处是坟墓。清明时节，空气中弥漫着香火气味，晚来远流萤般的纸灰火星四处飞扬。为驱除恐怖，他们只好大声念书。此时此处，前代文人的田园风情荡然无存，由此我记了俞平伯的散文《陶然亭的雪》，文中提到亭周遭“荒冢累累”，可见民国时此处的景致并不比晚清强。大概是国势衰微使然吧。

门外有棵大槐树。说明文字介绍：李大钊、毛泽东、高君宇、周恩来在陶然亭秘密集会后，曾于树下合影留念。这树真有些年纪了，我离开陶然亭时，它和我来时一样默然，像在瞌睡，又像在沉思。

沉寂百年的陶然亭，有过盛世的恬淡，有过末朝的苍凉。酝酿过创世纪的曙光，小小的陶然亭阅尽荣枯沧桑，给我留下了难忘的印象。

陶然亭畔，有一处遗迹永远不会老，那就是石评梅和高君宇的墓，松柏的清荫常年覆盖着秀洁的墓碑，评梅女士如泣如诉的碑文，不只是刻在石头上，也刻在每一个前来凭吊的游人心头。

本文原发表于《临沂日报》1994 年 2 月 5 日

第十章

深度学语文教学探究之成长声音

第一节　学生篇

深度学语文能够激发学生的兴趣与创作的灵感，这在高一下学期，我跟学生们学《滕王阁序》一文，可以看得出来。

以笔为樽，向子安敬酒

——例说《滕王阁序》的拓展系列写作指导

世界著名指挥家小泽征尔曾到北京，跪着听完中国名曲《二泉映月》，以示膜拜之情；而我觉着学千古绝唱《滕王阁序》，则须昂首注目，完成这样攀升：由仰慕辞章的锦绣绮丽，到触摸子安的学富五车、才高八斗，再到渴望与之比肩，乃至超越这位才华横溢的才俊。

为了完成这样的预设效果，我设置了以下四个环节。

一、壮士敢为众人先

那个秋天，那个九九重阳之日，气爽天高，一叶扁舟顺风从江下飘来，从鄱阳湖从长江从黄河从长安飘来。船头一位少年，风吹拂他的缨带，浪溅湿他的尘履。他远远地看到横空出世、枕江鹤立的滕王阁，渴望马上泊船上岸；登岸后恰逢都督阎公的诗文盛会，年少气盛的子安当仁不让，落笔如飞，警句迭出："襟三江而带五湖，控蛮荆而引瓯越""落霞与孤鹜齐飞，秋水共长天一色""老当益壮，宁移白首之心；穷且益坚，不坠青云之志""无路请缨，等终军之弱冠；有怀投笔，慕宗悫之长风"等等等，不尽长江滚滚来……一句句优美的诗句便是一面面旗帜，在猎猎风中昭示我们：走近他，走进他；一处处胜景，便如一首首乐曲：奏响着"高山流水"之旋律——年轻才俊当如是；一个个典故，便在我们面前掀起一排排腾空的巨浪，我们仿佛可以触摸到子安的飘逸、子安的俊朗，以及子安那份年轻的沧桑。

以上权当导语吧，然后我说："哪位同学能在我没正式开讲前，一气呵成背下，我们称他为壮士，并且重奖。"记得当时是周五，我只用快下课的 15 分钟导趣，结果下周一一上课，致明班的张健宁、张安东、韩山杰，福彩班的郭嘉宾，就主动展示"背"功，皆只字未错，酣畅淋漓，春光灿烂。其他学生在佩服之余，岂敢落后？这样第一招，就让他们发自肺腑，借助"背诵"全文，走近王子安的精神家园。

二、趣说《滕王阁序》中的故事

福彩班的同学查出所有典故的详细材料，然后精选，以"趣说"的形式，分组生动且极富文化地讲述了系列精彩的掌故，如从徐孺子的礼贤下士讲到陈蕃的少有壮志，从梁孝王的睢园绿竹讲到曹子建的邺水朱华，从晋明帝聪颖妙对讲到怅然于宣室的贾谊，从"愿受长缨，必羁南越王而致之阙下"的终军讲到"愿乘长风破万里浪"的宗悫，等等。让学生在听故事中理解了文本，且又锻炼了学生的搜集、整理、再呈现的写作能力。

三、哪一句是你心中的最爱

然后设置一个鉴赏练笔环节，随笔训练是这样设计的："哪一句或段是你心中的最爱，请以鉴赏或改写的方式写下来"。同学们纷纷试笔，效果甚好。在此仅示致明班的陈毅文同学对第三段的改写：

漫步在临江耸立的滕王高阁上，我轻轻地推开雕有精美图纹的阁门，俯瞰雕饰精美的屋脊，放眼远望连绵不绝的山脉映入眼帘，再放眼远望"山随平野尽""潮平两岸阔，风正一帆悬"。远处"屋舍俨然"都是鸣钟列鼎而食的人家。船只布满了渡口都饰以青雀黄龙的头型。雨过天晴，云消雾散天空渐渐明朗起来。傍晚，夕阳的余光下，孤独的野鸭随着缓缓落下的晚霞一起翱翔在天际。秋天的江水和无垠的天空都橙红一片在天与海的界线处浑然一体。日已落下，天空嵌上了点点繁星，渔父趁着星光打鱼归来，放声高歌，声音嘹亮，在鄱阳湖边回荡，回荡……排成列的大雁被降下的深秋的霜寒所惊扰，向着衡阳水边飞去，尾翼掠过湖面掀起一波波涟漪，叫声渐渐低了而湖面却久久不能平静。

四、骈骈相对我也能

我和学生赏析了本文的"绘画美""音乐美""思想美"，我说本文还有一美，即"建筑之美"，它的文体叫"骈体文"。魏晋以后产生的一种新文体。又称骈俪文，骈是"两马并驾"的意思，俪是"男女成对"的意思。骈俪就是使用对偶句。

南北朝是骈文的全盛时期，句式多以四、六字句为主，但常加有杂言。唐代开始出现通篇四、六字句的骈文，故宋又称骈文为“四六文”。特点：通篇文章的句法结构相互对称，词语对偶；讲究平仄音律和谐；注重藻饰和用典。

接着我布置练笔文题：“请细细分析本文以及《赤壁赋》的语言特点，仿照本文的句子形式，选择你最喜欢的一处人文景观，青岛的、山东的、全国的皆可以，以《____________赋》”为题，写一篇随笔。布置下去，我们一部分同学果然渴望见贤思齐，虽然存在对仗不够工稳、写景前细腻等不足，但也出现十多篇可喜之作。

【学生佳作评选】

1. 回澜阁赋

李泽桐

百年岛城，飞阁回澜。旧津渐甫之鸿舳，今泊万里之云天。长虹原引，嵌参差之海曲；丹瓦琉璃，映波澜于苍穹。长风甫畅，引水之拍岸激石；波光迷离，抑鸥之凌空若箭。璀璨飞阁，目天边于日下；古色长虹，接碧波于云天。

天接衡宇，地引回澜。金瓦映日，八角曲而攒顶；朱壁流丹，廿四立而扶天。登级远眺，清风徐来。及近之滔滔，洪波涌起；望远之穷极，日月星河。念孟德于沧海之前，吟太白于长帆之中。千碎玉珠，阿房之尽萃；百响咸集，兰亭之再宴。进酬扶樽，寓形宇内。畅饮于九州之首，阔谈于黄海之边。

噫！苍天之无穷，一线之广博，游云之难触，黄海之难越。尘世之事，比于所目之极，何从？桃花源之不遇，醉翁亭之难再；微先人之兴尽，予自怀于万籁。

何拥事于红尘，怀壮志以自勉。目穷途之末路，立东坡于胸间。

（时为青岛第十七中学2011级致明班高一在读）

2. 岳阳楼赋

戴立鹏

雄踞华夏，翼展四方，堑分南北，横披九州，裂山飞湍而过三峡，九转回肠而至洞庭，扬子江之雄壮，洞庭湖之伟岸，尽集一地，其名岳阳。

尽平地而出一楼，形巍峨而耸云间；依山而望峰，抚云而接天；贯南北之交通，集四方之英才，汇腾蛟之华章，传千古之盛名。

大江东去，猛浪若奔；洞庭水面，波澜不惊。日影反照，灿若镜明，水天相接，海晏河清。落雁归鸿，翩翩而至俄而栽如星点，已而覆压天日；震水气硫砀，气蒸云梦泽；撼鳞浪层层，波撼岳阳城。暖风习习，尽携繁华之息；淫雨霏霏，遍濯泽畔之景。

转视楼内，倍感沧桑；思绪回涌，至于宋唐；金戈铁马，时难年荒；英雄辈出，各倾衷肠，君不见笔走龙蛇运筹帷幄，岳阳楼记千古流芳?!

薄雾浓云，物是人非；久矗楼中，惺惺相惜；时运不济，英才天嫉。忽名人已逝，文不灭；遂觉行文中，神行一。仲淹希文，少有壮志；隐祠庙而苦读，划寒粥以充饥；困而不殆，饱览群书。羡六出而七擒，慕击楫誓中流；先天下之忧而忧，后天下之乐而乐，投笔从戎，北戍边疆，抑西夏之精锐，挫乱军之淫威；虽无碎首黄尘，燕然勒功之机，无亚平定南蛮，北拒东和之雄。

明黜陟，择长官，厚农桑，修武备；庆历新政励精图治，惩贪治污纵横捭阖，望扶狂澜于既倒，冀扶大厦之将倾，竭忠尽智，虽败犹荣。

《岳阳楼记》，行云流水，吾辈苦练，文终不及；然其所珍者超然之魂，所贵者赤子之心，是吾不懈追求者。

走笔至此，思绪万千，古之成者，所赖百折不挠。挫而愈坚，岂惜一时之痛?折而不挠，宁为肝脑涂地！忆项籍败军于垓下，无颜见江东父老；虽后世誉其为鬼雄，岂相效自刎乌江?

鹏，三尺微命，未及加冠，每览古之圣者，莫不慕而欲及之。所当百折不挠，以践吾志。君可知“大鹏一日同风起，扶摇直上九万里”！

（时为青岛第十七中学2011级福彩班高一在读）

3. 泰山赋

赵　涛

盔古之首，坠地为泰。
五岳独尊，鼎鲁坚磐。
黄龙西倾，东臂沧溟。
南麓飞腾于泰安青城，北麓樱落至济南泉乡。
文膏史渥，一十二帝尝临巅封禅；
景丽风雅，七十二王曾伫崖祈天。
苍山细浪，云如华帐。
时乃己丑杏月寒尽春萌，正则天地回春冰融泉涌。
吾方二八年华，去巢初逾百里。
亲故相劝，毅然登车。
奔驰于轨，若有所愧。

战于吾梦，甘于悖理。
寒夜灯灿，遥相入往。
冰指轻拭珠雾，弧光现于侧扉。
睡眼微惺臂枕，月华箭穿胸背。
吾怀鸿鹄，焉有象门。
少囿囚室，天下何知？
决然不孝，敢请宽宥。
数声风笛入厅晚，愁向惊风我向巅！

恍至幕下，立于楼林。
疾步何之，灯面相迭。
至于门下，石坊半含子夜；
狂奔而上，天梯清韵飞街。
此路存帝王屐印，嬴政怒舌儒登逐。
岂敢戕树裂山石，行笑跪揽五大夫。
轻风环袂，松香益娓。
止如处子，行若箭飞。
旁列神柏，棕狐跃芥。
环际虚魅，北辰拱顶。
惧乎，宋恒扶飞来也；
惊呼，郑镒面北答也；
龙虬六千，步步为赢。
踏鳞层上，龙须足底。
会当临绝，万山皆砾！

路行卯时，卒登南天。
彻寒飞霜，井天汀兰。
足筋欲崩，泪垂冰坚。
宁效蓬蒿，随风折骨？
抢地哉，岳为金榻风为歌耳；
挺立哉，星为珠冠泪为缨耶。
银河决堤，星下思伊。
应执汝手，登盘十八。

绝壁荡云之石，朱砂多染风流；
居玄洞开之祠，紫烟尽绕香牖。
登高而祭冥者，衮衮俗尘蚁来。
铜鼎炙熔，金钟迸龟。
币结吉树，签落如瀑。
敢问缘否？金锁铸命。
敢问财否？请投方圆。
嗟乎！敢问志否？请仰苍穹！
世俗愚乎，何负香火换飘缈哉？
既登泰也，登峰造极有何难哉！

三生有幸，瞻鲁观日。
盘于突兀绝崖，凝瞩明风推霞；
云海金雾生笋，一曲冷然清韵。
群峰拱岱，欲将赤日出峰。
烟横云倚，敢以波卷残更。
惊目一刹，紫光横钗。
赤出稠云，万物皆落！
云龙何甘，殒身万段。
魑魅浑出，魍魉千化。
及日冲天，胜开利剑霞绸；
方才入神，笑看山鹰折道！

涛，三尺微命，才情鄙陋。
若有微志，深慕李离之勇；
欲静于世，常叹杜宇之义。
当葵藿于此生，如红枫之清诚。
心非止水圣贤，身登齐天之地。
虽智钝浊，然已略通；
鄙意精诚，付诸雄心。
泰山乔岳，吾当竭力行事；
青天白日，乃如光风霁月！

（时为青岛第十七中学2011级福彩班高一在读）

4. 沧浪亭赋

王语嫣

姑苏城南，隔水望宜，南接吴江，西衔太湖，翼然有亭，三面临水。单檐飞角，妙若软玉温香；乌瓦素石，雅似瓜芦禅茶。澄川森漫，姝丽秋波脉脉；怪岩嶙峋，英雄拔山盖世。沧浪之水清兮，可以濯吾缨；沧浪之水浊兮，可以濯吾足。苏子美感于此句，故拟此名。

初入园扉，见碧波从容；移步换景，慕烟云柔软。以水为墙，漏窗多姿，春华浓烈，翠色难抗。复廊婀娜，润墨比新磨；黄山假石，枯笔同秋风。绿竹响，无梅生暗香，井阑虚实，水榭茫茫。闻泠泠悠悠。如广陵一曲，梦叔夜托孤；见玉英并蒂，喻连璧一双，求白首同归。

亭几经兴废，而古木如旧，犹一泓清波任世间沉浮。不等拙政孤高，不近留园雕饰，自有朱华冬日开，凌然若虎啸龙出。

嫣，三尺微命，不美西施沉鱼，冀无盐之才；不求昭君落雁，赞贞素之勇；不服貂蝉闭月，敬惠班之性；不忮玉环羞花，仰婉儿之能。愿得长缨缚苍龙，不做香玉待窃偷。

（时为青岛第十七中学 2015 级 3 班高一在读）

也许，缺憾是人生的常态，不然，为何一处胜景常常与一位殉道者的英名一起响彻千年，澎湃汹涌了整部历史的河流？如果说一河碧水可以属于屈原的，一片草堂可以属于杜甫，甚至一个偌大的曲阜可以属于孔丘，那么，滕王阁应该是属于王勃的，眉清目秀、才情俊朗的王勃似乎为写《滕王阁序》而生，然后如断线的纸鸢一头栽进江里去了。

每临讲授《滕王阁序》之时，皆是我最幸福的节日，我喜欢和学生一起收藏子安的英气、豪气与灵气，不断地以声涵泳，以心触摸，用灵魂去超越，直至凝结成心中温润晶莹的琥珀。子安，千年之后的我和我的学生，渴望以笔为樽，以真情为酒，敬你永远永远……

再比如学习《唐诗宋词》时，指导学生写关于苏轼的文化散文，也涌现出大量佳作。

赏读苏轼词文，感悟子瞻情怀

——“走近苏轼”系列练笔导写示例

[文题设计]

当代著名作家余秋雨在《东坡突围》中说道：一个记者问他一个问题，“在中国文化史上，您最喜欢哪一位文学家？”我回答：“苏东坡。”的确，在中国文化史上，苏轼犹如一颗璀璨夺目的巨星，他横空出世，成为大宋王朝文化天空最亮丽的一道风景。苏轼，以他的天才、他的灵动、他的超逸、他的多情、他的别致，为后人留下了一笔笔不可多得的文化遗产和一个个传为佳话的谜团。苏轼，中国古代文化史上最著名的文化巨人，让我们走近这位与众不同的文化巨人，品读出他跌宕传奇的别样人生。

请品味苏轼其文、其人、其艺术人生，完成以下两份作业：①为苏轼写一份颁奖词；②紧扣苏轼的传奇人生，写一篇文化散文。

[写作指导]

(1)颁奖词是在非常正式而隆重的颁奖场合，用生动形象的话语对优秀人物作总体评价与褒奖的所用的一种文体。它通常具备“五有”要素，即有身份、有作为、有品格、有意义、有文采。其中“有文采”很重要，要特别关注句式、修辞等。写作时，建议关注苏轼的“五有”素材，合理取舍，有文采地表达。

(2)如何围绕“苏轼”写文化散文呢？建议：①假如可以进行时空对话，你想和苏轼说什么，请以“东坡，我想对你说……”为话题；巧设情境，向东坡倾诉仰慕，如《星空下的对话》《致东坡》。②以“感悟苏轼”“读苏轼”为话题；如：《缚不住的苏东坡》《人间苏轼》《子瞻，我想向你敬酒》《潇洒东坡》《好想拜东坡为师》《好想成为佛印》《好想与东坡交友》《好想做你手中的竹杖》《永远的苏轼》《走近苏轼》。可择独特的视角。

[优秀例文]

一、给苏轼的颁奖词

1. 你，如同奔腾的江河，咆哮出人生的激昂。你，如同皎洁的明月，诉说出离合的无奈。你经历了大起大落，你看尽人世百态，你将其揉入愁肠，铸成了力透纸背的辉煌。赤壁三绝中透出乐观积极的画外音，水调歌头中暗含达观超脱的座右铭。千百年后，后人面对你那一篇篇传世经典，不禁拍案高呼：“好一个大江东去！”“好一个会挽雕弓！”这就是你，宋代乃至中国文学史上不可或缺的一代巨匠——苏轼。

（青岛第十七中学2009届福彩班　王珊）

写出了苏轼的精神境界以及其文学特色和成就，行文大气豪迈。

2. 滚滚长江东逝水，是他看彻了永恒与瞬间。乱石穿空，惊涛拍岸，早已不见当年之孟德，可他的一词两赋却依稀浮现在眼前。情起波涛之中，句出骇浪之间，一吟成杰作，一叹成绝唱。在文赤壁的战场上，他没有打黄盖，也没有草船借箭，只是借了几分酒力，信笔纵写华章，结果却大获全胜。如果说他作为一个文人是命运多舛的，那他只能为浪迹天涯的游子。他的足迹印在黄州草堂里、杭州堤坝上、惠州的荔枝树下、还是澹州的学堂里？蜗角虚名、蝇营狗苟、酷暑严寒、瘴气弥散，这些都只能成为他珍珠般人生的内核，他将之深藏于心；吸海垂虹、大快朵颐、挥毫泼墨、豪情万丈才是他光彩的外表。他将一生的痛苦化作一壶酒，汇入人生的滚滚长江中，去浇灌那胸中的豪情，激起汹涌的波涛；他将满天的愁绪如抽丝般的编织成一篇篇诗词佳作，璀璨了大宋的山水，照亮了中国整个文学的天空。伟哉，东坡！壮哉，子瞻！

（青岛第十七中学 2009 届致明班　王小瑜）

与其说是一则颁奖词，不如说是一首赞美诗。苏轼的成就、品质、意义，都一一加以精致地表达，展开充盈，体味深刻，感悟独到，信手拈来，构成了一首诗，演绎了一曲歌，成就了一段美文。语言极其典雅、壮丽，颇具感染力。

二、文化散文

1. 凉夜执灯忆子瞻

杨昱辰

不知应自何时，叶上露华愈加晶莹；不知应自何时，池中寒波渐渐圆涨，秋的意蕴悄悄地酝酿着。千年前你合上的《东坡文集》，如今我正轻轻翻开。月未满，风微凉，思绪飞过长空。苏子啊，昔年今时，你是否已收卷好诗稿，正欲推开竹扉，踏上漂泊的旅程？此中的孤寂你是否早已熟悉？几时你方能重归故里？时光太久，无觅回音。清秋来去千番依是从前滋味，而风中缺不见拄杖低吟的你，而多了我攀索于诗章中，苦寻你的风姿。

读及卷首，骋怀往昔，触目生情。“花褪残红青杏小”，融融春色应在何处？“多情却被无情恼”，梦境与现实还有多远的距离？“天涯何处无芳草”，松开你所执着的旧历后，你的手中仍旧紧握的是什么？多想，多想是你案上的清光，映照你“相对无语，惟有泪千行”；多想，多想走入你的心境，萦迴歧路与他乡，挥泪别挚友，断肠送至亲，再入归途时，你可会有笑颜相看？“十年生死两茫茫”是悲切的余烬，还是想念的暖意？

天近二更，风急甚凉，我披上夹衣，拨过新的一页，“会挽雕弓如满月，西北望，射天狼”，屡屡碰壁却仍守拙不移，这是怎样的质朴和率真呢？不禁鼻酸，深知你胸中之苦。这苦，无奈应似“墙外行人”只可隔听“墙内佳人欢笑”，却无从插手？终酿成“人生如梦，一尊还酹江月”的淡薄滋味？一阵寒风入户，我关了窗子，你也冷了吗？飘飘吹衣的是深秋江风，还是朝堂浊气？充耳的流言蜚语，躲不过的明枪暗箭，你不禁踌躇了，你痛问“究竟错在哪了？”，而我们却已有答案，一句“东坡何罪，独以其名太高”，可否令你心宽须臾？

夜风翻遍了您这些令人断肠、令人击节的诗文，我忍不住掩卷而思，一遍遍自问：苏子，都言英雄成败留待后人说，作为后人的我又怎样来论你的成败呢？是叱咤文坛的骚人，还是仕途失意的迁客？但无论是什么，都无法阻隔我对你的敬仰，“回首向来萧瑟处，归去，也无风雨也无晴”，我常想，历经凄风苦雨后的你怎能如此轻松、坦然？待罪黄州，泛舟赤壁，吟啸答客，又怎能这般豁达、乐观？“吾上可陪玉皇大帝，下可以陪卑田院乞儿。眼见天下无一个不好人。”坎坎坷坷半生的你如何依然胸无尘渣，心不设防？无数次痴想，如果是我一次次遭贬，历经一次次人生的大起大落，我还会有激情吗？我还能执着自己的信念吗？你告诉我“酒酣胸胆尚开张，鬓微霜，又何妨！”是的，你是打不倒的，我知道，后人都知道。

夜幕又暗了许多，而此时，当空一轮弯月更显清亮。银辉揽入怀中，万千感慨顿生，纵然史笔流成的长河将你行吟的足迹冲淡，我仍愿以最虔诚的步履不懈追寻。我愿让你的初心在我胸中继续搏动，我愿让你未竟的路在我的前方铺展！

东天里，一抹亮色氤氲开来，两色的霞光交映，云端回荡起空明梵音“人似秋鸿来有信，事如春梦了无痕……”

（青岛第十七中学 2017 级 8 班）

点评：读罢此文，不觉两颊生香，会心一笑。既而赞赏本文丰富的想象和非常契合的比喻，即作者由东坡先生的文集，联想到子瞻的那些书写真性情的诗词，然后延展成情境与情怀，多角度地加以展示、诠释。表达别致，引用与作者独特的体验、思考、抒情，铺垫与提升，相得益彰，水乳交融。是一篇难得的美文。

2. 人间苏轼

朱　朵

“学通经史，属文日数千言。”这是许多的人对苏轼的评价。在中国文化史上，苏轼犹如一颗璀璨夺目的巨星，他聪慧，他痴情，他别致。这一切也成就了一个与众不同的他，在历史，也在人们心中留下浓墨淡彩的一笔。

他聪慧，年未及冠便名扬天下。一首一首词，一篇一篇的散文，简简单单便道尽天才二字。

远处烟雨之中，坦坦荡荡一峭劲身影落落而行，与别人的狼狈相比，苏轼竹杖芒鞋，顶风冲雨，从容前行，恍然回首间，雨停放晴。简简单单几个字，却为我们勾勒出一幅春雨图。其实放晴何以是天气，更是自己的内心。一场看雨，带走了心中的烦闷，使苏轼豁然开朗。几笔落下，一首《定风波》翩然而成。至今，当我们或浅读或深读此诗时，也能感受那种坦对风雨，笑傲人生的轻松、喜悦和豪迈之情。一首词，流传千古，仍经久不衰，将才思写入诗中，将情感融入词内，“竹杖芒鞋轻胜马，谁怕？一蓑烟雨任平生”“回首向来萧瑟处，归去，也无风雨也无晴”读来便不由地赞上一句：“好一个聪慧之人！”

他深情，曾有人爱慕道：“来生嫁给苏东坡，哪怕为此，历尽十年的情劫。”无他，只为享受那一段催人断肠的亲情和真挚。

影影绰绰间，一个身影忽远忽近，凝神一望，一人正在泥地间种下三万棵松树，看不清他的神情，却能感受一股悲伤在空气中漫延，日升日落，时间流逝间，不变的只有那个人的身影。有到那一天，松树满山，那人回首，眼中是无尽的相思与爱恋，最终静寂。三万棵青松，四川眉山苍翠着的青松。青松长绿，赤轼以文人的浪漫和超人的执着向自己的爱人表达了一份感天动地的真情。古人，有如此痴情者着实少见，引无数佳人钦慕。

他澄澈，在世事磨难间，依然潇洒乐观，让人一提起他，便亲切而温暖地会心一笑。漫漫人世，聪慧之人有之，痴情之人有之，但如他如此别致之人唯有子瞻。

威严朝堂之上，面对权重大臣难看的脸色，却仿若不知，固执地多嘴，真不知该说他是口无遮拦还是光明磊落地好。他就像上了鞍的野鹿，想挥脱所以反抗。他活在纠纷迭起，新旧变换的时代，难免变成政治风暴中的海燕，昏庸自私官僚的敌人，反迫人民眼中的斗士。

他的一生，他的性格皆如他自己所言：“吾上可陪玉皇大帝，下可以陪卑田院乞儿。眼前见天下无一个不好人。”

他的一生，可写为一本活本，精彩纷呈，他的人，也像一本话本，快快活活。

时空相隔，好想伴着月光，穿越九百年的时空阻隔，飞到子瞻身边，将他的聪慧、他的深情、他的澄澈，永久地刻录在心中。

（青岛第十七中学 2017 级 8 班）

点评：这是一篇抒发仰慕苏子瞻的文化散文。子瞻的聪慧、子瞻的深情、子瞻的澄澈，还有他笔下的春雨、蓑衣、明月和松冈，在作者心中的印象是那么深刻，一人一物一事都萦纡着作者诚挚的眷恋之情。尤其是直接抒情的穿插，如“好一个聪慧之人”，小作者在倾诉自己的体验中，很容易激起读者的共鸣，颇具感染力。另外，随处可见的名言诗句，又使作品的主题有了跨越时空的深广之感。其情之真，意之切，文化积淀之厚，是非常值得称道的。

3. 一蓑烟雨任平生

任富佳

“一提到苏东坡，中国人总是亲切而温暖地会心一笑。”林语堂是这样评价苏轼的。在我眼中，他是一个全能的人，最初崇拜于他的书法，后沦陷于他的才华。他也是一个不可救药的乐天派，一个伟大的人道主义者，一位在政治上专唱反调的人。

读他豪放的诗词，看他的乐观旷达，殊不知，他的一生经历坎坷。

“十年生死两茫茫”，这是他悼念亡妻的深沉。19 岁的他娶了 16 岁的王弗为妻，良师、益友，她与他读书、谈政。可惜王弗因病早逝，他成为一个孤独的灵魂，把妻子安葬在山坡上，种下三万棵青松。这是比 999 朵玫瑰更深沉的爱，青松常绿但玫瑰易凋。即使又娶了王弗的堂妹王闰之，也没有忘记旧情。

苏轼的出现，宋词发生了改变，从婉约的杨柳岸，晓风残月，到大江东去的豪迈。历代国学大师曾评价：“三代以下诗人，无过屈子、渊明、子美、子瞻者。此四子者，若无文学之天才，其人格亦自足千古。”这样高的。评价，在文学领域，苏轼已经成为大师级别的人物，但在政治上，却得不到国家的重用。

左迁，左迁，再左迁。“问汝平生功业，黄州惠州儋州。”

初到黄州，他不甘寂寞，开垦了一块荒地，取名为东坡，字号东坡居士。也在那时，他写下了“大江东去，浪淘尽，千古风流人物”，也在那时，他豁然开朗地懂得“人生如梦，一尊还酹江月。”他被贬到黄州的第四个年头，他与好友张怀民夜游承天寺，何夜无月？何处无竹柏？人少闲人如吾两人者耳。他把自己看作一个闲人，对一张琴，一壶酒，一溪云。即使又被贬到惠州、儋州，也不乐旷达，兴修水利，研究美食。诵明月之诗，歌窈窈之章，一袭蓑衣，烟雨而伴。

众多作家文人表达了自己对苏轼的爱。“在这千年的轮回中，我不知道有多少人曾经如我一样地期盼过，但我愿意倾尽我的全部虔诚来祈祷：来生让我嫁给苏轼，嫁给这个上帝唯一的骄傲。”梁衡在《来生嫁给苏轼》这样深情地表白子瞻。

我也想与苏轼交朋友，与他谈天说地，他的幽默、豁达、才华、专情，我都想要感受。

一蓑烟雨任平生，去留无意，宠辱不惊。

（青岛第十七中学 2017 级 8 班）

点评：本文最大的特色就是感情真挚，对东坡充满无尽的敬意。作者以“一蓑烟雨任平生”为中心，立意积极，格调不凡。表达上亦有特色、开头总提，结尾收束，主体部分则借助再现情境与叙事诠释苏轼的一生虽经历坎坷却能乐观旷达的主旨，横向展开，结构严谨。行文中大量使用排比辞格，句式整齐，音节和谐，气势充沛，颇具穿透力，读后令人振奋不已。

第二节　家庭篇

很喜欢阿根廷盲人作家博尔赫斯的一句话：“假如有天堂，那应该是图书馆的模样。”蜗居微室，无法拥有一处独立书房；我执意把客厅做成书房，坐拥一面书墙，经常拾掇起一小段的“静养式”的阅读时光。有时想当代文坛巨擘，诺奖获得者帕慕克说得应该是真理：“真正的文学始于把自己和书关起来的人。”就这样静静地读，不慕时尚与喧嚣，潜心如何深度学语文，自我明心养性，儿子也受到影响，喜欢读书，喜欢写作，从初中到高中，也写了不少好的习作。以下选择儿子张安东成长过程中的几篇习作：

1. 踏遍青山

张安东

郁郁青青的山林，清澈见底的小溪，峭拔幽邃的山涧使我心旷神怡，闭上眼睛，用心去听，仿佛沉浸在一幅清爽的水墨画之中，这就是我对青山的回忆。

我爱爬山，每爬一座山都会有新的感受。

我爱你——雄奇壮阔的泰山。晋谢道韫咏曾道“峨峨东岳高，秀极冲青天”。站在泰山脚下，放眼仰望，高耸的山峦与云天相接，使人感到高不可攀，欲挑战极限，便踏上了征程，开始一路上鸟语花香，山清水秀，路两旁都生长着茂盛挺拔的松柏，不时有鸟儿轻快地窜出枝头，欢快地鸣叫着。远处的青山格外挺拔，可称得上是天下独绝。爬着爬着，我就开始疲惫了，但为了磨炼意志，我还是坚持向山攀登。经过几小时的拼搏，便到了泰山最陡的十八盘，脚下的台阶渐渐变得又高又窄，走几步，就累得气喘吁吁，又是一番耐力战，终于到达南天门，“天门一长啸，万里清风来”，诗仙的诗句飘然而至，爽人胸怀。走在天街上，清风拂面，深呼一口气，顿生踌躇满志，飘飘欲仙之感。坐在岩石上，回首来路，一座座山峰，一座座庙宇尽收眼底，不由产生“一览众山小”的情怀和征服的喜悦之情。

我爱你——江山如画的崂山。“海上神仙事渺茫，崂山金壁尽辉煌”所描绘的海上仙山就是崂山，飞流直下的观音瀑，幽静的凤凰谷，使游者沉迷其中，窥谷忘返，清澈的溪水从四面汇成一潭，无论在山中的任何一个角落都可以听到清越的水声，潭水透着碧蓝色的光，清风拂过，泛起点点微波，树木的倒影映在潭中，加上嘤嘤鸟鸣，使人想到“山光悦鸟性，潭影空人心”的佳句。悬崖峭壁千姿百态，有的像骆驼的驼峰，有的像下棋的小童，还有的则像采药的山翁。各有各的姿态，但都显得很秀气，很挺拔，这都得归功于大自然的鬼斧神工。

我爱你——仙境一般七星岩。曾有人咏道“七星岩水入图屏，尖峰七座显峥嵘，龙蛇起伏林苍翠，雨洒群山草叶菁”。山上的榕树垂下的长须随风飘动，肥大的木瓜挂满枝藤，水藻映绿了整个湖泊，柔柔地招摇，像是在与游人打招呼。山下有个双源洞，源源不断的泉水从洞中涌出，洞中叠垒着百年的钟乳石，姿态各异，游人可乘小舟在洞中游览，真是奇妙极了。绿竹布满整个山林，从竹林间透过的夕阳的光辉，使人想到如画的“山际见来烟，竹中窥日落”。两山之间横跨一座铁索桥，更增添了诗情画意。

我爱爬山，如果有时间我渴望攀爬祖国的每一座秀山奇峰。因为每次和你在一起，都是一次意志的磨炼，都是陶冶了自己的情操，也提升了我对人生的感悟。那时，你可以忘记一切忧愁与烦恼，代之以无尽的欢乐。

我爱青山，我要踏遍青山，永远和你在一起。

点评：这是儿子初二时候写的，当时发表在《青岛晚报》上。本文是一篇用散文笔法解读话题“与你在一起”，展示文采的秀气之作。亮点有二：选材别致。小作者独辟蹊径，将目光投向大自然中的山，采用比拟手法，选取了泰山、崂山和七星岩三山，与之亲密诉说，生动地描述了自己的体验与感受，不但向我们展示了泰山的雄奇壮阔、崂山的如画如诗，七星岩的仙境，而且小作者那份热爱自然、热爱生活、热爱人生的美好感情，扑面而来。

表达别致。行文中，作者不但娴熟地运用比喻、比拟、呼告、反复等多种修辞手法，而且长短句参差、骈散句结合，尤其是大量诗句的引用，很好地配合登山的体验，水乳交融，相得益彰。这别致的表达，既增添了文章的诗意，又彰显了文化色彩。另外，文章中间也注意了详略的处理。

2. 让我感动的曾经

张安东

记忆如潮翻动。我捡起一枚枚往事的贝壳，仔细端详。

那片草地。小时候，爸爸常带我晚间散步。走过一条幽静的小道，来到一片长满青草的开阔地。爸爸边走边给我讲故事，起兴了，就模仿起故事里的人物，手舞足蹈，逗得我开怀大笑。走累了，我们便席地而坐，故事还在继续。夜露生凉，草丛中传来纺织娘的吟唱，抬头仰望，星星如宝石般缀满碧空，恍惚间，故事的场景像电影一样在星海中展布。当我昏昏欲睡时，爸爸就会唤醒我，牵着我的小手，再次踏上铺满星光的路。

那条河。太阳落山了，整条河便成了一条金丝带。清风拂过，金色的河上泛起条条银波。就在这样的黄昏，爷爷带我下河划船。爷爷轻轻地划，船两边的水哗哗响，我用竹竿去捞静水中的紫菱。不远处，河滩上有条小船的残骸。爷爷说："这破船原本是咱们家的。当年家里穷，就靠这条船和一张网养活全家，打上鱼卖了钱，供你爸爸读书。后来你爸爸考上大学了，工作了，能赚钱了，我也就很少下河了。一次发大水，把船冲到这滩上，船底漏了个大洞，就搁那了……"我默默地望着这条船，它安详地躺在河滩上，静静的，也许只有随风摇曳的芦苇还能记得那些艰苦的岁月。

还有那爿小店。学校附近，杭州路上有一家小饭馆，生意冷清。每次路过，总看到老板忙碌的身影，一会擦桌椅，一会拖地板过道。一次，和同学去吃饭，一进门，老板走上来和我们热情地握手。等饭的工夫，老板每人请我们一瓶汽水。饭来了，老板说，不够再加，你们是学生，正在长身体，一定要吃饱。淳朴的话语，让人心生温暖。后来，我们常常去这家店吃饭。上高中后，大家各奔东西，只有我又"过户"在杭州路上的一所高中。中午，我又一次走进小饭馆。一进门，老板走上来和我热情地握手，祝贺我考上高中，说我又长高了。环顾四周，桌椅洁净，小伙伴们的欢声笑语似乎依然回响在耳畔……

潮涨潮落，时光逝去，难忘的是这些让我感动的岁月之贝。夜间漫步的诗意，温馨；河滩木船的沧桑，爷爷的勤劳；饭馆老板的朴实，善良，在我的心海中沉浮，荡漾。我常常忆起，感动中，也感受到生活的启示：人啊，要恪守与生俱来的善，要用自己的勤奋，争取诗性的生活。

这些让我感动的曾经，我会永远珍藏，永不遗忘。

点评：这是儿子高一的习作，该文优点有二：①文章的架构清晰，首尾简洁，没有丝毫拖沓。正文分三个层次，领句鲜明，全文以第二人称娓娓道来，直抒胸臆，诚挚自然。②描写细腻感人。晚间散步，父亲讲起故事，“起兴了，就模仿起故事里的人物，手舞足蹈，逗得我开怀大笑。”多么温馨可爱的亲子瞬间啊！

3. 故园山水入梦来

张安东

东风吹旅怀，乡梦无夜无。随父母移居外地数年，故乡已远；但那里的山山水水，无时不扣动我的心。一个个夜晚，或月色如洗，或细雨敲窗，故乡总会入梦：苍山叠翠，绿水扬波，炊烟袅袅……

故乡有如画的青山。我自幼喜爱游山玩水，有空便去爬山，最爱去连绵的马陵山。槐花飘香的季节，整座山化作清香雪海，山坡上谷涧里，槐花竞相开放，满山都是甜甜的花香。漫步山中，槐花缤纷下落，簌簌作响。冷不丁，会有野兔从草丛跃起，横过山路。山涧里，泉水叮咚，溪水清浅，碎石满溪。翻开石头，会发现藏身石下的青蟹。山林深处，不时传来雉鸡的啼鸣。山丘绵延，宁静悠远，似乎是一场亘古未醒的梦。站在山头，凝望山天之际，看流云飘缈，听阳光与大地合奏的天籁，一份遗世之乐充盈在心头。

故乡有秀美的小河。每到暑假我都去奶奶家避暑，家门口的沭河是我嬉戏的天堂。河畔的柳树将秀发垂入水中，与鱼儿嬉戏。寂静无风时，河面波平如镜。我提一只小桶，光脚在软泥上踩，脚下有硬硬的东西便俯身捡起，冲去淤泥，蚌便露出了原形，我放蚌入桶，继续前行。累了，采岸边的野花野草编成小笼，系在柳条上，以嫩草作饵，自个躺在柳荫下等待。轻风拂来，水面泛起层层涟漪，送来阵阵清凉，远处传来渔人的歌唱：“沭水悠悠哟天蓝蓝，望不尽秀色柳如烟，你看那摇橹的姑娘，心网牵着船……”常常不觉间酣然入眠。醒来时已是夕阳西下，提起水中的小笼，笼里有鱼虾在蹦跳。

故乡的山水间有众多的古迹。常同父亲一道，去马陵古道，寻访孙膑庞涓鏖兵斗智的古战场，领略金戈铁马的壮美；登望海楼，感受孔子忧国忧民的情怀；约友伴到洗砚池，心追书圣书法“飘若浮云，矫若惊龙”的神韵；或骑单车，去孝妇冢凭吊窦娥；有时也去官竹寺，伫立沧桑千年的银杏树下，听古寺晚钟，赏沂河帆影……

黄永玉写给故乡凤凰的歌这样唱：“无论走到哪里，都把你想望。”表达出无数游子的共同心声。故乡啊，我在你的青山碧水、芬芳文化中长大，无论我走出多远，身在何方，你都是我梦中的天堂。

一别经年，家乡，您是否安好无恙？

点评：这篇是儿子高一时所写。文贵情真。不错，此文首先以情真出彩——在作者的眼里，故乡的一草一木都有灵性，一山一水都是风景，自然，也就处处牵动着作者的衷肠。其次，文章的语言唯美，做得恰到好处。再次，直截了当的结尾，不仅巧妙地收枣了文章，而且含蓄地点明了题旨，升华了感情。

4. 汉语，绚丽的画卷

张安东

假如汉语是濠梁之水，那我希望是那条欢快的小鱼，畅游其中；假如汉语是雄伟的泰山，那我希望是那片弥漫山间的流岚；假如汉语是绚丽的画卷，那我希望是那滴浓郁的水墨，深融其间。汉语无时不在身边，远到儿时倒背如流的“人之初，性本善，性相近，习相远”，近到高中课本上“乘天地之正，御六气之变”的《逍遥游》，字里行间，无不向我们展示汉语之绚丽。

汉语给予了我们绮丽的世界，四季皆弥漫着汉语味道。春，朱自清说道“山朗润起来了，水涨起来了，太阳的脸红起来了”；夏则是“稻花香里说丰年，听取蛙声一片”；秋，“向江面撒去圆圆的网，收起青翩鱼似的乌柏也的影子”；冬，一片银白，“孤舟蓑笠翁，独钓霜江雪”。登上五岳之首，太白那“天门一长啸，万里清风来”的爽朗诗语依旧萦绕耳畔；站在海滩石岸，孟德那“水何澹澹，山岛竦峙”的豪迈惊叹仍还回荡心间，“惟江上之清风，与山间之明月，取之无禁，用之不竭。”你看，是汉语给予我们这绮丽的世界吧。

汉语给予了我们深邃的思想。孔丘叹曰：“逝者如斯夫”，老子则告诉我们“功遂身退”的天道。每读《岳阳楼记》，每每感受到“先天下之忧而忧，后天下之乐而乐”的慷慨，每观《兰亭集序》，都会感悟一代书圣对生命的追问和感叹，“岂不痛哉！”从苏轼的话语中，我们可以“侣鱼虾而友麋鹿”，遨宇宙之无穷，与天地融为一体；从周恩来的志语中，我们恍悟了学习之高贵，“为中华之崛起而读书”；从鲁迅的诗篇中我们便明白了一个道理，再冷酷的人也有其慈爱的一面，不正如其所说的那样吗？“横眉冷对千夫指，俯首甘为孺子牛”。是汉语给予我们如此深邃的思想。

汉语给予了我们民族的气节，让我们划着长篙，向历史更深处漫溯。我看到了霍去病横刀疆边，粪土厚禄，“匈奴未灭，何以家为？”我看到了零丁洋里文天祥大啸“人生自古谁无死，留取丹心照汗青”，我看到刽子手的大刀正在颤抖，谭嗣同无畏地喊出“我自横刀向天笑，去留肝胆两昆仑”；我又听到了李易安的朗声明志“生当作人杰，死亦为鬼雄”，也听到了鉴湖女侠的啸音“一腔热血勤珍重，洒去犹能化碧涛”，听到了朦胧诗诗人舒婷的真情倾诉“祖国啊，我亲爱的祖国”……日月轮回，多少豪杰巾帼用雄壮的汉语铸就了我中华坚韧的脊梁，只能是汉语，才能凝聚了我中华民族不朽的气节。

只要静心去看，去听，去闻，去想，你便会发现，这绮丽的世界由汉语描绘而成，着深邃的思想由汉语谱写而成，这坚韧钢铁般的民族气节用汉语铸造而成，只有汉语才会有如此神奇的力量吧。

假如汉语是一幅画卷，我便会化为一滴水墨。深深地融入……融入那绚丽的画卷中。

点评：这是儿子高二时期中考试时的考场作文，当时的话题是“美丽的汉语”。本文是一篇充满激情和诗情的学生作文。作者围绕美丽的汉语这个话题，心骛八极，神游万仞，上引老庄孔子，中述兰亭序赤壁赋，近诵何其芳舒婷，千古文脉，一贯而下，中华文化的豪迈，万方经典的华彩，都在澎湃的激情中熔为一炉，不愧佳作。

5. 生命旅程，《论语》相伴

张安东

在人生的旅途行走，难免孤独寂寞，迷惘彷徨，常常需要先人智慧的导引。凝聚先人智慧的传统经典，应该成为我们的旅伴。人在旅途，如果只能以一本经典为伴，那这本经典只能是《论语》。

自从上了大学，闲暇之余，我总喜爱温习《论语》。百脉泉畔，燕子山下，捧一杯清茗，握一卷在手，沐浴经典的清晖，宛如遇见圣人，相谈甚欢，乐以忘忧。

和《论语》的初次邂逅，是在青岛太清路上的一家国学馆。那是我小学毕业，初中入学前的一段闲暇时光，记得国学馆的教室里挂着大幅的孔子画像，书桌古色古香，老先生带着孩子们穿汉服，学礼节，拜孔子，妙趣无穷。至于课程，却只觉之乎者也，艰涩得很，混在孩子堆里，小手捧着线装本《论语》，摇头晃脑，一晃就是一整天，人云亦云罢了。一个夕阳远去，皎月初上的傍晚，老师带着我们在太平山公园入口的那棵百年榉树下，铺上一爿竹席，头顶幽蓝高天，一如圣人孔子杏坛讲学的模样。伴着海湾的隐隐潮声，老师讲起《论语》，心醉神迷，言其思想的精深，述其知识之博大。那段时间，我口诵笔录，未曾停歇，然而毕竟垂髫童子，怎能理解夫子思想的宏义精旨。

转瞬间，我已升入高中，我进的是“弘毅班”，刹那间倍感亲切，《论语·泰伯》中的名句涌上心头：“士不可以不弘毅，任重而道远。仁以为己任，不亦重乎?”内心油然生起一份崇高的使命感。至今我还清晰记得学校组织的活动课“走近孔子”,我们认真地了解了孔子的生平,熟记了《论语六章》,甚至还搞了个课本剧,再现“侍坐”场景。作为演员之一,我演的是鲁莽不让的子路。孔子民主式的课堂,因材施教的教学方式着实让我拜服,子曰:“有教无类”“因材施教”,非宅心仁厚的智者不能为也。

考入大学后,我曾经迷惘不前,兜兜转转,终日胡思乱想,一天,大学语文课上老师引用了孔夫子的一句话,“学而不思则罔,思而不学则殆”,瞬间惊醒了迷茫的我。我又开始读《论语》,深入其中。遨游《论语》的智慧之间,我仿佛身处庙堂,看见一位修髯长者向一青年气呼呼地争辩:“赐也,尔爱其羊,吾爱其礼!”何其认真!倏忽,又仿佛来到温煦的春天,在微苦的杏花香里,听孔子和弟子们畅谈人生的理想。“冠者五六人,童子六七人,沐乎沂,风乎舞雩,咏而归”,一派风雅和谐,令人神往的大同世界景象!还仿佛置身一片冰天雪地,绕过纷飞的战火,周游列国,一队人饥寒交迫,艰难跋涉,孔子仍坚定地指着地平线上那棵青翠挺拔的松树说道:“岁寒,然后知松柏之后凋也。”……每次打开《论语》,孔子,颜回,子贡,冉有的形象就会在面前一一呈现,虽片言只语,却栩栩如生,感觉道不远人。

如今我才明白,《论语》是一卷励志的经典。读《论语》,我们能领悟孔子对时间的珍惜,“逝者如斯夫,不舍昼夜”!读《论语》,我们能感知孔子对立志的重视,“三军可夺帅也,匹夫不可夺志也”;读《论语》,我们能懂得先师对道义的担当,“鸟兽不可与同群。吾非斯人之徒与而谁与?天下有道,丘不与易也。”子曰:“知者不惑,仁者不忧,勇者不惧。”作为年轻的一代人,我们不能忘却先师的教导,更不能辜负了圣人的期待,让我们做奋发图强之人,做有才有为之人。

我终于明白,《论语》是一剂养心的良方。子曰:“饭疏食饮水,曲肱而枕之,乐亦在其中矣。不义而富且贵,于我如浮云。”如今红尘滚滚,最易目迷五色,而夫子之言能让我们心如止水,明了取舍。他曾赞美颜回,“贤哉回也!一箪食,一瓢饮,在陋巷,人不堪其忧,回也不改其乐。贤哉回也!”淡化物质的攀比,固守心中的一片净土,就是真正的幸福。安贫而乐道,淡泊而明志,孔夫子就是这样的人。“不怨天,不尤人,下学而上达,知我者其天乎!”“君子坦荡荡,小人长戚戚”……这些睿智的语言,又让我们领略了性格开朗,心胸坦荡的君子风范,无论得或失,都要保持内心的达观和乐观。

我终于明白,《论语》是一册处世的指南。孔子告诉我们,人生在世,要有为有不为。倘是人间正道,即使“知其不可也而为之”;还要见义勇为,“见义不为,无勇也”。以天下为己任,修己安人。待人要忠恕。夫子之道,忠恕而已矣,“己所不欲，勿施于人”；待人友好，己欲立而立人，己欲达而达人；待人以礼，行己有耻……

钻之弥深，仰之弥高。《论语》不仅能让我们领略两千余年前的师尊风采，感受杏坛群贤的论道场面，更能让我们体味圣人至仁至爱的博大情怀；指导我格物致知，更教我处世为人。

我也爱读陶渊明，张志和，韦庄，唐寅，羡慕他们赏花悟道，闲来沏茶，听鸟语悠扬，看云光舒卷，诗意的栖居，脱俗的生活，但和《论语》相比，又觉得这些人的境界囿于个人天地，难比圣人的家国情怀。对一个正值青春，生逢盛世的青年来说，正心、修身、齐家、治国之书方为应治的经典。无论老庄的看淡一切，太白的酒后豪情，都不能同《论语》黄钟大吕的吟唱并驾比肩。“大哉孔子！博学而无所成名。”

“天不生仲尼，万古如长夜。”《论语》的智慧，令我们生命受益。它就像灯塔，指示我们人生的航向；它就像火炬，点燃我们奋斗的激情；它就像圭臬，塑造我们生命的范式。

“周虽旧邦，其命惟新”，让我们体悟先贤雅言箴语，带着圣人的智慧上路，怀揣一份古圣先贤立心立命的责任与激情，与天地精神相往来，行圣人之行，敦笃励志，精勤求学，忠恕任事，舞出一个无愧于时代的完美生命！

点评：这是读大学时参加“经典阅读”比赛时的一篇获奖作文。本文以时间为经，以对《论语》的体悟为纬，清晰而厚重，一路读来一路收获，出入《论语》，濡染心智，收获颇丰。“天不生仲尼，万古如长夜”，小作者一如朱熹对《论语》心生深入灵魂的痴迷与热爱，《论语》经典名句，顺手拈来，书卷气扑面而来。文笔老道，引用与化用相结合，巧设情境，语言空灵，让文章充满着哲理与书卷气。

本文原发表于《山东财经大学报》2015 年 6 月 4 日

语文深处，留驻人文（代跋）

赵祎琦

“你是人间的四月天，笑容点亮了四面风，轻灵在春的光艳中交舞着变。”望见窗外春意正浓，我便在笔记本上，写下林徽因的诗。停下笔，我开始思索，从何时起，我的生活就这样与文字密不可分了。

那是高一的第一堂语文课，于老师站在讲台上，让全班同学齐读《沁园春·长沙》，连诵三遍。我们读罢，她皱紧眉头，右手擎着卷起的课本，字正腔圆地开始吟咏，“独立寒秋，湘江北去，橘子洲头……”，那语调有板有眼，带着气势与情感，将文字一一倾吐而出，无须讲解，从腔调里，我们好似已经领会了词句的意思。这深刻的第一印象，让于老师走进我的学习生活，也帮我推开了走进语文秘境的门。

于老师对待我们的语文学习，近乎严苛。早间晨读，课堂笔记，课后练笔，随感写作，美句摘抄，甚至连字都让我们疯狂地练习，当时叛逆的我一度不解，甚至时时抱怨写字写到手痛。有一次，写《我与地坛》的读后感，她足足让我改了五遍，我在她的办公桌和我的课桌间去去回回，文章渐趋成熟，才得见她眼中乌云渐渐消失。

与花样繁多的语文作业成正比的，是我们精彩纷呈的语文课堂。于老师涉猎甚广，总是能从课文本身说开去，举例用典，穿插故事趣闻，她讲王国维《人间词话》里的“读书三境界”，讲《红楼梦》里终究意难平的宝黛爱情，讲食指《相信未来》里的自我激励，讲余秋雨《文化苦旅》中的文人人格。那期间，让我真切感受到语文课的生机和韵味。她就像一个掌灯者，照亮那些我未曾涉足过的文学海洋，任我继续探行远航。我与语文的情分也就正是从那时开始，延续至今。

于老师教给的“语文之美”，让我终身受益。我爱上阅读，爱上写作，爱上用文字来交织点亮生活。

“粗缯大布裹生涯，腹有诗书气自华”，这是于老师常提到的书卷气。书卷气不是学出来的，是读出来的。如果内在不够丰盈，则无从流淌，而读书是最好的蓄藏。从前，每当于老师看到我们无所事事时，就劝诫我们：读书吧，孩子。时至今天，我还保留着阅读的习惯，我越发体会到，阅读不只是为了学知识，不仅是为了写作时“胸中有丘壑”，更是让书中读到的营养都浸润到自己的每一个细胞。言谈脱俗，行不合污，气质若兰，便是书卷气了。容颜易老，才气常盛，养颜不如养心。

至于写作，更多地成就了我的治学态度。于老师曾教给我，字字掷地作金石声，就算欲诉满腹，也要斟酌出最恰当的词句，文章要饱含真情而不空洞，不能堆砌辞藻，也不能掉书袋。“经正而后纬成，理定而后辞畅”。我便是循着一字不苟的精神，甚至愿意去研究每种词牌的平仄，只为作好一首简单的词。我要求自己认真严肃地对待写作，心有敬畏，方能写有所成。那些精耕细作续写出的文章，让已逝的时间，存留着温度，永不冷却。

我始终相信，热爱文字的人都热爱生活。从前，于老师就说过，人永远要诗意地活着。教育家乌申斯基曾说，“一个民族总是把自己全部精神生活的痕迹都珍藏在民族的语言里。”我学会了饮茶，就窥探到白居易“融雪煎香茗”的情趣；学会了做饭，就更知《雅舍小品》里“若要不俗也不瘦，餐餐笋煮肉”的幽默；学着经营一段感情，才知“陌上花开，可缓缓归矣”的浪漫。推开窗，看到满目的花草，便觉得生活像他们一样美好。

我与语文的缘分，从一无所知，到一知半解，到融会贯通，到内化于心。似乎语文学习也是一种修为，贯穿了入世与出世的过程。我经过语文，语文又经过我。

斯金纳曾说，“当所学的东西都忘掉之后，剩下的就是教育。”虽然离开了于老师的语文课堂许久，但曾经充满人文关怀的感染熏陶，镌刻在骨血里的人文气质，派生出的深远影响，将会伴随我终生。

（赵祎琦，2011级高中毕业后考取山东大学新闻系）